Anne-Louise

Je te souhaite que,
te comble comme tu le m
si bien et à la lumière de
tes plus grands rêves,
Que chaque jour sont aussi
chaleureux que le soleil des
tropiques

Amicalement
Line
xx

Choisir l'abondance

Catalogage avant publication de Bibliothèque et Archives Canada

Bolduc, Line

    Choisir l'abondance

    (Collection Psychologie)

    ISBN 2-7640-0828-7

    1. Succès – Aspect psychologique. 2. Vie spirituelle. 3. Richesse. 4. Relations humaines. I. Titre. II. Collection : Collection Psychologie (Éditions Quebecor).

BF637.S8B64 2004   158   C2004-941268-X

LES ÉDITIONS QUEBECOR
7, chemin Bates
Outremont (Québec)
H2V 4V7
Tél.: (514) 270-1746
www.quebecoreditions.com

©2004, Les Éditions Quebecor
Bibliothèque nationale du Québec
Bibliothèque nationale du Canada

Éditeur : Jacques Simard
Coordonnatrice de la production : Bianca Côté
Conception de la couverture : Bernard Langlois
Illustration de la couverture : Comstock images
Correction d'épreuves : Hélène Bard
Maquette intérieure : Jocelyn Malette
Infographie : Claude Bergeron

Dans cet ouvrage, le masculin a été utilisé dans le seul but d'alléger le texte.

Nous reconnaissons l'aide financière du gouvernement du Canada par l'entremise du Programme d'Aide au Développement de l'Industrie de l'Édition pour nos activités d'édition.

Gouvernement du Québec — Programme de crédit d'impôt pour l'édition de livres — Gestion SODEC.

Imprimé au Canada

Choisir l'abondance

LINE BOLDUC

LES ÉDITIONS
Quebecor
QUEBECOR MEDIA

Sommaire

Avant-propos

Je vous souhaite la bienvenue dans le monde de l'harmonie et de l'abondance. Vous tenez entre vos mains un guide pratique qui deviendra rapidement un véritable ami.

Choisir l'abondance aborde divers sujets : l'autonomie, la capacité de passer à l'action, les aptitudes à surmonter les difficultés, mais surtout, il propose de nombreuses avenues pour accéder à l'abondance en général et des règles pour vivre intensément plutôt que survivre. Vous serez désormais en mesure de mieux diriger vos pensées, car elles influencent directement ce que vous ressentez, ainsi que ce que vous faites, et vous pourrez plus facilement prendre de bonnes décisions en vue d'améliorer votre prospérité générale.

Que vous viviez une période de votre vie où vous réussissez déjà très bien ou que vous soyez à la recherche d'un sens à donner à votre existence, vous trouverez dans les pages suivantes un soutien, tant pour entretenir ce qui va déjà bien que pour choisir de nouvelles directions porteuses de succès et de bonheur.

Il n'est aucunement nécessaire d'être un champion, une vedette ou un patron d'entreprise pour avoir le sentiment de réussir. Pour chacun de nous, le succès prend un sens particulier. Certains se sentiront riches avec 50 000 $ par année, tandis que d'autres souhaiteront devenir millionnaires ; d'autres encore se contenteront d'avoir de l'amour et une bonne santé, et assez d'argent pour bien vivre. Chaque individu a ses propres valeurs.

Vous rêvez d'une vie remplie de bonheur, de prospérité, de joie, de santé et de liberté, alors vous pouvez commencer à libérer les richesses du coffre-fort présent en vous. L'abondance et l'équilibre sont d'abord et avant tout liés à un état d'esprit.

Choisir l'abondance est le résultat de nombreuses années d'expérimentations qui m'ont amenée à comprendre les règles du succès. Comme tout être humain, j'ai vécu des échecs, mais aussi de très belles réussites. Au fil des ans, et à force de travailler sur moi, j'en suis venue à vulgariser certaines connaissances et quelques apprentissages pour vous offrir des pistes efficaces et simplifiées afin que vous vous réalisiez pleinement.

Nous n'arrêtons jamais d'avancer et de nous améliorer, mais le temps qu'on gagne avec de bons outils est précieux. Ce livre vous permettra de réaliser votre bonheur plus rapidement et d'investir plus vite dans la réussite de votre présent et de votre futur.

Mon expérience m'a amenée à travailler avec des milliers de gens lors de conférences, d'ateliers et de formations que je donne. J'ai également eu l'occasion d'approfondir les mécanismes qui portent les gens à s'éloigner inconsciemment de l'abondance. À cela se sont ajoutées des milliers d'heures de formation qui m'ont permis, certes, d'améliorer mes connaissances, mais surtout de me découvrir encore plus moi-même et d'expérimenter, sur ma propre personnalité, l'efficacité de ces nombreux outils.

Par ailleurs, j'ai participé au démarrage d'une entreprise de calibre international dans le domaine de l'environnement, y assumant presque tous les rôles : développement du marché, administration, relations publiques, couverture médiatique internationale, etc. J'y ai œuvré quelques années, mais je dirige maintenant ma propre entreprise de service dans les domaines qui me passionnent le plus : la connaissance de soi et l'épanouissement humain.

Je crois fermement que rendre meilleur le monde qui nous entoure commence par l'amélioration de soi et que tout travailleur est d'abord un être humain. C'est sur ce fondement que j'ai choisi de développer et de façonner ma carrière. Tout est possible quand on y croit. Je suis donc conférencière professionnelle depuis plusieurs années, principalement dans les entreprises, les milieux gouvernementaux, hospitaliers, scolaires, communautaires, au sein d'associations professionnelles et auprès du grand public.

Je détiens différents diplômes dans le domaine de la santé mentale et physique, par exemple en métaphysique, en PNL (science à la fine pointe de la psychologie moderne), et en diététique. Formée par le Dr Madan Kataria, pionnier mondial de la santé par le rire, j'ai également étudié à l'École nationale de l'humour de Montréal. J'ai aussi suivi de nombreux ateliers et plusieurs formations parallèles en lien avec l'abondance, la santé, etc. L'aspect holistique de la vie m'intéresse énormément.

Mon cheminement m'a amenée à écrire un premier livre, *Réveiller son médecin intérieur – Le mieux-être par le rire*, portant entre autres sur la santé par le rire, le plaisir, la gestion du stress, la confiance en soi, le lâcher-prise, le jeu, le rire au travail et en famille, un véritable guide pratique pour maximiser l'énergie à long terme et retrouver la joie de vivre. J'ai aussi produit plusieurs CD conférences traitant des sujets enseignés.

La passion de l'écriture et de la communication m'amène à partager avec vous une multitude de moyens pour maximiser l'abondance, tant financièrement qu'en ce qui a trait aux richesses du cœur, du corps et de l'esprit. Vous découvrirez que, malgré les épreuves, il est toujours temps de connaître le succès et le bonheur.

Mais comment trouver le bien-être et la richesse au sens large du terme ? N'est-ce pas une des grandes questions de notre époque que des millions d'individus se posent chaque jour ? En effet, on peut dire qu'en chaque être humain se cache un désir secret, celui d'être heureux, en santé, prospère et amoureux. Mais combien parmi nous arrivent à réaliser cette aspiration ? Quel chemin prendre pour arriver à cet idéal si légitime ?

Ce livre vous aidera à comprendre les principes dynamiques du succès et à les appliquer au quotidien. Vous apprendrez à devenir une personne prospère et à le rester. L'humour occupe une certaine place dans les pages suivantes, car le rire et le plaisir sont aussi des bases efficaces pour s'envoler vers les plus hauts sommets. Plusieurs métaphores viennent aussi consolider le message, offrant ainsi de belles réflexions sur le vrai sens de la vie, l'équilibre et l'abondance.

Ce livre n'a aucunement la prétention de vous offrir une recette miracle : aucune n'est meilleure que celle que l'on se façonne soi-même. Je vous fournis seulement de bons ingrédients pour arriver à être prospère. Je ne suis pas de celles qui promettent des miracles. Je suis plutôt portée à vous faire confiance : vous saurez reconnaître ce qui est bon pour vous et l'expérimenter au meilleur de vos capacités, c'est ce qui fait toute la beauté de cette approche. Ne me croyez pas sur parole ; faites vos expériences sincèrement et avec détermination et vous pourrez constater par vous-même ce que mon message peut faire pour ensoleiller votre vie. Celui-ci se veut universel ; peu importe le sexe, la couleur de la peau ou les croyances : les êtres humains ont tous un fondement commun, qui est le désir de bonheur.

L'abondance, c'est également pour moi l'expression de la gratitude pour tout ce qu'on possède. C'est pour cette raison que je remercie la vie pour tous les cadeaux merveilleux qu'elle met sur mon chemin et je pense particulièrement à ma santé, à ma famille, à mes enfants chéris, Mireille et Denis, qui sont de beaux rayons de soleil, à Jacques, l'homme de ma vie pour notre tendre amour, la douceur partagée et notre profonde complicité, etc.

Je tiens à remercier tout spécialement mon père pour les grandes leçons de courage qu'il nous a données à travers son combat contre le cancer et je le félicite pour tant de détermination et de positivisme. Aucune fortune ne peut remplacer le bonheur d'être en santé et aimé. Certes, l'argent est nécessaire dans la vie, mais la vraie abondance, c'est beaucoup plus que cela.

Je vous souhaite donc la bienvenue dans l'univers de la prospérité. À la lecture de ces pages, vous ressentirez une douce sérénité, beaucoup d'amour et de compréhension et, surtout, vous serez en mesure de créer votre vie selon vos plus beaux rêves. Bonne lecture, cher ami.

Chapitre 1

L'amour de soi : la base de la prospérité

Qu'est-ce que la réussite ?

Que doit-on entendre par le terme « succès » ? Est-ce seulement une collection de reconnaissances, de qualifications professionnelles ou d'argent ? Si vous demandez à quelqu'un : « Donnez-moi un exemple de réussite », vous aurez probablement des réponses comme celles-ci : « Concrétiser des projets à long terme », « Gagner beaucoup d'argent », « Obtenir une promotion », « Être le meilleur vendeur », etc.

En observant bien les propos des gens lorsque ceux-ci traitent de la prospérité, vous remarquerez souvent que le succès est mis sur l'aspect extérieur. C'est très bien de cumuler des reconnaissances et des trophées car ils sont le fruit d'un travail soutenu, mais la réussite ne peut être globale si la paix intérieure, la santé, la famille, les loisirs et l'amour de soi sont négligés.

L'amour de soi

Selon vous, sur quoi pouvons-nous nous baser pour édifier une solide abondance générale ? Vous l'aurez deviné, sur l'amour de soi. Mon but vise à vous aider à être bien en vous-même, pour que vous soyez en mesure de gravir les échelons du succès, et ce, sans fournir trop d'efforts.

Qui ne s'est pas déjà senti poussé par le temps, au point de se sentir exaspéré ? Comme le dit l'expression populaire, les gens perdent leur vie à la gagner. À quoi sert d'accumuler une fortune si nous n'avons pas la santé pour en profiter ?

Question de caricaturer le quotidien, à quoi servirait la meilleure voiture si le conducteur était ivre mort ou inapte à s'orienter ? C'est la même chose dans notre vie ; nous en sommes le conducteur, mais notre permis mérite-t-il d'être valide ? Vers quelles destinations nous dirigeons-nous au jour le jour ? Le bonheur ou la souffrance ? Bien des gens font régulièrement des vidanges d'huile à leur voiture, mais continuent, eux, de «rouler» dans des *patterns* encrassés à bien des égards…

Qui a le pouvoir sur vous ? Est-ce toujours vous qui dirigez votre vie ou, au contraire, laissez-vous souvent les croyances négatives véhiculées par la société vous envahir ? Vous dites-vous, par exemple, «À mon âge, il n'y a plus possibilité de me dénicher un bon emploi» ou «À mon âge, il est normal d'être malade» ?

Si on accepte toutes les influences extérieures, on laisse notre véhicule être conduit par les autres et par la société. Si, en bas âge, on vous a fait croire que vous étiez faible et petit, il est normal, aujourd'hui, de vouloir reprendre le contrôle du volant si vous n'avez pas obtenu les résultats voulus jusqu'à ce jour.

Il est important d'exclure toute culpabilité à ces prises de conscience, de revoir nos façons de faire et de reconnaître les limites qui nous ont suivis au fil des ans. De là l'importance de s'aimer assez pour oser enfin choisir d'être heureux et de faire des gestes fermes pour y arriver. Il faut se dire : «C'est assez, voici maintenant ce que j'ai choisi et ce que je fais pour y arriver.» Ayez confiance, l'ensemble de ce volume vous aidera à clarifier bien des choses et à prendre la place qui vous revient.

Tout au long de cet ouvrage, je traiterai de l'abondance sous bien des formes ; c'est pourquoi je veux vous préciser que je ne considère pas l'abondance comme étant l'accumulation de biens matériels ou une surconsommation active. Le matériel peut s'avérer intéressant, mais nous devons nous méfier : il ne doit en aucun cas devenir un maître.

L'abondance, pour moi, c'est plutôt le plaisir de vivre en santé, de faire des sorties agréables, de s'aimer et d'être en amour, d'avoir des relations plaisantes et, surtout, de faire preuve de créativité pour trouver des solutions positives aux situations rencontrées.

Histoire de réfléchir...

La sagesse des vieux

Un vieux fermier possédait une grande ferme où il avait aménagé un grand étang propre et sain pour la baignade. On y trouvait des tables de pique-nique et toute une panoplie de jeux.

Un soir, le vieux se rendit à l'étang qu'il n'avait pas visité depuis un certain temps. Comme il s'approchait, il entendit des voix, des cris, des rires et des chuchotements. Il s'approcha et découvrit un groupe de jeunes femmes nues se baignant dans l'étang. Il annonça sa présence, et les baigneuses filèrent vers la partie la plus profonde de l'étang.

Une des femmes lui cria :

« On ne sortira pas tant que vous ne serez pas parti.

— Minute, les filles. Je ne suis ni un voyeur ni un vieux vicieux. Je passe tout simplement pour nourrir l'alligator. »

Morale de cette histoire : La sagesse de l'âge permet bien des choses...

La simplicité

Ce livre vous propose plusieurs avenues pour marcher vers votre idéal de bonheur. Je veux toutefois vous inviter à emprunter ce chemin en toute simplicité. Permettez-vous d'avoir à l'occasion des côtés plus sombres de votre personnalité qui se font voir tout comme il existe des jours plus sombres parfois. Il est bien de se dire dans ces moments qu'il ne peut y avoir d'ombre sans lumière.

Soyez indulgent envers vous et pensez à remplir votre grand baril d'amour intérieur. Faites les choses en cessant de vouloir être gentil pour plaire à tout le monde. Cela ne veut pas dire d'être arrogant, mais aimez-vous juste assez pour oser être transparent. Comme le dit André Harvey sur son disque *Passion de vivre* (chansons à texte portant sur le mieux-être), « Quand tu vas arrêter d'être fin, c'est là que tu vas attirer ceux qui méritent vraiment de t'aimer. » Osez ne pas faire les choses comme les autres. Permettez-vous des moments de calme dans votre quotidien, cette paix donne de l'énergie. Plus on est doué pour la relaxation, plus on l'est également pour l'action. Faites-vous confiance, tout simplement.

Le respect de soi

Prenons un exemple tout simple pour bien comprendre qu'il faut s'aimer beaucoup et prendre sa place pour connaître l'abondance sur tous ses plans. Si quelqu'un vous donnait un gros coup de poing sur le bras en supposant que cela lui fasse plaisir, quelle serait votre réaction ? Certains disent : « J'essaierais de le raisonner. » La personne qui prend plaisir à donner le coup de poing continue de plus belle avec un deuxième, puis un troisième, car elle se dit irraisonnable. Comment réagiriez-vous ? Prenez quelques instants pour y réfléchir. Tenteriez-vous toujours de la raisonner en douceur ? Celle-ci continue de plus belle avec ses coups de poing. Que finiriez-vous par faire ?

À cette question, plusieurs demeurent bouche bée. Pourquoi ? Parce que trop de gens n'ont pas appris à prendre leur place et à se faire respecter. Vous pourriez, avant même qu'elle porte le premier coup, intercepter le bras de la personne, lui dire fermement : « Ça suffit, ôte-toi de là » et la repousser, sans lui laisser la moindre chance de frapper. Plus on est présent en soi, moins le désordre peut nous atteindre car on monte la garde avec beaucoup plus de vigilance. Si les gens sentent, consciemment ou non, qu'on ne se laissera pas faire, ils n'essaieront même pas de nous perturber et iront chercher des victimes ailleurs.

Alors, à partir de cet exemple, quel parallèle pouvons-nous établir entre l'amour de soi et l'abondance ? Tout d'abord, nous aimer assez pour ne laisser personne nous faire sentir petits ou inférieurs. Ensuite, si on veut l'abondance, il est de mise de savoir ce qu'on veut fermement et prendre les moyens pour y arriver. Mais si on permet aux autres de nous attaquer avec des peurs, des doutes, etc., on les laisse conduire notre véhicule pour nous. C'est qui, le patron en vous ? Ce doit être vous, et vous seul. N'est-ce pas de l'amour de soi que de se posséder en tant qu'être ?

S'aimer à fond sous-entend aussi être en accord avec ses goûts et ses désirs. Avant de faire quoi que ce soit, demandez-vous : « Est-ce que j'ai le goût, est-ce que ça va me faire du bien ? » Je vous laisse tirer vos conclusions. Cela ne veut pas dire de ne pas vous lever pour aller travailler si un matin ça ne vous tente pas, mais plutôt de faire des choix judicieux le plus possible. Par exemple, si vous détestez faire la cuisine, il serait curieux d'aller postuler un poste de cuisinier.

Le respect de soi suppose également la capacité d'affirmer ses choix. Que votre père, votre mère, le voisin, le curé du village envie ou jalouse votre cheminement, cela mérite-t-il de faire une différence dans votre vie ? Est-ce que ce sont eux qui feront le bilan de votre vie, à savoir si elle est gratifiante ? Qui aura des regrets de ne pas avoir accompli telle ou telle chose ? Méfiez-vous des gens qui cherchent à vous limiter pour justifier inconsciemment leur inaction. C'est un peu comme s'ils vous disaient : « Reste comme nous, on est bien dans notre petite misère ; c'est sécurisant, on n'a aucunement à craindre l'inconnu. » C'est cela, la vie ? Quand je vous dis, par exemple, de vous méfier des gens qui ont tel ou tel comportement, je veux que vous sachiez qu'aucun jugement n'est porté sur eux.

Si on veut parler des « vraies affaires », il est utile de faire la lumière sur les embûches que la vie peut nous présenter et, malheureusement, même si chaque personne a une belle valeur fondamentale, certaines manquent de ressources pour faire valoir leur meilleur côté. Ainsi, elles se montrent sous un jour plus sombre, ce qui peut nuire à leur cheminement personnel.

Pensée

« C'est l'esprit qui fait le bien ou le mal, le malheur ou le bonheur, la richesse ou la pauvreté. »

Edmund Spencer

S'offrir une place de choix

Renoncer à ses rêves pour rendre les autres heureux s'avère une formule allant à l'encontre de l'abondance. Un jour ou l'autre, on réalise qu'on en veut à ces personnes pour qui on s'est tant oublié, même si cette réaction est injustifiée. On risque de leur faire payer le prix en tombant malade, ce qui les forcera à s'occuper de nous ; ou encore en étant de mauvaise humeur tellement on se sent désabusé de ne pas avoir suffisamment pensé à nous.

Que se passe-t-il lors d'un tel phénomène ? Nous voulons, inconsciemment peut-être, que les autres pensent à nous rendre heureux à leur tour. Ne vaut-il pas mieux choisir dès maintenant de créer son propre bonheur sans attendre l'approbation des autres ? Si ces derniers vous voient heureux, il y aura fort probablement une adaptation positive et ils risquent de prendre exemple sur vous en devenant à leur tour plus heureux dans leurs réalisations personnelles.

Je suis consciente que plusieurs se disent peut-être : « Je ne peux pas… à cause de cela… » Je comprends qu'il y a un temps pour chaque chose, mais l'important est de voir à mettre en œuvre ce qui est acceptable pour le moment et de progresser dans son cheminement. Vous rêvez peut-être de faire un voyage à l'étranger, mais vos enfants sont petits ? Rien ne vous empêche de rêver et, au moment opportun, vous serez prêt. Tout est question d'attitude.

Histoire de s'amuser...

Est-ce de l'amour ou de l'intérêt ?

Deux femmes (ça aurait bien pu être deux hommes) discutent ensemble. La première demande à l'autre :

« Depuis combien de temps es-tu mariée ?

— Depuis 40 ans, répond-elle.

— Alors, est-ce de l'amour ou de l'intérêt ?

— C'est sûrement de l'amour, car il ne m'intéresse plus du tout ! »

Votre jardin doit pouvoir pousser librement

Chacun de nous est né avec des habiletés particulières, et certains semblent en avoir plus que d'autres. Mais, comme on dit, « l'important n'est pas d'avoir un beau jeu, mais de bien jouer celui qu'on a ».

Les graines semées n'ont pas toutes la même vitalité ; de la même manière, les êtres humains n'ont pas tous les mêmes attributs. Mais si les graines mises en terre n'ont pas la même vitalité, elles ne sont pas non plus toutes de la même nature. Dans un potager, on pourra trouver des carottes, des courges, des fleurs, etc. Selon la nature de chaque semence, un plant différent émergera du sol avec une forme et une couleur qui lui sont propres.

En tant qu'individu, c'est la même chose. Nous avons une personnalité bien à nous, des goûts et des désirs différents, etc. Quelle monotonie si nous étions tous identiques ! Pourtant, même si nous sommes tous différents, plusieurs tendent à se confondre avec leur environnement et à se conformer aux normes sociales souvent futiles. Au lieu d'exprimer ce qui les distingue, les gens tentent trop souvent d'imiter les autres. Avons-nous peur d'être rejetés si nous sommes nous-mêmes ?

En effet, le manque de courage mine le bonheur, car il fait abstraction de ce que nous sommes. Cette attitude limite l'éclosion des talents et l'expression de la vraie personnalité.

Pensée

« L'abondance, c'est d'être bien dans ce qu'on est et dans ce qu'on fait. »

Auteur inconnu

Histoire de réfléchir...

Laissez-vous porter par le vent

Supposons que vous n'ayez semé dans votre jardin que des céleris et, dans un autre endroit de votre terrain, que des tournesols. Par une belle journée de grands vents, une petite graine de tournesol s'est retrouvée parmi les céleris ; au fil des jours, elle a germé. Elle est devenue un plant en pleine croissance à travers les céleris qui, eux aussi, avaient pris leur erre d'aller.

Le plant de tournesol voyait bien que ses feuilles étaient différentes de celles du céleri. Il percevait son feuillage plus vigoureux, ce qui l'amenait même à s'en enorgueillir. Il poussait tellement vite que les autres plants du jardin le regardaient d'un air bizarre ; les céleris ont alors commencé à se moquer de lui.

Le tournesol, réalisant de plus en plus sa différence, commença à voir certaines de ses feuilles jaunir. Il s'apercevait bien que personne n'avait des feuilles comme lui. Alors, il commença à en arracher une de temps en temps. Il coupa même certaines tiges durant la nuit pour les arrêter de pousser afin de tenter de ressembler à ses voisins. Son seul désir ? Ressembler aux autres le plus possible. Ce qu'il réussit d'ailleurs assez bien car, peu à peu, ses feuilles poussaient de moins en moins et ses tiges cessèrent de croître. Quant à ses racines, elles moururent une à une.

Un beau matin, on retrouva le tournesol allongé par terre. Il était mort. Ses nouvelles feuilles trop faibles ne parvenaient plus à aller chercher la lumière et l'oxygène dont il avait besoin, et ses tiges étaient devenues incapables d'aller puiser l'eau nécessaire à sa survie. Le tournesol n'avait pas compris qu'à s'acharner à devenir un autre que sa vraie nature, il se tuait peu à peu.

Cette très belle histoire est inspirée du livre de Marguerite Wolfe, *Pour être heureux, de quoi ai-je besoin ?* (Éditions de Mortagne). C'est donc l'acceptation de votre vraie nature qui peut vous garder dans le bonheur. Tuer vos rêves est comparable au fait de mettre une camisole de force à un enfant pour l'empêcher de grandir.

Arrosez vos rêves par amour pour vous-même. Ne laissez jamais le chiendent des pensées négatives les réprimer.

Histoire de s'amuser...

Si vous avez 40 ans et que vous cherchez toujours l'amour, c'est que vous avez eu du succès dans l'art de ne pas trouver l'amour. Alors, changez de méthode pour le trouver.

La maladie pour attirer l'attention

Combien de gens vont inconsciemment se rendre malades pour attirer l'attention de leurs proches ? Je pense, par exemple, à une vieille dame qui vivait seule et qui ne voyait pas souvent ses enfants car ils vivaient à l'extérieur. Le temps lui a permis de découvrir que, chaque fois qu'elle s'ennuyait démesurément d'eux, elle devait être hospitalisée pour un problème de santé. À ce moment-là, tous ses enfants arrivaient… et elle retrouvait la forme. De façon cyclique, elle revivait à répétition cette situation. Aurait-il été mieux qu'elle se voie en grande forme pour pouvoir elle-même aller visiter ses enfants chez eux ? C'est ce qu'elle a un jour compris.

Chasser le négatif

Chaque fois que vous êtes sur le point de faire quelque chose et que vous vous traitez de *pas bon* ou de *niais*, vous allez à contre-courant. Commencez par éliminer ces courants énergétiques qui vous minent à votre insu en vous imaginant que vous rejetez ces pensées ou mémoires dans le sol ou dans l'eau. L'eau est un capteur d'énergie négative fantastique. Pensez au fait qu'un jour, il vous est sûrement arrivé de prendre un bain parce que vous vous sentiez très fatigué. Que s'est-il passé ? À la fin du bain, vous aviez probablement l'impression que la fatigue était restée au fond de l'eau et vous vous sentiez bien. En chassant hors de vous ce que vous ne voulez plus voir, toute la puissance de votre énergie vitale innée reprend la place. Vous pouvez même imaginer que vous éteignez les cellules qui causent le désordre tant physique que psychologique, un peu comme lorsqu'on éteint une lumière. Puis, remettez votre puissance énergétique à la place.

Vous devenez un être avec beaucoup plus de puissance de réalisation quand vous osez être en accord avec vous et faire du ménage au besoin. Faire du ménage ne signifie pas réveiller volontairement les vieilles choses du passé, mais plutôt intercepter au passage ce qui vous apparaît comme contraignant et remplacer certains agissements par d'autres, conscients.

Cesser de se voir petit

Pour faire le ménage en soi, il s'agit d'avoir une bonne estime de soi et de l'amour pour soi, sinon on pourrait croire qu'on n'en vaut pas la peine. Les gens ont besoin de se sentir aimés, de réaliser qu'ils comptent pour quelqu'un, mais est-ce qu'ils comptent pour eux-mêmes ? Êtes-vous totalement conscient de la valeur de chaque journée, de chaque instant au point de créer votre vie en fonction du bonheur désiré ? Plus on aime son corps, mieux il fonctionne ; plus on s'aime en général, plus son équilibre intérieur est fort et plus la porte de l'abondance s'ouvre. Mais si on se voit petit, comment attirer gros ? Inutile de critiquer son corps, car c'est avec lui qu'on vivra toujours. Mieux vaut apprendre à s'aimer pleinement et à s'embellir le plus possible au lieu de se critiquer.

Si vous ne vous sentez pas attirant, comment voulez-vous attirer l'abondance d'amour, d'argent, etc. ? Les occasions, il faut les provoquer. Si on les repousse, on éloigne par le fait même l'abondance, cela va de soi. Pour attirer les autres, il faut être attirant, donc s'attirer soi-même et être convaincu que les gens vont passer un bon moment en notre compagnie. Quand vous vous regardez dans le miroir, rien ne sert de changer le miroir si vous n'aimez pas ce que vous voyez. Même si je m'exténuais à vous faire sentir à la hauteur de ce que vous êtes, je perdrais mon temps si cette idée ne vient pas de vous. On dit que personne ne peut faire pour nous ce qu'il ne peut faire par nous.

Supposons que vous vous disiez : « Je ne m'aime pas », qu'est-ce que vous n'aimez pas de vous ? Au contraire, si vous vous dites : « Je m'aime », qu'est-ce que vous aimez de vous ? Souvent, les autres nous apprécient encore plus que l'on peut s'apprécier soi-même. Les gens veulent l'abondance ; mais avez-vous remarqué un phénomène bien curieux ? Quand ils essuient un échec, ils ne semblent pas surpris. En contrepartie, quand ils remportent une victoire, c'est la surprise, comme si ce n'était pas normal. Ces propos sont peut-être un peu provocateurs, mais ils méritent certainement une réflexion.

Bien des gens se sentent coupables d'avoir plus de facilité que d'autres et font en sorte, inconsciemment peut-être, de subir des échecs, ce que nous verrons dans le chapitre « Les mécanismes de privation », à la page 181.

Pensée

« On ne peut être vraiment riche sans posséder le bonheur et la paix intérieure. »

Auteur inconnu

Les stéréotypes

Avez-vous remarqué que nous vivons dans une société conformiste ? Certains diront que c'est correct de rire dans telle situation, et non dans telle autre. Quel carcan ! Voici un exemple. Un jour, j'ai donné une conférence lors d'un congrès et une dame est venue me rencontrer à la fin pour me dire à quel point elle se sentait parfois marginale parce qu'elle avait le rire facile. Elle me dit que son patron la réprimandait régulièrement, etc. Pourquoi ? Parce qu'elle est hors norme. Ce qui sort de l'éducation « normale » a peine à passer socialement et garde l'humain captif de sa propre prison, sans même qu'il s'en rende compte. Quel malheur !

Où avez-vous mis vos rêves d'enfants, vos désirs de légèreté intérieure ? Il n'y a que vous qui puissiez les faire renaître pour tracer le chemin de la prospérité que vous souhaitez emprunter. Vivez dans la simplicité intérieure en étant vous-même, et bien des choses rentreront dans l'ordre. Mais une des grandes peurs de l'être humain est : « Qu'est-ce que les autres diront si je fais ceci ou cela ? » Je vous souhaite sincèrement de prendre les moyens pour bien aller. Ainsi, vous serez stable et prospère. L'amour, la joie de vivre, l'argent et la satisfaction personnelle se manifesteront dans votre vie. Le problème, c'est que bien des gens n'osent pas croire qu'il est possible d'être heureux sur tous les plans. Aimez-vous donc assez pour croire en vous et en vos capacités.

Histoire de s'amuser...

Le compliment... apprendre à rire de soi avec amour

Une femme nue se regarde debout devant la glace. Elle dit à son époux :

« Je me trouve horrible à regarder, grasse et ridée... J'ai besoin d'un compliment !

— Tu as une bonne vue ! »

Voir le beau

Pour faire un autre grand pas vers la prospérité, il faut commencer à voir tout ce qui va bien, tout le cheminement que vous avez fait ; plus vous mettrez l'accent sur ce qui va bien, plus vous attirerez ce type d'énergie dans votre vie. Que vos désirs soient des ordres s'ils sont porteurs d'ordre, bien sûr. Je dis cela en ce sens que, si une personne souhaite à une autre de se faire mal dans telle situation, alors elle serait « non écologique » dans son geste.

Plus vous serez en possession de votre être, moins les autres tenteront de vous manipuler, et meilleurs seront vos résultats. Rien ne sert non plus de souhaiter du mal à qui que ce soit pour ce qui a pu se passer, car la colère et la frustration sont très dures à porter et ces énergies, destructrices et inutiles, doivent au départ passer par soi.

Histoire de réfléchir...

Un jour, une femme sortait de sa maison quand elle vit trois vieillards avec de longues barbes blanches, assis devant chez elle. Elle ne les reconnaissait pas. Elle leur dit alors :

« Je ne pense pas vous connaître, mais vous devez avoir faim ; s'il vous plaît, entrez et je vous donnerai quelque chose à manger.

« — Est-ce que les enfants de la maison sont là ?

— Non, ils sont sortis, leur répondit-elle.

— Alors, nous ne pouvons pas entrer. »

En fin d'après-midi, lorsque les enfants revinrent de l'école, la femme leur raconta son aventure avec les trois hommes. Aussitôt, les enfants demandèrent à leur mère de dire aux vieillards qu'ils étaient tous à la maison et de les inviter à entrer.

La femme sortit et invita les hommes chez elle.

« Nous n'entrons jamais ensemble dans une maison. »

Un des vieillards présenta les trois hommes :

« Lui, son nom est Richesse, dit-il. L'autre, c'est Succès et moi je suis Amour. »

Il dit alors à la dame : « Retournez à la maison et discutez avec votre famille pour savoir lequel d'entre nous vous voulez accepter dans votre maison. »

La femme retourna à la maison et informa sa famille de ce qui avait été dit. « Comme c'est étrange, s'exclamèrent les enfants, puisque c'est le cas, nous allons inviter Richesse ! »

La mère n'était pas d'accord.

« Pourquoi n'inviterions-nous pas Succès ? Votre père en aurait bien besoin dans ses affaires... »

La plus petite, qui suçait encore son pouce, s'exprima à son tour : « Veux mamours, veux mamours... » Les parents fondirent devant tant de câlinerie enfantine et la mère sortit inviter Amour à entrer...

Amour se leva et commença à marcher vers la maison. Les deux autres se levèrent aussi et le suivirent. Étonnée, la femme demanda à Richesse et à Succès :

« J'ai seulement invité Amour. Pourquoi venez-vous aussi ? »

Les vieillards lui répondirent ensemble : « Si vous aviez invité Richesse ou Succès, les deux autres seraient restés dehors, mais puisque vous avez invité Amour, partout où il va, nous allons avec lui, puisque partout où il y a de l'amour, il y a aussi de la richesse et du succès ! »

Auteur inconnu

Chapitre 2

La prospérité,
c'est d'abord un état d'esprit

Réussir sa vie ou réussir dans la vie

La gloire ne convient pas à chacun, tout comme le leadership ne peut convenir à tous non plus. C'est pourquoi nous retrouvons des gens à différents niveaux dans la société. Mais chacun ressent-il un sentiment d'accomplissement dans ce qu'il fait ? Voilà la vraie question. La prospérité passe notamment par la satisfaction que nous procure notre quotidien à tous les points de vue.

Comment devenir prospère en faisant un travail que l'on détesterait, par exemple ? Déjà, en partant, si le respect et l'amour de soi-même sont escamotés, cela risque de miner la santé, ainsi que tous les domaines de notre vie. Parfois, ce n'est pas tant le travail qui fait défaut que l'attitude qu'on adopte envers celui-ci. J'en reparlerai d'ailleurs plus en profondeur un peu plus loin.

Alors, mieux vaut avoir un rôle de second dans lequel on est bien qu'un premier rôle animé par l'argent et plus ou moins adapté à sa personnalité. Pourquoi prendre des responsabilités dont on n'a pas envie ? C'est plus facile à dire qu'à faire, me direz-vous, mais vous en comprenez sûrement le fondement initial. Réussir sa vie, c'est faire ce qu'on a envie de faire et, surtout, prendre les moyens pour y arriver.

Dans la vie, n'est-ce pas réussir que d'aller au bout de ses capacités avec plaisir ? Je veux toutefois préciser le sens du mot « capacité ». Si on pense à une personne handicapée, ses réussites seront peut-être aussi belles que quiconque, mais en fonction de ses capacités. Dans une entreprise, par exemple, le journalier est aussi important que le patron : un ne va pas sans l'autre.

Pensée

« Nous n'arrêtons pas de nous amuser en vieillissant ; nous vieillissons lorsque nous arrêtons de nous amuser. »

Auteur inconnu

Oser se dépasser

N'est-ce pas une réussite, par exemple, que de parvenir à parler en public lorsque l'on est très timide ? Je vous donne cet exemple car c'est mon cas. Jusqu'à l'âge de 18 ans environ, j'étais envahie par une timidité absolument ankylosante. J'avais une hantise épouvantable de parler en public.

J'ai alors suivi une formation en relations humaines qui m'a amenée à prendre la parole devant beaucoup de monde et à rebâtir ma confiance. Au fil des années, j'ai acquis de plus en plus de stabilité intérieure ; je gagne ma vie, aujourd'hui, en parlant en public devant des milliers de personnes chaque année.

J'ai longtemps souffert d'agoraphobie et de claustrophobie, et j'ai eu des problèmes de poids à l'adolescence, etc. Tout cela est mis aux oubliettes depuis longtemps, mais il m'a fallu prendre les choses en main et me dire : « C'est assez, je veux maintenant vivre pleinement. » J'ai ajouté des ressources au fil du temps, ce que je continuerai de faire tout au long de mon parcours. Tout comme vous, j'ai des buts dans la vie et des points à améliorer, mais quel défi agréable que d'avancer avec motivation et enthousiasme, et ce, même quand les nuages semblent cacher le soleil !

« En somme, demande un journaliste à un millionnaire, qu'est-ce que l'argent vous a apporté de mieux ?

— Eh bien ! ma femme a arrêté de faire la cuisine. »

Tout est unique

Évitons de voir notre réussite en nous comparant à qui que ce soit : nous sommes uniques. Ne tombons pas dans la compétition négative qui pousse parfois une personne à être la meilleure, mais pour prouver quoi à qui ? Plusieurs gâchent ainsi leur plaisir de vivre et celui de leur réussite.

Il y a, certes, une excitante frénésie dans la victoire du champion, mais il y a aussi les lendemains. Certains ont tout sacrifié pour atteindre la gloire dans un domaine spécifique. Cependant, que se passe-t-il après la gloire ? Pensons aux champions olympiques une fois le summum atteint. Que deviennent-ils dans la vraie vie ? Plusieurs possibilités peuvent se dessiner, entre autres la solitude, la réorganisation, etc.

Tout cela pour dire que la vraie prospérité, c'est l'équilibre. C'est donc avec profondeur que nous verrons ensemble ce qui peut maximiser la prospérité financière et matérielle, sans pour autant entrer dans le domaine de l'économie et des termes associés aux transactions financières.

Histoire de réfléchir...

C'est quand, l'enfance ?

Au nourrisson à qui, dès ses premiers balbutiements, on enseigne à parler et, lorsqu'il parle enfin, on lui demande de se taire ;

Au poupon qui se traîne à plat ventre, on lui enseigne à marcher et quand il marche, on lui demande de rester tranquille ;

Au jeune qui commence à s'affirmer, on lui demande de cesser de faire l'enfant ;

À l'adolescent en pleine crise d'identité, on lui demande de devenir adulte ;

À l'adulte écrasé sous ses responsabilités, on lui demande de retrouver l'enfant en soi ;

À la personne âgée en perte d'autonomie, on dit qu'elle est retombée en enfance ; on lui demande donc de se taire, de rester tranquille et de cesser de faire l'enfant.

Mais alors, dites-moi, l'enfance… c'est quand ?

Auteur inconnu

La réussite, ça s'apprend

Si vous vous croyez malchanceux, si vous pensez que ceux pour qui les affaires vont bien sont plus fins que vous, plus intelligents, qu'ils ont de la chance, vous vous découragez vous-même dans votre cheminement vers la réussite. Bien que très humaines, ces pensées ne font que cultiver la peur et les limitations.

Au fil du temps, nous sommes devenus le portrait de nos apprentissages passés. Si vous avez grandi dans un milieu aisé et enjoué, il y a certes de meilleures chances que la vie vous semble plus facile car vous avez probablement, depuis votre enfance, les outils en main pour vous défendre. Mais si vos parents avaient de la difficulté à réussir, c'est ce modèle que vous aviez sous les yeux. Ainsi, une personne sera fonceuse ou, au contraire, manquera de confiance en elle-même selon ce qu'elle a vécu.

Mais le passé a-t-il tant d'importance que cela ? N'est-ce pas encore le temps d'avoir une enfance heureuse ? Quel genre de décision vous anime ? Rien ne sert de se lamenter et de dire : « Si j'avais eu des parents différents, ce serait autre chose, plus facile, etc. »

La plupart d'entre vous êtes des parents et savez que vous agissez de votre mieux. Continuez ainsi. Est-ce utile de vous dénigrer ? Cette énergie amène-t-elle de l'enthousiasme pour aller de l'avant ? Pas vraiment. Si on veut changer son avenir, c'est aujourd'hui que cela doit débuter. Chaque journée bien vécue garantit un lendemain heureux. Plus on sème la joie et plus on a la conviction de mériter ce qu'il y a de meilleur, plus c'est ce qu'on récoltera.

Histoire de s'amuser...

Une dame dit au maître d'hôtel :

« Pourriez-vous me prêter 10 francs, j'ai oublié mon sac ? »

Généreux, l'homme sort les dix francs. Aussitôt, elle lui répond :

« À bien y penser, gardez-les, c'était votre pourboire. Et dire qu'il y en a qui veulent l'abondance ! »

Savoir ce que l'on veut

Si vous allez à l'épicerie et que vous vous dites : « Je ne veux pas de fromage, pas de carottes, etc. » ; pensez-vous que cela vous aidera à choisir ce que vous avez besoin de mettre dans votre panier ? Si nous voulons éviter de nous retrouver avec notre chariot vide dans la vie, il est primordial de nous demander avec précision ce que nous désirons.

Je pense que les gens cherchent fondamentalement la notion de plaisir dans ce qu'ils font, même si les moyens pris ne permettent pas toujours de l'atteindre. Les nombreux petits plaisirs immédiats qu'on peut s'offrir façonnent le bonheur quotidien, que ce soit un court moment de silence, un bain moussant, une musique douce, un café avec un ami, etc.

Si quelqu'un sacrifie ce qui le ressource pour atteindre un objectif, il sera en déséquilibre et se fera du tort, que ce soit sur le plan de l'épuisement nerveux ou autre. Si on remet le plaisir à plus tard en se disant que, à ce moment-là, on sera heureux, il y a un risque. Souvent, la personne se trouve alors un nouveau sommet à atteindre et a de moins en moins de temps pour jouir de l'environnement, du paysage, etc.

Histoire de s'amuser...

L'absurdité

Deux nigauds se rendent au Nouveau-Brunswick pour y acheter des pommes de terre. Ils les paient 1,25 $ le sac ; leur but est d'aller les revendre à Vancouver. Plus tard, à Vancouver, ils revendent les légumes 1,25 $ le sac. Le premier dit alors à l'autre :

« Nous n'avons fait aucun profit.

— Je te l'avais dit aussi de prendre un plus gros camion pour en emporter plus. »

L'échec, une illusion

Même si, par le passé, la vie vous a peut-être semblé dure et difficile, accrochez-vous mentalement à vos rêves et avancez pas à pas. Ce livre vous tend la main pour vous aider à atteindre ce que vous avez longtemps désiré si légitimement.

On n'a qu'à penser à Einstein. Il avait raté son examen d'entrée à l'université, mais cela ne l'a aucunement empêché de passer à l'histoire. Sur la route de sa découverte, il avait une attitude bien particulière quand ça ne marchait pas. Au lieu de contempler l'échec, il se disait : « J'ai juste trouvé une autre façon qui ne pouvait pas fonctionner. »

La réussite se compare au tir à l'arc : si vous ne visez la cible que cinq fois, vous avez beaucoup moins de chances de l'atteindre que si vous faites cinquante tirs. Alors, osez tenter plusieurs chances et recommencez, au besoin. L'important est de s'activer. Il n'y a rien de mal ou de dénigrant à échouer ; le pire est d'oublier d'apprendre de ses erreurs.

Pensée

« Si vous prenez le risque d'échouer, vous prenez aussi celui de réussir. »

Auteur inconnu

L'abondance, c'est quoi pour vous ?

Pour plusieurs, le succès évoque l'aisance matérielle avec belle voiture, voyages, beaucoup d'argent, etc. Mais je considère que le fait de percevoir cela comme de la réussite constitue peut-être une vision restreinte de l'abondance. Il n'est aucunement nécessaire d'être une vedette reconnue ou d'avoir un statut social élogieux (élogieux selon qui ?) pour avoir réussi.

Certains évalueront l'abondance d'une personne en fonction de son style d'habitation, ce qui s'avère une grave erreur. L'abondance n'égale pas une luxueuse maison, loin de là. Une multitude de gens sont très prospères et vivent de façon bien ordinaire aux yeux des gens, que ce soit en appartement ou autre. Tout dépend des priorités de chacun. Certains préféreront la modestie matérielle et une retraite confortable à 45 ans. Qui peut se permettre de juger du portefeuille de quelqu'un sur les apparences ? Alors, c'est quoi l'abondance pour chacun ?

Voici un exercice qui vous portera à réfléchir. Comment seriez-vous si vous connaissiez déjà tout le succès souhaité ? Prenez le temps de répondre en toute sincérité sur un bout de papier. Profitez-en pour manifester une profonde gratitude pour ce qui est déjà présent dans votre vie.

Donc, si vous aviez tout le succès que vous désirez, quel serait :

- votre état d'esprit ?
- votre état émotionnel ?
- votre apparence physique ?
- le genre de vêtements que vous porteriez ?
- votre emploi du temps ?

- le genre de relations que vous auriez ?
- votre façon de gérer votre argent ?

Ensuite, posez-vous la question suivante : « Qu'est-ce que je pourrais perdre si j'obtenais tant de succès ? » Inscrivez toutes les peurs, petites et grandes, et relisez-vous. Vous verrez ce qui vous limitait dans votre capacité de réussir.

Histoire de s'amuser...

Problème de communication loufoque

Un jour, un homme s'arrêta dans une halte routière pour aller aux toilettes. Le premier cabinet était pris, alors il entra dans le second. Il n'était pas aussitôt assis qu'il entendit une voix venant du cabinet d'à côté.

« Salut, comment ça va ?

Bon, il n'était pas trop du genre à fraterniser avec des inconnus dans les haltes routières, mais un peu embarrassé il répondit :

— Je vais bien.

— Et puis… qu'est-ce que tu fais de bon ?

Tu parles d'une question. Là, il commençait à trouver ça plutôt bizarre. L'homme rétorqua alors en disant :

— Je suis comme vous, je m'en vais vers l'est.

C'est alors qu'il entendit son voisin de cabinet dire, tout énervé :

— Écoute, je te rappelle, il y a un innocent à côté de moi qui répond à toutes mes questions. »

Histoire de réfléchir...

Il était une fois...

Une île où tous les différents sentiments vivaient : le Bonheur, la Tristesse, le Savoir, ainsi que tous les autres, l'Amour y compris. Un jour, on leur annonça que l'île allait couler.

Ils préparèrent donc tous leurs bateaux et partirent. Seul l'Amour resta.

L'Amour voulait rester jusqu'au dernier moment. Quand l'île fut sur le point de sombrer, l'Amour décida d'appeler à l'aide. La Richesse passait à côté de l'Amour dans un luxueux bateau.

L'Amour lui dit :

« Richesse, peux-tu m'emmener ?

— Non, car il y a beaucoup d'argent et d'or sur mon bateau. Je n'ai pas de place pour toi. »

L'Amour décida alors de demander à l'Orgueil, qui passait aussi dans un magnifique vaisseau.

« Orgueil, aide-moi, je t'en prie !

— Je ne puis t'aider, Amour. Tu es tout mouillé et tu pourrais endommager mon bateau. »

La Tristesse étant à côté, l'Amour lui demanda :

« Tristesse, laisse-moi venir avec toi.

— Oh... Amour, je suis tellement triste que j'ai besoin d'être seule ! »

Le Bonheur passa aussi à côté de l'Amour, mais il était si heureux qu'il n'entendit même pas l'Amour l'appeler !

Soudain, une voix, celle d'un vieillard, dit :

« Viens, Amour, je te prends avec moi. »

L'Amour se sentit si reconnaissant et plein de joie qu'il oublia de demander son nom au vieillard.

Lorsqu'ils arrivèrent sur la terre ferme, le vieillard s'en alla.

L'Amour réalisa combien il lui devait et demanda au Savoir :

« Qui m'a aidé à rencontrer cet homme ?

— C'était le Temps, répondit le Savoir.

— Le Temps ? Mais pourquoi le Temps m'a-t-il aidé ?

Le Savoir sourit, plein de sagesse, et répondit :

— C'est parce que seul le Temps est capable de comprendre combien l'Amour est important dans la Vie. »

Auteur inconnu

Vos capacités sont immenses

Vous disposez de capacités prodigieuses qui sommeillent en vous. Le saviez-vous ? Trop souvent, on attend que la vie nous livre délibérément les choses sans trop fournir d'efforts. Ce serait merveilleux si c'était ainsi, mais ce n'est pas tout à fait cela. Il est possible que la vie soit facile, mais rien ne remplace l'implication à se la rendre facile. C'est une tout autre vision, mais c'est là que les réalisations merveilleuses peuvent arriver.

Je souhaite vous aider à devenir autosuffisant intérieurement, de sorte que vous puissiez goûter aux joies qu'offre la vraie sécurité, basée sur la confiance en soi et la pleine utilisation du pouvoir personnel inné. Peu à peu, vous consolidez votre compréhension et apprenez comment agir sur vos mécanismes intérieurs afin de diriger positivement votre vie vers les plus hauts sommets.

Ce livre vous donne une liste d'ingrédients, mais vous devez être en mesure de créer votre propre mode d'emploi. Il s'avère également un puissant complément à mon premier ouvrage intitulé *Réveiller son médecin intérieur – Le mieux-être par le rire*, car il vient ajouter une multitude d'éléments afin de maximiser votre pouvoir personnel et votre capacité à diriger votre vie.

Vous pouvez développer en vous-même la conviction de faire de votre vie un succès. Ainsi, vous accordez une place de choix à l'harmonie, à l'abondance, à l'amour de vous-même, à la santé, à la paix intérieure et au rayonnement d'une joie de vivre bien affranchie.

Vous possédez en vous une énergie de vie qui ne demande qu'à faire rayonner ce qui vous appartient naturellement, c'est-à-dire la richesse sous toutes ses formes. Donnez-vous le droit et offrez-vous le cadeau d'étancher cette soif intérieure qui vous porte à chercher activement, maintenant, ce qui vous revient en tant qu'être, et efforcez-vous de le réaliser concrètement.

Tous les gens qui réussissent sont ceux qui croient à cette réussite et qui utilisent, consciemment ou non, leur pouvoir intérieur. Vous pouvez enfin vous projeter sur la voie de la chance, c'est-à-dire celle que vous saurez vous créer à la lecture de ce profond message de vitalité.

Histoire de s'amuser...

Puisque le rire est bon pour la santé, est-ce que ça veut dire qu'il faut rire comme un malade ?

Rêver pour vrai

Je vous accompagne dans cette belle aventure qui vise à vous plonger dans un monde de rêves, et ceux-ci annoncent votre nouvelle réalité. Vous avez peut-être parcouru de nombreux sentiers avant d'en arriver à tenir ce volume dans vos mains. Comme on dit souvent, le hasard n'existe pas. La bonne ressource nous est toujours présentée au moment où nous sommes ouverts à en profiter pleinement. Voilà pourquoi aujourd'hui peut devenir pour vous un tournant majeur dans votre vie.

Histoire de s'amuser...

Les voitures du paradis...

C'est l'histoire de trois hommes qui, après s'être mariés, avoir eu des enfants, sont morts de façon soudaine. Ils se retrouvent donc tous les trois devant saint Pierre qui leur dit :

« Ici, comme le paradis est un immense endroit, vous aurez une voiture pour vous déplacer. La marque sera en fonction du nombre de fois où vous avez trompé vos femmes. »

Donc, saint Pierre ouvre son grand livre et dit au premier homme :

« Je vois que votre réputation de coureur de jupon est vérifiée. Je plains votre femme. Mais comme vous étiez gentil avec elle, Dieu vous offre une Renault. »

Penaud, l'homme part en direction du paradis dans sa Renault.

Alors, saint Pierre regarde le deuxième homme et dit :

« Mais vous êtes moins pire, vous, vous avez trompé votre femme seulement deux fois, alors Dieu vous offre une Mercedes. »

L'homme, heureux, part en direction du paradis avec sa Mercedes.

Saint Pierre regarde enfin le dernier et dit :

« Alors vous, vous êtes un saint, vous n'avez pas trompé votre femme une seule fois ; pour vous féliciter, Dieu vous accorde une Lamborghini. »

L'homme, heureux, part tout fier dans sa voiture de rêve.

Le lendemain, l'homme à la Renault rencontre celui à la Lamborghini, qui pleurait comme un enfant sur le capot de sa voiture.

« Voyons ! Qu'est-ce qu'il se passe ?

— Je viens de voir passer ma femme en trottinette ! »

La prise en charge du plaisir

Comme je le mentionnais précédemment, j'enseigne le mieux-être par le rire, la prospérité, l'estime de soi, et je dis souvent aux gens : « Supposons que vous alliez voir un humoriste…Vous allez rire pendant deux heures et c'est merveilleux, mais aurez-vous appris à développer votre propre humour ? Malheureusement, non. Quand ça va mal, certains jours, l'humoriste n'est pas à côté de vous pour vous faire rire.

La prospérité, c'est pareil. Votre banquier ne fera pas les choses pour vous ; vous devez réveiller votre banquier intérieur, et vous êtes capable. Souvenez-vous de l'image d'un petit enfant qui cherche à faire ses premiers pas. Il tombe, se relève et, en peu de temps, il prend de la solidité de jour en jour. Pour la réussite, c'est la même chose ; se faire confiance, persévérer et réaliser qu'on est capable. Le plus important est d'avoir du plaisir à faire les choses.

Combien d'argent voulez-vous ?

Je vous pose maintenant une question bien importante : « Combien voulez-vous gagner d'argent durant la prochaine année ? » Quel est le montant qui vous vient à l'esprit ?

Le montant auquel vous avez pensé est celui auquel vous vous évaluez. Vous devez choisir de devenir la personne que vous rêvez d'être et commencer à faire comme si c'était déjà une réalité, et les choses vont commencer à se presser en votre faveur. J'ai personnellement rencontré Jacques, l'homme de ma vie, en Europe (Suisse) pour me rendre compte qu'il demeurait à moins d'une heure de chez moi. Mais pour vivre de telles surprises, il faut s'ouvrir à recevoir le meilleur et les cadeaux de la vie.

Attirer l'argent

Une des grandes erreurs que plusieurs commettent, c'est de penser que la prospérité arrivera tout bonnement de l'extérieur. En agissant à l'opposé de cela et en visualisant qu'elle est attirée vers soi, on s'active dans le bon sens. Nous devons faire jaillir le sentiment de prospérité profondément en nous pour qu'il puisse magnétiser, attirer et matérialiser nos désirs dans notre subconscient.

L'une des meilleures clefs d'abondance consiste à créer un sentiment intense de prospérité au plus profond de soi et à l'entretenir régulièrement. Cette sensation se doit d'être joyeuse et vibrante, comme si elle était déjà une réalité vivante. Si vous vous achetez une plante, par exemple, vous savez que vous devez l'arroser régulièrement, sinon elle ne produira pas de fleurs ni de fruits et desséchera. Pour la prospérité, c'est la même chose : vous devez entretenir votre désir au jour le jour avec une émotion intense de plaisir et de joie, comme si votre désir était déjà matérialisé. Imaginez ensuite que l'argent arrive vers vous comme si un grand vent le poussait irrésistiblement jusqu'à vous car vous avez créé en vous les conditions propices.

Histoire de s'amuser...

Juste pour le plaisir et pour sourire

Comment expliquer que des gens commandent un double hamburger avec fromage, des grosses frites et un Coke diète ?

Comment se fait-il que les banques laissent les portes ouvertes et enchaînent les stylos au comptoir ?

Comment se fait-il que les gens laissent leur voiture qui vaut plusieurs milliers de dollars dans l'entrée et rangent des trucs sans valeur dans le garage ?

Comment se fait-il que nous utilisions des afficheurs pour filtrer les appels et utilisions l'appel en attente pour ne pas rater celui que nous ne voulions pas recevoir ?

L'argent seulement, ou l'amour et la santé ?

Petite mise en situation pour vous. Si je vous dis : « Voici un chèque de un million de dollars », quelle sera votre réaction ? Certains répondront : « Je le prends, merci. » D'autres : « Je vais payer ma maison, voyager. » Mais quel sentiment ressort de tout cela ? La liberté. En réalité, ce n'est peut-être pas l'argent qui est si important pour la personne, mais la liberté qu'il permet d'obtenir.

Alors, voici une réflexion cruciale. Imaginez que je mets dans ma main droite l'argent seulement, sans plaisir, sans amour ni santé, sans amis et que, dans ma main gauche, je mets la liberté, le plaisir, la santé, l'amour et les amis. Je vous demande ensuite : « Maintenant, quelle main choisissez-vous ? » Quelle sera votre réponse ? Fort probablement l'option qui vous donne du *feeling*. En choisissant l'amour, la santé, la joie, etc., vous feriez en sorte que l'argent arriverait pratiquement tout seul car votre fondement serait solide et harmonieux, donc magnétique.

Alors, si vous voulez que l'argent soit encore plus présent, activez vos sentiments joyeux, votre gratitude envers ce que vous avez et ce que vous recevez régulièrement. Bénissez les gens et les situations et ayez confiance : seul le bien peut vous arriver. Ensoleillez votre vie, faites du vent, et les nuages vont disparaître.

On ne peut sentir le vent, mais sa puissance n'est pas moins active. Sur son passage, on peut constater ses effets, mais on ne les voit pas. Dans la vie, c'est la même chose : on ne voit pas nos pensées, l'amour, la joie, etc., mais elles ont autant d'effets.

Jouer à être heureux et en amour pour le devenir réellement

Plusieurs se disent : « Quand je vais avoir payé mes dettes, ça va bien aller », et ils disent bien « *mes* dettes », comme s'ils se les appropriaient avec ferveur. Ou encore ils se rassurent : « Quand je vais avoir un copain, je vais être heureux. » Ils attendent des événements extérieurs pour être heureux. Pourtant, c'est tout à fait le contraire qui doit s'appliquer. Le jeu est de créer l'émotion positive.

Par exemple, quelqu'un rêve de devenir en amour. Il doit viser à tomber amoureux de lui-même en premier ; plus il monte son taux vibratoire, plus il va attirer une personne de même calibre. Si vous ne vous aimez pas, vous attirerez une personne qui ne s'aime pas, et les défis d'adaptation seront en fonction de cela. Si vous êtes en harmonie, vous attirerez également quelqu'un bien avec lui-même.

Pour attirer l'amour, l'idéal consiste à faire comme s'il était déjà là, même si cela demande de jouer le jeu. En se couchant le soir, vous pouvez imaginer que l'autre personne est présente et qu'elle vous souhaite bonne nuit, par exemple.

Si vous n'avez personne dans votre vie, évitez d'attendre une personne en particulier car la vie nous réserve parfois des détours meilleurs. Je me souviens d'une dame qui disait : « J'ai programmé mon esprit pour tel homme, je l'ai eu en un mois et ça m'a pris trois ans à m'en débarrasser. » Assez directs comme propos, me direz-vous, mais le message est clair. Une personne peut être bien agréable physiquement, par exemple, et avoir un fichu caractère ; donc en s'aimant davantage, on attire ce qui est bon pour soi.

Visualiser l'amour

Si vous vivez en couple mais que des petits nuages, comme je les appelle, se sont infiltrés entre vous deux pour différentes raisons (surcharge de travail, obligations extérieures, fatigue, etc.) et que vous désirez rétablir la situation harmonieusement d'un commun accord, imaginez-vous ensemble et totalement heureux, et voyez-vous faire à deux vos activités, vos courses, vos sorties, vos voyages.

Vous pouvez aussi visualiser votre relation idéale, la communication fluide, vous êtes ensemble sans entrave de rien ni personne, tout va bien, vous vous voyez avec le sourire, calme, détendu, pacifique, votre sexualité va bien, vous avez tout l'argent dont vous avez besoin, un emploi sur mesure, vous êtes en santé, tout va bien.

Vous vous imaginez dans les bras l'un de l'autre, amoureux, complices. Vous pouvez même dresser une liste d'affirmations positives que vous enregistrez sur cassette et que vous écoutez dans votre voiture, ou que vous relisez à haute voix avec intensité en visualisant que tout va déjà très bien.

Je pense ici à un couple qui a vécu une telle situation et pour qui cet exercice a été des plus bénéfiques. Le couple vivait ensemble, mais un des deux a dû s'absenter quelque temps pour régler un divorce qui traînait en longueur.

Ce fut le déchirement, car le lien amoureux demeurait tout aussi intense entre les deux, qui filaient ensemble le parfait bonheur, mais les conditions particulières de la situation ne laissaient pas vraiment d'autres choix. Alors, ils se sont dit qu'ils feraient tout pour se retrouver l'un près de l'autre le plus vite possible en acceptant cette étape difficile, bien que temporaire.

Voici un exemple de ce qui peut être écrit sur papier ou enregistré afin d'entretenir la force de l'énergie pour se retrouver :

Je nous ressens (prénoms des deux personnes) et je nous vois maintenant avoir beaucoup de plaisir ensemble sous le même toit tous les jours.

Je te fais confiance, mon amour, les choses s'arrangent actuellement de façon merveilleuse pour nous. Merci, mon amour, et merci à moi pour cette compréhension.

Je me sens maintenant très calme et en paix.

Le temps joue en notre faveur pour harmoniser notre union encore plus.

J'accepte la situation car je sais qu'en lâchant prise, on gagne beaucoup de temps.

On file maintenant le parfait bonheur ensemble.

Je reste en contact avec moi, bien centré, et je protège mon énergie.

J'ai une sécurité totale en tout.

J'ai pleinement confiance en moi.

Je suis dans la lumière intérieure et je bénis la situation en m'élevant au-dessus d'elle et en la transformant positivement. Je prends la responsabilité des émotions que cela réveille en moi. Je garde mon sourire, car je connais notre désir.

Nos retrouvailles sont maintenant une source de plénitude et de joie abondante.

Qu'est-ce qui fait que mon amour (prénom de la personne) et moi, on file maintenant le parfait bonheur ensemble, qu'on fait maintenant nos activités ensemble, dans la joie, l'amour et la paix ? (Cette question ne demande pas de réponse consciente, elle ne fait que stimuler les solutions provenant de l'inconscient.)

On a tout l'argent dont on a besoin et plus, notre sexualité est épanouie, on est en santé, tout va bien.

On s'aime beaucoup. Je m'aime beaucoup aussi et je prends soin de moi.

Je bénis la situation et je l'arrose de lumière avec amour et sincérité.

Je demande que notre situation de couple reprenne normalement au quotidien d'ici telle date. (Soyez réaliste, mais encadrez votre subconscient dans un plan précis. Si ce n'était pas pour le mieux ça ne se réaliserait pas, alors osez préciser les délais. Si les deux sont en accord avec cette possibilité et que le désir commun d'arranger les choses est là, tout est en place pour ce cadeau.)

Ce modèle vous aidera à façonner le vôtre lors de différentes situations qui ont besoin de retrouver un dénouement heureux. La force de l'invisible est beaucoup plus grande que l'analyse. La prospérité est vraiment un état d'esprit tant en amour qu'en affaires.

Histoire de réfléchir...

Voici l'histoire de deux amis qui marchaient dans le désert.

Après une dispute, l'un des deux donna une gifle à l'autre.

Ce dernier, endolori mais sans rien dire, écrivit dans le sable :

« Aujourd'hui, mon meilleur ami m'a donné une gifle. »

Ils continuèrent à marcher puis trouvèrent une oasis, dans laquelle ils décidèrent de se baigner.

Mais celui qui avait été giflé manqua de se noyer et son ami le sauva.

Quand il se fut repris, il écrivit sur une pierre :

« Aujourd'hui, mon meilleur ami m'a sauvé la vie. »

Celui qui avait donné la gifle et avait sauvé son ami lui demanda :

« Quand je t'ai blessé tu as écrit sur le sable, et maintenant tu as écrit sur la pierre. Pourquoi ?

— Quand quelqu'un nous blesse, lui répondit l'autre, nous devons l'écrire dans le sable, où les vents du pardon peuvent l'effacer. Mais quand quelqu'un fait quelque chose de bien pour nous, nous devons le graver dans la pierre, là où aucun vent ne peut l'effacer. »

Apprenons donc à écrire nos blessures dans le sable et à graver nos joies dans la pierre.

Auteur inconnu

Chapitre 3

Vous êtes capable

Êtes-vous capable de devenir prospère ?

Ce chapitre résume un peu les grandes lignes de la réalisation personnelle. Quel grand mot ! Je me souviens des premières années où j'enseignais. Je demandais aux gens de me décrire sur un bout de papier, et de façon anonyme, ce qu'ils avaient le plus besoin d'améliorer dans leur vie. Pour près de 85 %, c'était la confiance en soi.

Nous avons tous vécu à un moment ou l'autre des difficultés, pour ne pas dire des traumatismes, qui ont ralenti l'expression de notre plein potentiel. Qui que nous soyons, nous n'arrêtons jamais de nous améliorer et de faire de notre mieux avec les ressources que nous possédons. Alors, inutile de nous culpabiliser pour tout ce qui est passé.

Mais, pour l'instant, voici une façon originale de percevoir le mot « capable » inspiré d'un enregistrement vendu par Christian Godefroy, *Les 7 lois éternelles du succès*, que l'on trouve à l'adresse suivante : www.club-positif.com. On peut utiliser chaque lettre du mot pour se faire un aide-mémoire à succès. Voyons ainsi une signification imagée pour chaque lettre.

C = Connaissance

A = Attitude et amour

P = Persévérance

A = Action

B = But

L = Libération

E = Énergie

La connaissance

Elle est la base pour ouvrir les horizons et contribue à l'évolution générale. Elle a besoin d'être appuyée des qualités intérieures pour vraiment constituer une source d'épanouissement. Vous pouvez retenir cette petite phrase positive en guise de résumé : « J'aime apprendre de nouvelles choses avec plaisir. »

L'attitude et l'amour

Ils permettent d'employer toute la gamme de nos facultés mentales, spirituelles, etc. L'apitoiement, la jalousie, le négativisme, etc., inhibent nos moyens. En posant un regard d'amour sur tout ce qui est, vous éclairez votre route. Souvent, un moment difficile semble un drame, mais on se rend compte, avec le temps, à quel point il nous a fait grandir.

On n'a qu'à penser à l'obscurité qui nous permet de voir les étoiles, à la tristesse passagère qui nous meurtrit l'âme et au soleil qui nous réchauffe le cœur et le corps… et qui revient toujours après la pluie.

Les difficultés peuvent être traversées par une attitude forte et positive. Plus vous êtes actif dans le but de vous en sortir, plus les autres peuvent vous aider à vous en sortir car vous collaborez. Ils vous soutiendront au lieu de chercher à vous fuir. Vos soucis d'aujourd'hui, que seront-ils dans 10 ans ? Probablement dérisoires.

Vous pouvez cultiver une petite phrase positive comme celle-là : « Je développe ma capacité à aimer, je crée des images positives qui me mènent au succès. »

La persévérance

Elle fait toute la différence entre le succès et l'échec. Le fait d'être habité fermement par la foi et de ne pas perdre de vue votre objectif vous immunise contre les influences négatives. La réussite peut toujours être au tournant de la route et tout échec peut porter les germes de la réussite. Voici une petite phrase pour vous aider : « J'achève ce que je commence, je persévère jusqu'à ce que je réussisse. »

L'action

Ce sont vos actes seuls qui gravent votre succès dans la pierre de la réalité. Les principales causes de défaite sont l'indécision et la procrastination, c'est-à-dire la tendance à remettre à plus tard ce que l'on peut faire maintenant. Les gens qui ne sont jamais partis ne peuvent pas arriver au but. Dans la vie, il est pertinent de nous dire que nous avons atteint des milliers de buts, car notre existence en est l'addition.

L'action est souvent bloquée par la peur de l'échec ou de l'erreur. L'esprit humain se compare à un mécanisme cybernétique : il apprend en commettant des erreurs et en vivant des réussites, mais c'est dans l'action qu'il devient courageux sans pour autant être téméraire. Pour déclencher ce réflexe, dites-vous, par exemple : « Je passe maintenant à l'action… » et précisez cette action que vous voulez accomplir.

Histoire de s'amuser...

Deux nigauds arrivent dans un restaurant et commandent deux cafés. Ils sortent ensuite leurs sandwichs de leur poche et commencent à manger. Jean, le serveur, leur dit :

« Mais voyons, c'est un restaurant ici... Vous ne pouvez pas manger vos propres sandwichs ! »

Les nigauds se regardent, haussent les épaules et échangent leurs sandwichs.

Les buts

Un individu sans but se compare à un bateau sans gouvernail. Plusieurs se demandent pourquoi le sort ne les a pas choisis pour goûter au miel de la vie. Le secret réside dans votre capacité à butiner par vous-même…

Il est donc important de se fixer des buts pour aujourd'hui, pour demain et pour plus tard si l'on veut rester en action et voir ses désirs se manifester efficacement. Avoir des buts veut dire également se donner la motivation pour aller de l'avant, car le désir crée des résultats et fabrique une énergie positive.

Voici ici un petit parallèle cocasse. Quand vous avez terminé de laver votre vaisselle, la relavez-vous au cas où ? Ou encore, quand vous venez de terminer de tondre votre gazon, repassez-vous une deuxième fois au cas où il ne serait pas égal ? Pourquoi, dans la vie, avons-nous des doutes sur ce qui est fait, à savoir si c'est correct ou pas correct ? Quand on est de bonne foi, on fait de notre mieux, et bravo !

En pensant à vos buts, gardez en tête les moyens que vous prendrez pour les atteindre et les avantages que vous en tirerez. Tout cela se passe à l'intérieur de soi et provoque la manifestation extérieure de votre bonheur. Écrivez vos buts de façon détaillée, comme vous le feriez pour un contrat que vous signez avec vous-même. Osez viser haut dans votre idéal. Gardez cette phrase en tête : « Mon idéal me guide et c'est de plus en plus facile d'atteindre mes buts. » Un prochain chapitre ira plus en profondeur sur ce sujet.

Histoire de réfléchir...

C'est l'histoire d'une dame qui va voir son médecin à propos de son mari, aux prises avec des difficultés sexuelles.

« Il y a un mois, j'ai prescrit du miel à votre mari. Ça devrait l'avoir aidé, est-ce le cas ?

— Il bourdonne, répond la femme, mais il ne pique pas encore. »

La libération

Il est important, en premier lieu, de se libérer de soi. Les excuses, les difficultés personnelles, les freins internes nous limitent si l'on ne prend pas la décision de faire le ménage en soi. Je reconnais que tout cela ne se réalise pas en un jour, mais un pas chaque jour sur le chemin de la conscience intérieure et la vie reprend toutes ses couleurs et tout son sens.

Plusieurs ne se donnent ni le temps ni la chance de réussir. Les croyances comme « L'argent est sale », « Mieux vaut être pauvre et en santé que riche et malade » constituent des obstacles au cheminement personnel. Dites-vous plutôt : « Je suis maintenant à l'écoute de moi, je m'aime et je me fais confiance. »

L'énergie

Toute votre vie se tisse sur la trame des lois de l'énergie, que ce soit sur le plan de la santé, de la réussite, de l'amour. Vous êtes une puissance électromagnétique et ce livre vous démontrera tout au long de ses pages à utiliser la puissance de votre courant intérieur. Voici une petite phrase dynamique dont vous devez vous souvenir. « Je suis santé, je suis énergie, je suis vitalité. »

Pensée

Si l'argent ne fait pas le bonheur, la pauvreté non plus.

Activer son génie créatif et ses possibilités

Vous pouvez faire surgir votre créativité de vos profondeurs afin de ne jamais manquer d'idées pour aller de l'avant avec assurance et passion. Que vous soyez médecin, étudiant, politicien, musicien, couturière, secrétaire, professionnel, etc., vous réaliserez que l'application des merveilleux outils présentés fera enfin changer votre vie selon votre idéal.

On dit souvent que, même quand tout va bien, il faut rester dans l'action afin de limiter les effets des cycles plus bas. Ceux qui ne connaissent pas le succès sont souvent privés de la connaissance qui fait que la vie nous donne exactement ce que nous lui demandons.

L'abondance ne vient aucunement des fruits du travail seulement, il y a mille et une possibilités à accueillir. À vous maintenant de commencer progressivement à stimuler ces possibilités au fil de ces bons moments que vous passez à déguster ces mots partagés en toute simplicité.

Pensée

Les valeurs de la vie

- Pour réaliser la valeur d'une année, demandez à un étudiant qui a doublé son année.
- Pour prendre conscience de la valeur d'un mois, demandez à une mère qui a accouché prématurément.
- Pour connaître la valeur d'une semaine, demandez à l'éditeur d'un hebdomadaire.
- Pour connaître la valeur d'une heure, demandez aux amoureux qui sont temporairement séparés.
- Pour comprendre la valeur d'une minute, demandez à une personne qui a manqué son train.
- Pour réaliser la valeur d'une seconde, demandez à qui vient juste d'éviter un accident.
- Pour comprendre la valeur d'un millième de seconde, demandez à l'athlète qui a gagné une médaille d'argent aux Olympiques.

Apprécions chaque moment que nous vivons !

Chapitre 4

Libérez votre banquier intérieur

Ouvrir les canaux de la prospérité

Pour devenir riche à tous les points de vue (santé, amour, argent…), on doit ouvrir les canaux de réceptivité face à l'abondance totale. Imaginez que vous allez à la rivière pour y puiser de l'eau et que vous apportez une simple cuillère comme contenant. Quelle quantité pourrez-vous rapporter ? Une seule cuillerée. Mais si vous vous y rendez avec un camion citerne, ce sera bien différent. Une personne a aussi le choix de pêcher dans un petit ruisseau presque sec ou de se rendre au carrefour de plusieurs rivières.

Pour les canaux d'abondance, c'est la même chose : il suffit de plonger dans l'océan des possibilités. Déployez vos antennes et soyez à l'affût des bonnes occasions. Par cette attitude, vous apprendrez à les reconnaître, vous stimulerez votre créativité et votre intuition et vous magnétiserez ce dont vous aurez besoin pour réussir là où vous voulez.

Apprenez surtout à mettre du plaisir dans votre quotidien, car la joie et le rire demeurent des aimants pour la prospérité et la vitalité. Éprouvez du plaisir. Bien des gens se sentent exister quand ils vivent des peines, des larmes ou des souffrances diverses. Pourquoi ne pas changer cette mauvaise habitude et décider d'aller bien dorénavant ? En ouvrant les volets, le banquier intérieur peut avancer.

« Personne ne peut devenir riche et heureux sans être persuadé qu'il le peut. »

Auteur inconnu

Sur quoi se porte votre attention ?

À ce sujet, je vous invite à faire la réflexion suivante. Comme la plupart des gens, vous avez probablement un jour changé de voiture. Avez-vous remarqué que, à partir du moment où vous avez arrêté votre choix sur une marque en particulier, vous vous êtes ensuite promené sur la route et vous étiez porté à ne voir que ce modèle-là ? De la même façon, si vous avez choisi de vous acheter une voiture rouge, vous êtes parti sur la route et, pendant un certain temps, vous avez vu davantage les véhicules rouges.

Que se passe-t-il ? Notre esprit est comme un radar qui cherche à nous diriger vers ce que nous contemplons. Alors, qu'il s'agisse de prospérité ou de tout autre aspect de notre vie, il est primordial d'être attentif à ce qui est entretenu mentalement, car c'est ce qui tend à se matérialiser dans nos vies, positivement ou négativement.

Histoire de s'amuser...

Banquier, définition n° 1

Personne qui serait d'accord à vous consentir un prêt pour autant que vous lui apportiez la preuve que vous n'en avez pas besoin.

L'esprit plus puissant que les muscles

La force de l'esprit amène l'abondance bien plus que les muscles. De la même façon, une personne dépourvue d'instruction a aussi des chances de réussir, tout comme une personne très instruite peut devenir un chômeur professionnel si elle néglige l'utilisation des lois de l'esprit. Ça va dans les deux sens.

L'application de ces notions vous donne dorénavant une confiance accrue en vous-même, car vous savez maintenant de plus en plus comment utiliser votre puissance intérieure pour que les choses qui vous semblaient impossibles se concrétisent.

Histoire de s'amuser...

Juste pour le plaisir

Pourquoi les femmes ne peuvent-elles se mettre du mascara sans bouger la bouche ?

Pourquoi le mot « abréviation » est-il si long ?

Pourquoi le travail des médecins est-il appelé « pratique » ?

Pourquoi doit-on cliquer sur « Démarrer » pour arrêter Windows ?

Pourquoi le jus de citron est-il composé de saveurs artificielles, et le liquide à vaisselle, de vrais citrons ?

Pourquoi n'existe-t-il pas de nourriture pour chat à saveur de souris ?

Quand la nourriture pour chien est nouvelle et qu'on la dit avec un goût amélioré, qui la teste ?

Après tout, on a tous besoin de sourire pour quelque chose.

Histoire de s'amuser...

Les inventions

Une invention présentée à un concours se nommait « éventail fixe ». Sa particularité ? C'était le client qui devait se branler la tête.

Les conditions extérieures sont-elles en cause ?

Une des plus grandes illusions entretenues par beaucoup de gens est que les conditions extérieures déterminent nos résultats. Tout est plutôt une question d'attitude intérieure et de croyances. L'extérieur ne peut avoir plus d'effets que ce qu'on lui permet d'avoir.

Nous sommes en position de choix envers toute situation. Laissons-nous, par exemple, les propos désobligeants nous gâcher une journée ou nous en remettons-nous à notre estime personnelle en nous disant que, après tout, l'autre a le droit de penser ce qu'il veut ? Plus on cherche à se défendre, plus cela indique que la stabilité intérieure doit être renforcée. C'est facile à dire et cela demande de l'implication pour y arriver, j'en conviens, mais ça vaut le coup de s'en occuper.

C'est certain qu'on doit composer parfois avec la maladie d'un proche, la perte d'un être cher, etc., ce qui s'avère très difficile. Par contre, mieux on maîtrise sa vie, plus on récupère vite. Je ne veux pas dire par là de camoufler ou de refouler ses émotions, bien au contraire. Il s'agit plutôt de se servir de ses bases en gestion du stress, en ce qui a trait à l'estime de soi, au lâcher-prise, etc. Je ne préciserai pas tous ces concepts, ils ont été traités dans mon livre *Réveiller son médecin intérieur – Le mieux-être par le rire*, mais je veux uniquement vous rappeler de prendre soin de vous.

Histoire de réfléchir...

On raconte que les pommiers produisent autant de pommes en période de récession. Ils n'écoutent pas les bulletins de nouvelles, eux !

Trois vieillards, jadis de bons amis, se retrouvent après de longues années.

Un ami leur demande :

« Que faites-vous depuis que vous êtes à la retraite ?

— Moi, je fais de la photo, dit le premier.

— Moi, je jardine, répond le deuxième.

— Moi, je fais de la recherche ! annonce le troisième.

— Ah bon... ! Et dans quoi... ?

— Tous les jours, je cherche mes lunettes, ma canne, mon dentier, mes clés, etc. »

Les idées créatrices

Tout ce que vous possédez et désirez est fondamentalement né d'une idée, d'un désir et d'une action. Supposons que vous vouliez changer de voiture. Commencez par visualiser en détail celle que vous souhaitez. Imaginez qu'elle est en parfait état, que sa mécanique est excellente. Ressentez le confort des sièges, l'odeur du cuir, le son doux du moteur. Voyez-la briller, imaginez-vous au garage en train de signer le contrat, ressentez le plaisir de la conduire au son de la musique qui émane de la chaîne stéréo, etc.

Peut-être que, pour l'instant, vous n'avez pas tout l'argent nécessaire à la mise en œuvre de ce projet, mais la visualisation provoque les avenues qui font en sorte que, grâce à des concours de circonstances absolument fabuleux, on peut en arriver à atteindre ses buts plus facilement et plus rapidement.

Je me souviens d'une histoire où un homme avait absolument besoin d'une voiture ; il était sans le sou puisqu'il se préparait à réintégrer le marché du travail après une période difficile.

Il a visualisé son désir de posséder une voiture, ses besoins, et soudain, son voisin est venu le voir : il avait été appelé à partir un an à l'extérieur et il lui a demandé curieusement s'il voudrait bien prendre soin de son auto durant son séjour, ne sachant trop où l'entreposer.

Ainsi, il a pu se renflouer financièrement grâce à son implication au sein de sa banque intérieure qui lui a attiré cette occasion. Le problème, avec plusieurs personnes, c'est qu'elles s'attendent à ce que leur prospérité leur vienne seulement d'un travail routinier du genre « 9 à 5 », ce qui fait que, trop souvent, elles ont peine à joindre les deux bouts et passent leur temps à produire et à subir au lieu de vivre pleinement.

Pensée

Les humains...

Ils perdent leur santé à faire de l'argent et, par la suite, perdent tout leur argent à restituer leur santé. En pensant anxieusement au futur, ils oublient le présent de sorte qu'ils ne vivent ni le présent ni le futur. Finalement, c'est comme s'ils n'allaient jamais mourir, et ils meurent comme s'ils n'avaient jamais vécu...

Investir d'abord en soi

Vous investissez en vous, et je vous en félicite. Transformez votre vie pour suivre un trajet rempli de plaisir et de passion au lieu de stress et d'anxiété. Toute l'énergie gaspillée à se causer du souci ne mène à rien. Aussi bien la transformer avantageusement par les différents moyens proposés dans ce volume. Lisez des textes stimulants, suivez des formations spécifiques à vos désirs ou participez à des conférences sur le rire, l'humour, l'abondance. Je parle peut-être par déformation professionnelle, mais quel plaisir pour moi d'observer les yeux de centaines de personnes scintiller sous les mots, le rire, le plaisir et l'énergie de vie que je leur fais partager et je sais pertinemment le bien que cela peut procurer de s'impliquer. J'ai vu tellement de vies se transformer depuis que je pratique ce métier et je peux vous dire qu'une personne qui choisit de vivre pleinement s'offre un des plus beaux cadeaux qui soient.

Histoire de s'amuser...

Des réflexions loufoques

Au sujet de quelqu'un qui a une jambe plus courte que l'autre... Pourquoi ne dit-on jamais : « Il a une jambe plus longue que l'autre. »

Si vous voulez un dentier qui a l'air vraiment naturel, faites mettre des broches dessus.

Au sujet des tournevis pour des vis plus petites... Pourquoi la poignée est-elle plus petite ? Nos mains restent de la même grandeur, elles !

Quel est le comble pour un optométriste ? Manger une soupe aux lentilles.

Quel est le comble pour un serrurier ? Se faire mettre à la porte.

Quel est le comble de l'électricien ? Ne pas être mis au courant.

Stimuler chaque jour un état d'esprit axé sur la prospérité

Vivez, pensez et agissez comme une personne prospère. Adoptez la démarche et le sourire de celui qui réussit totalement, et vous deviendrez comme cela. Votre subconscient ne fait aucunement la différence entre le vrai et le faux. Il réagit aux sensations, aux images et aux pensées que vous lui transmettez et il tend à matérialiser le tout, pensant que c'est ce que vous voulez.

Associez-vous seulement à ceux qui développent une pensée et une attitude positives au sujet de l'argent et de la vie en général. Soyez vigilant en ce qui concerne les croyances astreignantes. La religion, par exemple, a longtemps transmis comme valeur que posséder de l'argent est en quelque sorte péché. Pour d'autres, ce sera : « Je suis né pour un petit pain. » Je leur réponds alors : « Si, au moins, il était au blé entier ! »

Allez dans les meilleurs magasins et essayez des vêtements chers même si, pour l'instant, vous n'en avez pas besoin ou que vous ne pouvez pas vous les payer. Observez, juste pour le plaisir, ce que cela fait en dedans d'être audacieux un peu plus. Permettez-vous de vibrer à la beauté sans pudeur.

Fréquentez des endroits dans votre ville où on trouve de belles choses et inspirez-vous de ces vibrations. Si, pour vous, la prospérité ne passe pas réellement par les objets matériels, inspirez-vous de la splendeur d'un coucher de soleil, du chant des oiseaux, etc., pour vous envahir intérieurement de cette vie qui resplendit autour de vous, vous faisant ainsi sentir comme une personne choyée par la vie.

Ayez de la gratitude pour tout ce que vous possédez déjà. Plus on contemple le manque, plus le mental focalise sur la privation, et c'est ce qui se produit. Plus on remercie pour ce qui est, plus on attire l'abondance par effet magnétique.

Gardez-vous un temps d'arrêt quotidien pour effectuer le vide mentalement. Allez profondément au centre de votre esprit, là où se situe votre essence même. De cette façon, vous gardez le canal intérieur ouvert pour l'intuition, l'inspiration, les décisions justes et le goût de l'action. Agissez comme si la prospérité était déjà présente dans votre vie.

Quand vous visualisez ce que vous souhaitez, ne contemplez pas seulement l'argent. Soyez plutôt confiant et affirmatif, en ce sens que votre intelligence supérieure connaît vos besoins et qu'elle est déjà en train de les réaliser. Si vous désirez changer de voiture, voyez-la au lieu de penser au prix qu'elle coûte ; si vous voyez l'argent seulement, il peut arriver, mais il se peut aussi qu'un bris de la toiture de votre maison, par exemple, vienne soutirer ce que vous possédez comme richesse. Je sais que c'est subtil, mais usez quand même de prudence.

Au lieu de visualiser la prospérité comme étant loin et inaccessible, imaginez que l'argent, l'amour, la santé viennent facilement vers vous et que toute cette abondance entre dans chaque cellule de votre corps avec joie et intensité.

Soyez réceptif ; ce dont vous avez besoin peut aussi bien vous arriver sous forme d'échanges, de cadeaux, d'invitation chez un ami, de dons ou autres. En restant ainsi ouvert, vous évitez que le seul véhicule de la prospérité soit l'argent. Chaque matin, vous pouvez vous lever en disant : « Quelle est la belle surprise qui va m'arriver aujourd'hui ? »

Histoire de réfléchir...

Tenir

« Quand tout va de mal en pis
Et que la route mauvaise nous ralentit
Quand les dettes augmentent
Et que vous voudriez sourire
En dépit de la tourmente
Quand on a besoin de vous
Faites une pause, mais restez debout

La vie est bizarre, avec ses détours
Nous l'apprenons tous un jour
Mais celui qui lâche et revient sur ses pas
Aurait pu gagner en disant : « Je continue »
Ne quittez jamais même si vous avancez lentement
Vous réussirez seulement en étant persévérant
Souvent le but est tout près
Mais il semble loin à celui qui n'est pas prêt
Souvent quelqu'un a tout abandonné
Alors que la coupe de la victoire aurait été donnée
Et il apprend trop tard, le cœur serré
Comme il était près de la couronne dorée

Le succès est souvent un échec surmonté
Il suit quelquefois une période où l'on a douté
On peut ignorer où l'on est
Et penser être loin quand on est tout près
Mais il faut continuer le combat quand on préférerait le finir
Car c'est justement quand tout va mal
Qu'il faut à tout prix tenir »

Auteur inconnu

Action / réaction

En étant actif, on provoque les situations. Si quelqu'un reste assis à attendre l'abondance dans son salon, il y a de fortes chances que celle-ci soit au bout de sa rue, mais il ne la verra jamais. Qui n'a pas entendu la traditionnelle expression « Aide-toi et le ciel t'aidera » ? Plus on visualise ses désirs avec un puissant sentiment de réalisation, comme si tout était déjà concrétisé, plus l'énergie peut se matérialiser, d'où la véracité figurée de cette citation.

Régulièrement, affirmez que la véritable source de vos revenus naît au sein de votre attitude mentale, de l'entretien vibrant de vos désirs et de vos pensées positives. En vérifiant vos factures, pensez au service qui les a accompagnées et remerciez pour l'argent qui vient maintenant en faire le règlement.

La prospérité consiste en un état d'esprit dans lequel une personne est heureuse et en paix à l'intérieur d'elle-même. Certaines personnes peuvent posséder des centaines de milliers, voire des millions de dollars, et pourtant, ressentir un grand vide à l'intérieur d'elles-mêmes. D'autres ne disposeront que de quelques milliers de dollars, peut-être même moins, et se sentiront tout aussi prospères.

La notion de prospérité va réellement au-delà de l'argent. Elle engendre un équilibre vivifiant dans l'amour, la santé, la sagesse, l'humilité, la paix intérieure, les loisirs et l'argent. Ainsi, votre esprit peut plus facilement accepter l'idée que la vie a beaucoup à offrir.

Vous aurez beau posséder des millions de dollars, mais sans la santé ou l'amour, à quoi servent-ils ? Combien de fois avez-vous entendu des gens dire : « Je donnerais toute ma fortune pour retrouver ma santé et ma vitalité maximale. »

Quelqu'un m'a raconté un jour une scène dans un autobus où un passager disait en regardant une femme : « Mais est-ce possible d'être aussi laide ? » Un ami de ce passager lui a alors répondu : « Regarde bien cette femme. Elle a trois enfants, ce qui veut fort probablement dire que l'homme qui l'a mariée, lui, la trouve belle et qu'elle est aimée. »

Morale de cette histoire : Qui sommes-nous pour juger qui que ce soit ? Plusieurs belles personnes en apparence vivent pourtant de profonds désarrois, alors que la vraie beauté et la vraie richesse commencent par la beauté du cœur et celle de l'esprit.

Histoire de s'amuser...

Le petit caniche

Un camionneur grand et musclé est assis dans un bar pour boire un verre quand un petit homme frêle y entre et demande à qui appartient le chien pitbull se trouvant dehors.

Le camionneur gueule :

« C'est mon chien ! T'as un problème ?

— Non, il n'y a rien mais je crois que mon chien vient de tuer le vôtre...

— Quoi ! Mais qu'avez-vous donc comme chien ?

— Un caniche nain, répond l'autre.

— Un caniche ! hurle le camionneur, comment un caniche peut-il tuer un pitbull ?

— Eh bien ! je crois que votre chien s'est étouffé avec le mien ! »

Le brouillard mental

Beaucoup d'individus rêvent d'obtenir des résultats différents dans leur vie, mais sans faire les choses différemment. Quel dilemme intérieur ! Une vie remplie de succès est tout à fait possible pour chacun, dans la mesure où la connaissance de soi, l'action et la conscience des lois de la prospérité générale et de la vie sont mises en œuvre.

L'humain a maintenant à sa disposition des milliers de ressources pour adopter des comportements différents et réaliser ses rêves. Le problème, c'est qu'il attend trop souvent que cela vienne de l'extérieur. Comme je l'explique dans mon premier volume *Réveiller son médecin intérieur – Le mieux-être par le rire*, les gens se disent : « Quand je vais être plus heureux, je vais rire. » Grave erreur !

Commencez par sourire et rire davantage, et vous serez plus heureux. Comme pour la prospérité, chacun doit changer ses attitudes et développer ses aptitudes. C'est réellement de cette façon que nous pouvons prendre de l'altitude !

Souvent, les gens échouent dans leurs tentatives de transformation d'eux-mêmes parce qu'ils croient en une solution miraculeuse qui leur permettrait de ne pas s'impliquer à fond et qu'il ne serait donc pas nécessaire d'y consacrer les efforts pour atteindre le succès.

En évitant de changer les choses, ils vont à l'encontre de leurs rêves. Trop de gens attendent des situations extrêmes pour réagir (maladie, accident, faillite). Vous avez le droit et le devoir d'être heureux ! Toute personne qui veut être riche, en santé et en amour doit veiller sur elle-même avec plaisir et non avec résignation. On doit être déterminé à fournir tous les efforts pour éviter de répéter les mêmes erreurs et sortir de l'hypnose collective qui garde trop de gens pris dans un carcan limitatif. Vous possédez des talents uniques, vous pouvez être utile à la société, alors place à l'action !

Histoire de s'amuser...

Annonces loufoques

Ces annonces ont apparemment été répertoriées parmi les journaux de la région de Montréal par un professeur d'une université montréalaise.

Salon de coiffure recherche têtes à couper et à coiffer. Participation : 8 $ pour la coupe.

Motoneige, poignées chauffantes, puissante, économique, jamais sortie l'hiver.

Préparation de curriculum vitæ, corrige les « photes, travox scolères », cinq ans d'expérience.

Faire valoir ses différences

Dans vos interactions avec les autres ou même en entrevue, faites valoir votre force intérieure ainsi que votre dynamisme, et partagez votre opinion. Peu importe la compagnie pour laquelle vous travaillez, cherchez à la faire progresser par votre créativité et vos différences au lieu de ne penser qu'à en soutirer des avantages. Si vous êtes votre propre patron, faites place à votre intuition pour maximiser votre réussite au lieu de mettre uniquement l'accent sur l'aspect intellect et analytique.

Vous cherchez un emploi ? En étant en contact avec vos désirs et en vous fixant des buts précis, vous serez mieux dirigé vers un emploi en harmonie avec vos goûts. Vous serez attiré vers une entreprise qui valorise des idées d'amélioration et un dynamisme rafraîchissant.

Puisque le succès est intimement lié à la pleine exploitation de vos ressources intérieures, continuez de vous valoriser et de vous aimer à fond. Les autres vous apprécient dans la mesure où vous vous aimez, pas plus pas moins. Vous êtes une personne heureuse et accomplie dans la mesure où vous vous aimez, pas plus, pas moins. L'amour, le succès et le bonheur viennent à vous proportionnellement à l'amour que vous vous portez, pas plus, pas moins.

L'amour, la bonne humeur et la compassion sont des images que vous projetez dans un miroir et qui vous reviennent. Si vous entretenez une attitude grognonne, si vous êtes porté à la critique et au jugement, les autres agiront ainsi envers vous. Si vous êtes joyeux, dynamique et positif, vous attirerez ce genre de personnes et de situations. Si vous vous sentez coupable, par exemple, les autres vous feront sentir coupable car vous les inspirerez à confirmer votre croyance et vous récolterez ce que vous avez semé. Toute une école, la vie !

Le plus sûr moyen de progresser dans une entreprise, c'est d'aider votre supérieur à obtenir une promotion.

Le patron nouvel âge

Supposons que vous soyez un patron d'entreprise. Comment pouvez-vous améliorer votre relation avec vos employés ? Si un patron va travailler une fois par mois en jeans, sans cravate, et exécute la tâche d'un subalterne, il est possible que sa vision du vécu quotidien de son équipe soit différente de ce qu'il pensait auparavant. Il pourra ainsi fraterniser davantage avec les employés, créant alors une plus grande complicité avec eux.

L'approche pourrait être la suivante : « C'est toi, le spécialiste, alors montre-moi comment faire. » Ce n'est pas réalisable dans une usine de milliers d'employés, mais il est possible d'aller voir ce qui se passe sur les lignes d'assemblage en accomplissant la tâche de certains employés.

Par exemple, si le patron alloue 47 secondes à ses employés pour une tâche particulière, mais qu'il ne l'a jamais exécutée, il se peut que la compréhension des commentaires du personnel soit mieux perçue s'il sait ce que cela représente. Peut-être qu'il est tout à fait correct, mais il ouvre la voie à la communication amicale.

Cela peut également permettre de découvrir qu'il est possible d'optimiser les tâches d'une personne gauchère en changeant un panier de côté, par exemple. De tels petits détails peuvent faire toute la différence entre un milieu tendu ou serein.

Si le patron circule dans l'entreprise et qu'il s'informe à ses employés : « Votre fils qui était malade, est-ce qu'il va mieux ? » ou « Vous souhaiterez bonne fête à votre épouse », etc., que se passe-t-il dans l'esprit du personnel ?

La vie d'aujourd'hui inhibe ces moments de bonheur et le manque de temps figure comme l'ennemi numéro un. Mon but ne consiste pas ici à faire de cette réflexion un traité philosophique, mais plutôt à ouvrir des lumières assombries par le temps. Et pourquoi ne pas nommer un employé responsable du mieux-être ?

Histoire de réfléchir...

La connexion avec soi, un guide précieux

Un jour, trois hommes partent en excursion lorsque soudainement ils arrivent à une énorme rivière déchaînée. Il fallait absolument qu'ils se rendent de l'autre côté, mais n'avaient aucune idée de la façon de la traverser.

Un des hommes pria Dieu en disant :

« S'il te plaît, mon Dieu, donne-moi la force de traverser la rivière. »

Pouf ! Dieu lui donna de gros bras et des jambes très puissantes, et il fut capable de traverser la rivière à la nage en deux heures, mais faillit se noyer à deux reprises.

Voyant cela, le deuxième homme pria lui aussi Dieu :

« S'il te plaît, mon Dieu, donne-moi la force et les outils pour traverser la rivière. » Pouf ! Dieu lui donna une chaloupe et des avirons, et il put traverser la rivière en une heure, mais faillit chavirer à deux reprises.

Le troisième homme, fort de l'expérience de ses deux compagnons, décida lui aussi de prier Dieu :

« S'il te plaît, mon Dieu, donne-moi la force, les outils et l'intelligence pour traverser la rivière. »

Pouf ! Dieu lui donna la réflexion et le silence ; alors, l'homme eut l'idée de regarder la carte, il marcha environ deux cents mètres et traversa le pont...

Pensée

« Restez confiant, car au plus sombre de la nuit succède le jour. »

Auteur inconnu

Chapitre 5

Le pouvoir de la pensée et de l'autosuggestion

La pensée positive imprime ; la pensée négative réprime

La qualité de vos pensées a le pouvoir de déterminer celle de votre vie et de faire en sorte que vous marcherez sur la voie du succès et du bonheur ou sur celle de la privation. Quand vous pensez positivement, vous permettez à votre moi profond de s'imprimer en vous et d'obtenir des résultats favorables.

À l'inverse, si vous entretenez des pensées négatives, c'est comme si vous veniez de créer un mur ou une barrière psychique qui inhibe l'émergence de votre plein potentiel. Quand vous forcez les choses par émotion ou négativisme, c'est comme si vous mettiez le pied sur le boyau susceptible de vous amener le flot de ce que vous voulez. Vous bloquez le flux d'énergie positive apte à créer un résultat favorable.

Considérez les idées négatives comme faisant partie de votre ancienne personnalité. Annulez-les aussitôt. Gardez bien en tête que ces pensées ne sont que source de doute, d'hésitation, de déception et de non-réussite. Dites-vous alors que vous êtes une nouvelle personne avec une nouvelle façon de faire. Si vous accédez à cette démarche, votre esprit en viendra rapidement à l'accepter et vous réaliserez bientôt que vous vivrez ce que vous avez préparé intérieurement.

Toute réalisation, bonne ou mauvaise, résulte d'un plan bien établi, souvent inconsciemment. Pensez à tous les édifices qui s'élèvent dans nos villes, tout autant qu'à n'importe quel objet. Tous ont d'abord été pensés ou dessinés et ont pris forme subséquemment. Il en va de même pour nos réalisations personnelles. Elles naissent dans l'intimité de notre imaginaire et parfois à notre insu, faute de vigilance et de méconnaissance des lois de l'esprit. Ce qu'une personne croit vraiment réel devient une réelle présence. Il en va de même pour la maladie ou la santé.

Pensée

« Rien n'est bon ni mauvais, mais y penser le rend ainsi. »

Shakespeare

La puissance des mots

Prenons l'exemple suivant. Si je vous dis : « Ne pensez pas au soleil », à quoi avez-vous pensé ? Assurément, vous avez pensé au soleil, même si je vous ai demandé de ne pas le faire. Alors, si vous dites : « Je ne veux pas avoir de problèmes, je ne veux pas avoir telle maladie ou telle autre chose », que se passe-t-il ? Quelle est la commande mentale activée ? Heureusement que les choses ne sont pas instantanées, car ce serait désastreux. Mais le temps fait son œuvre quand une répétition mentale est entretenue. Évitez entre autres de dire : « Je ne veux plus avoir de dettes », car sur quoi l'accent est-il mis ? Les dettes.

Une personne en salle me disait qu'elle se répétait souvent : « Je vis dans la lumière. » Elle se fit raconter un jour une histoire qui la hanta au point d'avoir peur de s'endormir la nuit, ce qui l'amena à laisser toutes les lumières de la maison ouvertes durant la nuit. Elle était dans la lumière, mais pas celle qu'elle voulait réellement.

Alors, affirmez plutôt : « Je suis lumière ou ma lumière intérieure me guide. » Quelle prise de conscience ! Heureusement aussi, vous pouvez inverser les choses en vous voyant comme une personne en santé, prospère, et en changeant votre langage tout autant que vos pensées.

Par exemple, vous avez probablement déjà entendu l'expression courante qui dit : Ça me manque tellement que «j'en fais une vraie maladie». Vous comprenez comment les gens se font du tort sans s'en rendre compte. Qu'enregistre le subconscient ? La demande d'une maladie.

Chaque jour, vous pouvez vous dire, par exemple :

- «Je suis maintenant une personne totalement en santé.»
- «Je suis maintenant une personne totalement prospère.»
- «J'ai maintenant tout l'argent dont j'ai besoin et plus.»
- «Je suis maintenant calme et en paix.»
- «Je suis maintenant une personne totalement en amour.»
- «J'ai maintenant de plus en plus d'énergie.»
- «Tous les jours, à tous points de vue, je vais de mieux en mieux.»

Et créez vos propres phrases au besoin.

Malgré la négativité, lorsque nous pouvons garder en tête ce que nous sommes vraiment au plus profond de nous, au-delà des apparences, nous augmentons nos chances de retrouver une paix intérieure plus rapidement.

Histoire de s'amuser...

Une dame se présente au bureau de son assureur.

«Mon mari est mort. Je viens toucher le capital décès !

— Mais madame, votre mari ne s'était assuré que contre l'incendie !

— Justement, c'est pour cela que je l'ai fait incinérer... »

L'autosuggestion

L'autosuggestion constitue la faculté qu'a l'esprit de se concentrer sur un désir précis et intense jusqu'à ce que le subconscient en arrive à créer les moyens pour matérialiser le tout.

L'autosuggestion se pratique merveilleusement bien dans le calme, car l'esprit est ainsi mieux disposé à s'imprégner de vos images et il est, par le fait même, moins dérangé.

Quand on se sert de cette approche pour accélérer ses réalisations, il est préférable de prononcer son désir à voix haute. La pensée est importante, mais elle doit être soutenue par la parole et les actions pour engendrer un maximum de puissance de réalisation.

Histoire de s'amuser...

Bizarre, la façon dont on s'exprime...

On remercie une serveuse quand on n'est pas content de ses services...

On passe bien souvent des nuits blanches quand on a des idées noires...

En parlant d'un pauvre malheureux ruiné qui n'a plus d'endroit où se coucher, on dit qu'il est dans de beaux draps...

Pourquoi, lorsque vous dites à quelqu'un : « Je ne partage pas votre avis », peut-on dire : « Les avis sont partagés » ?

Quand une personne se meurt, on dit qu'elle s'éteint. Quand elle est morte, on l'appelle « feu ».

Pourquoi parle-t-on des quatre coins de la terre, puisque la terre est ronde ?

Comment peut-on faire pour dormir sur ses deux oreilles ?

Lorsqu'on veut avoir de l'argent devant soi, pourquoi faut-il en mettre de côté ?

L'autosuggestion en action

Voici une suggestion de petite formule à succès.

«D'ici le 15 décembre de telle année, je veux accumuler 200 000 $ et, en échange, je veux travailler dans la vente car c'est ce qui me passionne vraiment. Je m'engage à donner le meilleur service qui soit. Je veux vendre tel produit (le nommer mentalement). Mes résultats sont fabuleux et j'ai un immense plaisir à voir mon avoir se multiplier. Ma conviction est si forte que je peux déjà voir cet argent et ressentir le plaisir de le toucher. Il vient maintenant à moi avec facilité et en proportion de mon implication. Je remercie mon subconscient de me faire arriver tout cet argent et de larges surplus. Je veux conserver une bonne qualité de vie et avoir du temps pour ma famille et les loisirs, tout en étant en pleine forme et en amour. »

Voilà donc une formule qui parle au présent et qui englobe l'ensemble des domaines de la vie. Répétez votre demande matin et soir avec émotion, plaisir et conviction. Voyez intensément tout cet argent en votre possession et, surtout, imaginez ce que vous faites avec cet argent. Il est bien de désirer plus d'argent, mais il importe de savoir ce qu'on en fera pour alimenter encore davantage le processus intérieur.

De plus, l'imagination se compare à un grand atelier qui façonne tous les plans créés par l'humain. Tout ce que votre esprit peut concevoir et croire comme réel peut se matérialiser, que ce soit la maladie ou la santé, le manque ou l'abondance, etc.

Certes, l'autosuggestion est immensément importante mais elle demande de la motivation, j'en conviens. Le jeu n'en vaut-il pas la chandelle ? En plus, la motivation est comme le soleil qui illumine votre jardin.

Chaque nouvelle décision que vous prenez est en soi une source perpétuelle de changement. Le fait de revoir vos façons de mener vos activités quotidiennes afin de développer une plus grande efficacité et d'y trouver plus de plaisir complète agréablement la préparation mentale du succès.

Histoire de s'amuser...

Étonnant, non ?

Sleon une édtue de l'Uvinertisé de Cmabrigde, l'odrre des ltteers dans un mto n'a pas d'ipmrotncae, la suele coshe ipmrotnate est que la pmeirère et la drenèire soit à la bnnoe pclae. Le rsete peut êrte dnas un dsérorde ttoal et vuos puoevz tujoruos lrie snas porlblème. C'est prace que le creaveu hmauin ne lit pas chuaqe lterte elle-mmêe, mias le mot cmome un tuot.

S'affranchir de sa décision et croire en ses possibilités

Rien ne sert de remettre le bonheur à plus tard. Le meilleur moment pour agir ? Maintenant. Plus vous retardez vos actions, plus la manifestation de vos rêves tarde. En plus, un autre phénomène s'interpose. Plus vous retardez votre décision, plus l'indécision et les influences extérieures risquent de diluer votre détermination et semer le doute dans la possibilité de réaliser vos projets.

Une fois que vous avez mis en branle votre plan d'action, soyez ferme envers vous-même et restez concentré sur votre objectif. Autant que possible, soyez silencieux en ce qui concerne vos plans, vous éviterez ainsi que les plus peureux ne vous découragent.

Rien de pire que des opinions et intentions malencontreuses pour affaiblir une confiance parfois encore fragile. Pourquoi «une confiance encore fragile»? C'est que, pour plusieurs personnes, des sentiers nouveaux sont ainsi apprivoisés, alors elles doivent se prouver à elles-même la pleine puissance de ce que je vous fais partager.

Certaines personnes éprouvent le besoin de se prouver que ça marche, et c'est correct comme cela ; l'important est de faire une place à l'ouverture, à une certaine curiosité et à la progression.

Histoire de s'amuser...

Petites annonces cocasses

Ces annonces ont apparemment été répertoriées parmi les journaux de la région de Montréal par un professeur d'une université montréalaise.

Logement à louer, 5 $\frac{1}{2}$ pièces, propre, planchers fournis.

Ensemble de golf comprenant 3 bois, 9 fers, 1 carrosse, 1 sac, 1 paire de souliers, 2 têtes de lit, 1 bureau, 4 tiroirs.

Vous voulez un grand terrain dans un secteur paisible avec sous-sol fini et combustion lente ?

Érablière sur tubulures avec tout l'équipement, puits artésien pouvant servir de chalet.

Perdu : chien partiellement aveugle, dur d'oreille, castré, répondant au nom de Chanceux.

Chien pitbull à vendre : propriétaire décédé.

La pensée se compare à l'électricité

Il n'est pas vraiment nécessaire de comprendre les principes de la prospérité pour les appliquer. Ils fonctionnent de la même façon que l'électricité. Nul besoin de maîtriser complètement tous les principes physiques de la transmission énergétique pour ouvrir ou fermer l'interrupteur électrique, c'est la même chose pour les facultés de l'esprit.

C'est donc un fait : la loi de l'autosuggestion se compare au fonctionnement de l'électricité, à un autre niveau aussi. Le courant peut fournir d'innombrables services, mais il peut également causer la mort. Ainsi, on comprend que l'autosuggestion peut amener la paix et la prospérité, mais aussi la misère, la peur et la désolation si elle est mal dirigée.

Autre exemple de formule autosuggestive

Placez une copie de votre requête d'abondance à un endroit où vous circulez souvent et apprenez-la par cœur. Par exemple : « Je suis maintenant une personne totalement prospère. L'argent vient maintenant à moi par la grâce et les moyens parfaits. » Vous pouvez préciser : « Le 5 décembre de cette année, je me promets d'avoir en ma possession tel montant et en échange je vais faire telle chose. » Décrivez mentalement le genre de service que vous voulez offrir. Faites comme si votre but était déjà atteint. Votre conviction devient si forte que vous pouvez voir votre réalisation, la ressentir, la toucher, et imaginez qu'elle attend juste que vous la viviez. Reconnaissez que vous êtes déjà dans l'énergie de la concrétisation.

Il est possible que cette pratique vous demande un peu d'entraînement, mais ça vaut vraiment la peine. En utilisant l'autosuggestion, vous pouvez devenir le maître de votre vie. Vous détenez le pouvoir d'influencer votre subconscient pour que toutes les belles choses voulues se produisent.

Certes, je vous propose une multitude de concepts, mais le but ultime consiste, pour vous, à mettre l'accent sur la pratique et sur vos propres méthodes, inspirées des principes de base de la vie et du succès.

Histoire de réfléchir...

Dédramatiser

Une mère entre dans la chambre de sa fille et trouve une lettre sur son lit.

Avec beaucoup de réticence, elle décide de la lire, les mains tremblantes.

Chère maman,

C'est avec regret et tristesse que je t'annonce que je me suis enfuie avec mon nouvel amoureux. J'ai trouvé la vraie passion et il est vraiment gentil, avec tous ses *piercings*, ses tatous et sa grosse moto. Ce n'est pas tout. Je suis enceinte et Ahmed dit que nous serons très heureux dans son autocaravane, en pleine forêt. Il veut beaucoup d'enfants et moi, tu sais, c'est mon plus grand rêve.

J'ai appris que la marijuana n'est pas néfaste et nous avons décidé d'en cultiver pour nous et nos amis qui nous fournissent en cocaïne et en ecstasy.

Je te demande de joindre tes prières aux nôtres pour que la science trouve un remède au sida ; Ahmed mérite vraiment de guérir.

Surtout, maman, ne t'inquiète pas. J'ai 15 ans et je sais prendre soin de moi. Je te visiterai un jour pour te présenter tes petits-enfants.

Ta fille qui t'aime,

Julie

P.-S. : Maman, tout cela n'est qu'une blague. Je suis chez Mélanie. Je voulais seulement te montrer qu'il y a des choses bien pires que des mauvaises notes dans un bulletin. Tu trouveras le mien sur ma commode. Bisous.

Auteur inconnu

Appliquez ce que vous savez

Ce livre ne sert à rien s'il ne fait que vous apporter la connaissance, mais il prend tout son sens si vous commencez à l'utiliser dès maintenant. Soyez persévérant et confiant en votre plein potentiel, et la victoire vous appartient. Prenez l'habitude des bonnes habitudes et, surtout, habituez-vous à être bien et heureux, c'est possible ! L'enthousiasme s'avère un puissant agent de motivation.

Votre esprit agit sur les désirs dominants, qu'ils soient consciemment positifs, inconsciemment négatifs (la peur de la maladie est malheureusement interprétée comme un désir par le subconscient si elle est entretenue).

Le mental inconscient travaille jour et nuit. Plus on entretient ses plans précis avec émotion, avec joie, avec foi en la réalisation et avec conviction profonde, plus il sait sur quoi travailler et s'assure de mener les projets à terme. Mais un esprit sans direction se compare à un bateau à la dérive.

La grande intelligence universelle

Le mental inconscient est apte à aller puiser dans ce qu'on appelle le niveau d'intelligence supérieur en nous, c'est-à-dire la grande bibliothèque universelle qui a réponse à tout. Encore faut-il accepter d'y accéder en réalisant que tout être humain possède cette faculté qui est à la fois le siège de l'intuition, de la créativité, de la connexion avec soi, de la spiritualité, des inspirations de génie et des solutions.

À partir du moment où vous cheminez vers de nouvelles réalisations conscientes, essayez de reconnaître les inspirations spontanées qui peuvent survenir au courant de votre journée ou même de votre nuit. Plus vous stimulez votre subconscient, plus vous aiguillonnez votre intuition.

Si vous négligez de soumettre des pensées dirigées à votre esprit, il se nourrira de toutes sortes de choses plus ou moins désirables et, par le fait même, produira des résultats plus ou moins désirés. Bien des gens stérilisent davantage leur vaisselle que leurs pensées… Cet aspect est d'ailleurs expliqué en profondeur dans mon premier volume *Réveiller son médecin intérieur – Le mieux-être par le rire*.

Votre cerveau est à votre service, et vice versa. Il n'en tient qu'à vous de reconnaître votre pouvoir inné pour en maximiser le développement. Personne ne peut créer quoi que ce soit qui n'a pas d'abord été établi sous forme d'idée. La meilleure façon de chasser la peur et le doute consiste à se concentrer fermement sur l'image de la réalisation positive souhaitée et de la voir une fois de plus déjà accomplie. En maîtrisant ces outils, vous vous munissez d'une police d'assurance personnelle contre l'échec. Vous pouvez tracer enfin l'itinéraire que votre cœur désire.

Ressentez vos désirs comme une impulsion de votre source profonde, et vous triompherez de vous-même. En réalité, l'argent est tout aussi spirituel que l'amour, la santé, la paix intérieure, le rire, la joie, la beauté de la nature, la méditation, etc.

Que l'argent soit votre ami !

L'argent est votre ami, alors prenez-en soin, évitez de le chiffonner, traitez-le comme un ami et il circulera davantage librement dans votre vie. Utilisez-le dans la joie et non pour assouvir une quelconque frustration.

Avez-vous remarqué que si vous allez magasiner quand ça va moins bien, vous êtes porté à acheter des choses pas vraiment utiles ?

Comme le dit Joseph Murphy, « la pauvreté est une maladie mentale ». Quand quelqu'un souffre d'une maladie, il cherche à se faire soigner. De même, si quelqu'un n'a pas assez d'argent circulant dans sa vie, c'est que quelque chose en lui est à l'envers. Attirer l'argent, c'est merveilleux et normal. Comme dans tout, l'équilibre doit évidemment s'appliquer. Si une personne ne voit que l'argent, certains domaines de sa vie, par exemple la famille, la santé, la paix intérieure, la vitalité, la joie de vivre, le couple, pourraient en souffrir. Je le répète, l'abondance est un tout qui génère une harmonie totale de tous ces éléments.

La richesse est un état de conscience basé sur la certitude que seul le meilleur peut circuler dans votre vie. La vraie richesse vient de l'intérieur et provoque les événements extérieurs, rien de moins. La récession, c'est pour ceux qui y croient.

Pour vous aider à instaurer cette vision dans votre vie, vous pouvez affirmer ces courtes phrases soir et matin en y mettant des émotions positives, et ce, plusieurs fois ou à volonté : « En tout temps, l'argent circule librement dans ma vie et il y a un large surplus. Je suis en amour, en santé et tout va merveilleusement bien dans ma vie. » Je vous encourage aussi à les personnaliser en fonction de vos désirs actuels.

Histoire de s'amuser...

Le métier de pompier en est un où il y aurait beaucoup d'avancement : paraît-il que tu montes vite en haut de l'échelle.

Y mettre de l'intensité

La répétition passive et mécanique est insuffisante. Vous devez ressentir la vérité de ce que vous affirmez. Supposons qu'une personne affiche un faux billet de un million de dollars sur le mur en pensant devenir riche. Y a-t-il nécessairement de l'intensité émotive qui en découle spontanément ? On en doute. Rien ne remplace l'image claire, alliée au ressenti et au sentiment que le désir est déjà réalisé.

La régularité imprègne le subconscient en profondeur et c'est ainsi que la conscience de la richesse se développe. Lorsque vous faites des affirmations positives, rappelez-vous que l'esprit accepte ce qui domine. Par exemple, vous pourriez vous répéter : « Je suis maintenant riche et prospère », mais si la peur et le doute dominent, vous perdez votre temps. Par conséquent, une grande vigilance s'impose.

Faire comme si...

Vous pouvez aussi jouer sincèrement à devenir prospère, car c'est à faire comme si... que l'on devient comme ça. Regardez-vous dans le miroir avec admiration et enthousiasme et répétez-vous, par exemple : « Joie, amour, santé, richesse, succès. » La pensée, la parole et l'action alliées au ressenti donnent un cocktail à succès fabuleux.

Vous pouvez même vous amuser à jouer la comédie, ce qui s'avérera tout aussi efficace que de stimuler vos pensées. Par exemple, une personne dit : « Quand je vais avoir mon premier million, je vais faire une grande fête avec champagne et surprises pour tout le monde. » Mais pourquoi attendre le premier million ?

Cette personne pourrait tout simplement organiser une fête en remplaçant le champagne par un mousseux sans alcool acheté à l'épicerie à cinq dollars et s'amuser avec de simples serpentins, en faisant comme si le thème de la soirée était « Mon premier million ». Le subconscient ne fera pas la différence et sera fortement stimulé par ce jeu et les émotions expérimentées.

Histoire de s'amuser...

Ironique, n'est-ce pas ?

Imaginez cette description dans un menu de restaurant.

Cuisse de poulet : 6,99 $

Macaroni : 4,99 $

Enfants : 2 $

L'action intérieure précède toujours l'action extérieure

Croyez que vous avez reçu, et vous recevrez ! Ce qui sépare les gens des richesses est souvent l'attitude mentale astreignante, la façon de considérer la vie, la vraie source de l'abondance et le monde en général. Cessez d'accuser toute cause extérieure ou personne et devenez responsable de votre propre réussite, car c'est la seule voie.

Bien sûr, nous avons besoin des autres pour réussir, c'est capital, mais ceux-ci ne peuvent nous donner plus que ce que nous nous donnons à la base. Je me répète mais comme le dit le vieux dicton : Aide-toi et le ciel t'aidera… et j'ajoute : et les autres pourront t'aider.

Osez vous dire que rien ne peut empêcher la réalisation de votre but (pour autant qu'il soit positif pour vous et les autres, c'est-à-dire animé par aucune vengeance, aucun orgueil, etc., ou qu'il ne porte volontairement dommage à personne). Par exemple, serait-ce un but louable de changer de voiture parce que votre beau-frère a changé la sienne et que vous voulez lui prouver que vous êtes capable d'en acheter une plus belle ? Si une personne cherche à impressionner les autres, c'est peut-être qu'elle n'est pas assez impressionnée par elle-même.

Aussi, vous avez probablement déjà entendu la phrase voulant que l'Univers ne tolère pas le vide ; alors, si vous avez des objets à la maison dont vous ne vous êtes pas servi depuis plus d'un an, donnez-les à un organisme de charité, par exemple, ou vendez-les ou encore jetez-les, et vous créerez ainsi de la place pour du nouveau. Un environnement encombré reflète un mental encombré.

Histoire de s'amuser...

Les métiers sacrés...

Quatre femmes discutent des métiers de leur fils respectif.

La première dit : « Moi, mon fils est prêtre et quand il entre quelque part, tout le monde s'écrie : Bonjour, M. le curé. »

La deuxième dit : « Moi, mon fils est évêque et quand il entre quelque part, tout le monde dit : Bonjour, Monseigneur. »

La troisième dit : « Moi, mon fils est cardinal et quand il entre quelque part, tout le monde dit : Bonjour, M. le Révérend. »

La quatrième dit : « Moi, mon fils est danseur nu et quand il entre quelque part, tout le monde dit : Oh, mon Dieu ! »

Autosuggestion pour les placements

Voici de petites phrases clés pour vous aider à protéger vos investissements.

« Mon intelligence supérieure gouverne et protège mes transactions financières et tout ce que j'entreprends me réussit merveilleusement bien. Je suis intuitivement dirigé vers les bonnes décisions. »

Cette attitude crée ainsi une meilleure immunité contre les pertes. Il n'y a pas que le rationnel et l'analytique qui fonctionnent, vous êtes bien plus que cela, la réussite est un tout !

Pour tout problème, vous pouvez vous en remettre à votre subconscient au coucher. Créez un état de calme intérieur pour de meilleurs résultats. Vous pouvez ainsi vous répéter : « Je dors en paix, je remets cette affaire (la nommer mentalement) à la sagesse profonde en moi, elle connaît la réponse. » Nos grands-mères disaient : « La nuit porte conseil. » Soyez à l'affût au réveil et vous serez surpris des éclairs de génie qui vous seront révélés.

Pensée

Les bonnes occasions ne se perdent jamais, car quelqu'un d'autre saura les saisir.

Exemples d'affirmations positives pour le succès

- Je mérite d'être riche et prospère.
- Mes services sont utiles à la société et me sont très profitables financièrement et personnellement.
- Les gens sont heureux de me payer pour les services que j'offre.
- Je suis à l'aise avec les grosses sommes d'argent.
- L'abondance et la richesse viennent maintenant facilement à moi et je dis merci qu'il en soit ainsi.
- Tous les jours, je suis maintenant prêt à accueillir l'abondance.
- J'attire maintenant à moi des gens prospères et honnêtes.
- Je suis capable de gagner beaucoup d'argent, d'en épargner, de bien l'utiliser et de bien le faire fructifier.
- Plein de gens m'aident maintenant à faire beaucoup d'argent.
- Tous les jours, à tous les points de vue, je vais de mieux en mieux.
- J'accepte maintenant de recevoir la prospérité dans ma vie.
- La prospérité financière fait maintenant partie de ma vie et je dis merci qu'il en soit ainsi.
- J'ai maintenant plein d'idées de prospérité et je sais intuitivement quelles actions accomplir.
- Je suis en pleine forme et j'ai beaucoup d'énergie.
- Par mes pensées, mes paroles et attitudes très positives, je fais arriver plein de belles choses dans ma vie.
- Je mérite d'être riche, en amour et en forme.
- Tous les investissements que je fais me sont très profitables.
- Je suis intuitivement dirigé vers les bonnes occasions.
- C'est facile pour moi d'attirer beaucoup d'argent.

- Mes revenus sont maintenant beaucoup plus élevés que mes déboursés.
- Je m'aime et je suis fier de moi.

Chaque fois que vous investissez dans votre alimentation, dans votre demeure, etc., visualisez que vous aidez quelqu'un d'autre à devenir prospère. Vous multipliez ainsi votre force d'attraction de la prospérité.

D'autres exemples

- Je reconnais la source de la richesse qui ne faillit jamais.
- Je suis intuitivement dirigé vers les nouvelles idées et possibilités.
- Ma source me révèle constamment les meilleures façons de servir mes semblables.
- Je crée des produits qui seront bénéfiques et utiles à l'humanité.
- J'attire des gens spirituels, loyaux, fidèles et talentueux qui contribuent à la paix, à la prospérité et au progrès de mon entreprise.
- Je suis un aimant irrésistible et j'attire une richesse fabuleuse en donnant la meilleure qualité possible de produits et services.
- Je suis en paix et en harmonie intérieurement et extérieurement en tout temps.
- J'irradie la joie et l'amour vers tous ceux qui me côtoient.
- Tous ceux qui ont besoin de mes services sont irrésistiblement attirés vers moi et je les sers avec plaisir.
- Le prix est juste, le client idéal, tout est en ordre.
- Je bénis les gens qui font un travail semblable en évitant de les voir comme des compétiteurs, mais en imaginant chacun bien réussir dans ce qu'il aime, car il est important de se dire qu'il y a de l'argent pour tous.
- Par mon attitude, je projette autour de moi des pensées qui m'assurent que je suis déjà une personne prospère. (Soyez sincère avec vous-même, il ne s'agit aucunement de faire une mascarade pour impressionner les autres. Il s'agit plutôt d'im-

pressionner favorablement votre subconscient avec des gestes concrets et un maximum de ressenti.)

Histoire de s'amuser...

De drôles de répliques au bureau

Deux chefs d'entreprise discutent :

« Comment fais-tu pour que tes employés arrivent toujours à l'heure au boulot ?

— C'est très simple : 30 employés et seulement 20 places de stationnement. »

« Ne me considérez pas comme votre chef, mais plutôt comme un ami qui a toujours raison. »

« Tant que mon chef donnera l'illusion de beaucoup me payer, je donnerai l'illusion de beaucoup travailler. »

« Vous commencez lundi. Nous vous payerons en fonction du travail fourni.

— Je ne pourrais pas vivre avec si peu. »

Visualiser par la projection vers le futur

La technique suivante relève de la PNL (je suis certifiée en programmation neurolinguistique, et certains qualifient cette science comme étant à la fine pointe de la psychologie moderne). Ce petit exercice vous aidera lui aussi à accentuer l'effet de la réalisation déjà accomplie. Lisez le déroulement d'abord.

Installez-vous confortablement et prenez quelques bonnes respirations afin de vous relaxer profondément. Permettez à votre corps de devenir totalement détendu, et ce, de plus en plus avec chaque respiration.

Ordonnez maintenant à votre esprit de se projeter dans le futur à un moment où vous aurez déjà la vie d'aisance et de plaisir que vous avez choisie. Ce futur se situe peut-être dans un mois, trois mois ou six mois, un an, trois ans, mais il devient réel dans votre esprit.

Vous voyez donc maintenant la date précise où vous vous retrouvez, avec l'année précise, et vous vous imaginez en train de mener la vie facile que vous avez semée. Vous êtes à l'aise financièrement, votre but est enfin réalisé. Comment vous sentez-vous ? Observez le sourire éclatant qui illumine votre visage, regardez les gens se réjouir pour vous, vous vous sentez libre de l'intérieur et de l'extérieur en savourant la fierté de l'avoir fait.

Vous aimeriez changer de résidence ? Alors, vous pouvez vous voir dans la maison de vos rêves. Vous vous imaginez marchant en sa direction en observant le revêtement extérieur, l'aménagement paysager, etc. Vous ouvrez la porte avec la clef que vous tenez dans vos mains. Vous sentez l'odeur qui se dégage de la maison, vous voyez les rayons du soleil égayer l'intérieur, vous avancez pas à pas en faisant le tour des pièces et en y observant de quelles couleurs elles sont peintes. Vous entendez jouer votre musique favorite, vous vous voyez en train de recevoir des amis et de parler de votre propriété avec satisfaction. La transaction a été faite sur mesure en fonction de vos désirs (prix, rapidité…). Vous imaginez l'emplacement des meubles, la voiture stationnée dans l'entrée ou dans le garage adjacent. Votre famille y vit, heureuse, comblée.

Vous voyez votre compte en banque et ressentez le plaisir qu'il soit garni d'un tel montant. Vous savourez une vie sociale, familiale, amoureuse et professionnelle gratifiante. Vous êtes en parfaite santé, rempli de joie. Et vous revenez progressivement à ici et maintenant en conservant les sensations de plaisir qui vont avec votre désir accompli.

Vous pouvez alors visualiser quelles sont les étapes qui vous ont mené à cette réalisation. Le but clairement perçu devient un aimant puissant. Tout au long de votre vie, vous aurez toujours de nouveaux buts à atteindre ; ce qui fait le plaisir du quotidien, c'est de rêver à de vraies choses. Pratiquez cet exercice à succès assidûment et avec un ressenti joyeux, comme si tout était déjà là. Votre réalité, tout autant que votre attitude mentale, ne pourront faire autrement que de se transformer. Gardez-vous actif dans votre domaine : suivez des formations, faites partie de certains regroupements, assistez à des conférences, etc. Ce sont autant de choses qui soutiennent l'intérêt de réussir à fond.

Histoire de s'amuser...

Une fille-mère dit à une amie : « Je nourris mon bébé au sein sans pouvoir joindre les deux bouts (financièrement, bien sûr)...

Croire que c'est possible

Voici une autre étape vers la réussite. Il s'agit de la foi. Elle est le grand chef d'orchestre de notre esprit. La foi et la pensée sont sources de vibrations qui animent l'esprit ; ainsi, le subconscient peut matérialiser nos demandes. L'émotion vient ajouter une puissance des plus efficaces à ce processus.

La créativité et la confiance en soi sont aussi porteuses de succès. Supposons qu'une personne bricole depuis longtemps dans son atelier de soudure et qu'elle perde soudain son emploi. Ne serait-ce pas une occasion de faire de son passe-temps son emploi principal ? Si elle se fait confiance et qu'elle utilise sa créativité pour élaborer ce qu'elle connaît déjà si bien, ce travail pourrait s'avérer des plus rémunérateurs.

Il est préférable de laisser libre cours à nos passions et croire que c'est possible d'en vivre. Je connais une personne qui a appris le violon en très bas âge. Plusieurs lui disaient qu'elle ne pourrait jamais gagner sa vie avec cela, qu'elle perdait son temps à penser ainsi. Elle a tenu à son idée mordicus contre vents et marées. Elle a fait le tour du monde avec son violon et le gouvernement l'a envoyée sur tous les continents pour représenter la culture nationale qu'elle véhicule. Elle a toujours cru en sa bonne étoile et s'est toujours donné à fond, même lors de soirées difficiles, ce qui lui a valu l'abondance. Un jour, elle avait un spectacle à faire et il n'y avait que trois ou quatre personnes dans la salle. Sa première réaction a été de se demander ce qu'elle faisait là après avoir fait le tour du monde. Mais elle s'est aussitôt ressaisie et a offert une performance tout aussi intense qu'à l'habitude. Dans la salle se trouvait une personne qui lui a offert un intéressant contrat à caractère international et qui dure toujours depuis de nombreuses années.

Histoire de réfléchir...

Filipo aimait beaucoup aider son père au moulin. Il amenait l'âne jusqu'à la meule, l'attachait solidement, fixait devant lui le bâton au bout duquel pendait la carotte providentielle. Il lui suffisait alors de donner deux petits coups secs sur le dos de l'âne pour qu'il démarre.

La bête poursuivait sa lente course à la carotte jusqu'au soir pendant que Filipo rêvassait, étendu sur les sacs gonflés de farine. Ernesto, son père, portait les gerbes de blé dans la remise et vérifiait de temps à autre les rouages de l'immense moulin. Le jeune garçon trouvait l'âne bien bête qui courait inutilement jour après jour après une carotte qu'il n'attraperait jamais.

Un soir, alors que l'âne finissait, épuisé, son dernier tour et que Filipo aidait son père à rentrer les gerbes, il fit cette réflexion : « Tout de même, c'est bête, un âne : tourner en rond toute la journée, dans la chaleur, sans manger ni boire, et pour une carotte qu'il n'attrape jamais. Il faudrait me payer cher pour prendre sa place ! »

Le père de Filipo lâcha sa dernière gerbe, mit ses mains sur ses hanches et toisa son fils : « Et crois-tu que nous sommes si différents de lui ? Nous travaillons aussi dur, jusqu'à la nuit. Alors seulement, nous rentrons, nous mangeons, nous montons nous coucher et là, avec un peu de chance, nous rêvons que la vie est facile, qu'elle nous donne tout à profusion sans que nous ayons besoin de travailler. Mais le matin, notre dos endolori et nos mains calleuses nous rappellent combien éloignée est la carotte et qu'il faudra bien longtemps avant que nous puissions l'atteindre. »

Notre société est-elle si différente de la situation décrite dans cette courte histoire ? Nous courons inlassablement vers la réussite qui comblera nos désirs, vers la richesse, vers le confort. La carotte ? Ce sont les publicités, les devantures, le discours des marchands de rêves qui nous incitent à consommer.

Ne vaut-il pas mieux ramener nos ambitions et nos désirs à des objectifs plus réalistes pour les satisfaire plus sûrement ?

Pensée

« La satisfaction intérieure est en vérité ce que nous pouvons espérer de plus grand. »

Spinoza

Pourquoi répéter les affirmations au moins trois fois chacune ?

Répétez trois fois vos affirmations. Pourquoi trois fois ? La première, le message est entendu par l'esprit comme toute autre allocution générale ; la deuxième, c'est un peu comme si vous bégayiez ; la troisième, le message entre dans la mémoire à long terme, de là la pleine efficacité de la méthode en trois fois. Supposons que vous repreniez cette phrase : « Tous les jours, à tous les points de vue, je vais de mieux en mieux. » Répétez-la au moins trois fois… et le plus souvent possible, c'est encore mieux, bien sûr.

Histoire de réfléchir...

Les trois passoires

Socrate avait, dans la Grèce antique, une haute opinion de la sagesse. Quelqu'un vint un jour trouver le grand philosophe et lui dit :

« Sais-tu ce que je viens d'apprendre sur ton ami ?

— Un instant, répondit Socrate. Avant que tu me racontes, j'aimerais te faire passer un test, celui des trois passoires.

— Les trois passoires ?

— Mais oui, reprit Socrate, avant de me raconter toutes sortes de choses sur les autres, il est bon de prendre le temps de filtrer ce que l'on aimerait dire. C'est ce que j'appelle le test des trois passoires. La première passoire est celle de la vérité. As-tu vérifié si ce que tu veux me dire est vrai ?

— Non. J'en ai simplement entendu parler...

— Très bien. Tu ne sais donc pas si c'est la vérité. Essayons de filtrer ton histoire autrement en utilisant une deuxième passoire, celle de la bonté. Ce que tu veux m'apprendre sur mon ami, est-ce quelque chose de bon ?

— Ah non ! Au contraire.

— Donc, continua Socrate, tu veux me raconter de mauvaises choses sur lui et tu n'es même pas certain qu'elles soient vraies. Tu peux peut-être encore passer le test, car il reste une passoire, celle de l'utilité. Est-il utile que tu m'apprennes ce que mon ami aurait fait ?

— Non, pas vraiment.

— Alors, conclut Socrate, si ce que tu as à me raconter n'est ni vrai, ni bien, ni utile, pourquoi vouloir me le dire ? »

Histoire de s'amuser...

La puissance des mots

« Je vais vous faire un rabais, dit le directeur de la galerie de peinture. Je vous laisse ce tableau que vous admirez à moitié prix du catalogue.

— D'accord, dit le client, mais combien vaut votre catalogue ? »

Être vrai

Votre attitude reflète ce que vous croyez vraiment. Ce que vous croyez au sujet de vous-même, des autres et de la vie en général transparaît dans l'attitude que vous démontrez chaque jour dans votre vie personnelle et professionnelle. Trop de gens basent leur vie sur les valeurs liées à l'ego en valorisant la compétition du plus fin et du plus fort.

Rien ne remplace une vie basée sur la réalité de la simplicité et de l'authenticité. Les nombreux masques que tout un chacun se forge viennent tôt ou tard très lourds à porter. Je me dis toujours que si on ne ment pas, on est certain de ne jamais être mal pris. Le terme « mensonge » s'applique tant au mensonge traditionnel qu'au fait de mentir sur nos propres états intérieurs. Mieux vaut admettre nos faiblesses que de prendre les gens pour des idiots en pensant qu'ils ne verront rien. Il n'y a rien de mal à avouer, par exemple, qu'on ne connaît pas la réponse à telle question plutôt que de répondre n'importe quoi. Plus on est en accord avec nous-mêmes, plus la paix, la sagesse, la prospérité peuvent s'installer et y demeurer.

Dites-vous bien que si vous écoutez votre cœur, vous irez dans la bonne voie ; si vous faites de votre mental le roi principal de votre destinée, il vous en fera voir de toutes les couleurs et, sans vouloir être pessimiste ni fataliste, les tons tireront vers le gris et le noir.

Histoire de réfléchir...

Le pouvoir des mots : l'allégorie de la grenouille

Un groupe de grenouilles traversait la forêt quand deux d'entre elles tombèrent dans un puits. Les autres se rassemblèrent autour du puits et, constatant sa profondeur, dirent aux deux infortunées qu'elles n'en sortiraient jamais vivantes.

Les deux grenouilles ignorèrent leurs commentaires et essayèrent de grimper hors du puits. Les autres continuèrent de leur dire d'arrêter, qu'elles étaient perdues. Finalement, l'une des grenouilles admit que les autres avaient raison et abandonna. Elle tomba au fond du puits et mourut. L'autre redoubla d'efforts.

Même si ses amies lui hurlaient d'arrêter de se torturer et de s'in-fliger d'inutiles souffrances, de se calmer et de mourir en paix, notre grenouille continuait de redoubler encore plus d'efforts ; finalement, elle arriva à sortir du puits. Alors, les autres se demandèrent : « Pour-quoi a-t-elle continué à grimper ? Ne nous entendait-elle pas ? » La grenouille était sourde : elle croyait que les autres l'encourageaient sans arrêt.

Un mot d'encouragement peut sauver quelqu'un par terre ; un mot destructeur peut l'achever.

Auteur inconnu

Chapitre 6

Faits vécus et messages d'espoir touchants

Dans ce chapitre, je vais aborder des sujets très chauds. Je veux d'abord partager avec vous des faits vécus sur les étiquettes sociales concernant les problèmes de santé des populations, les utopies de la pensée mal dirigée, l'espoir et la force que mon père nous a enseignés à travers un terrible cancer et comment on peut ressentir la dimension vibrante de la prospérité en termes de santé principalement. Des histoires touchantes et porteuses de réflexions profondes.

Histoire de s'amuser...

Un homme a dépensé 5000 $ pour assister à un séminaire sur la réincarnation. Il s'est dit : « Après tout, on ne vit qu'une fois. »

Semer l'harmonie

En ce qui concerne les conditions de travail difficiles, il en va de la responsabilité de chacun de semer l'harmonie. Plus les collègues restent à un niveau de conscience superficiel, c'est-à-dire au plan mental, plus les risques d'affrontements sont grands. Je vous donne un exemple. J'ai un ami qui dirige de nombreux employés et qui a lui aussi une équipe de direction qui le chapeaute. Il m'a raconté qu'un jour, il a eu un superviseur qui avait à peu près tout le monde en aversion. Celui-ci voulait pratiquement toujours avoir raison, comme si seulement lui avait quelque chose de bien et de bon à apporter. Le point de vue des autres était souvent réfuté au profit de son ego.

L'ami en question devait un jour organiser une réunion pour harmoniser les parties le mieux possible ; tous lui disaient qu'il allait perdre son temps avec cet employé. Surprise. Cet ami se sert d'outils comme je vous fais partager tout au long de ce volume.

Pendant les jours qui ont précédé la réunion, il a intensément projeté et souhaité en silence du bien à cet homme (santé, douceur, simplicité, amour, joie, abondance). Il s'imaginait même qu'il avait un grand boyau de lumière qui sortait de son cœur et qui enveloppait profondément le collègue en question.

Avant même la rencontre, et à la surprise de tous, l'homme aux prises avec du ressentiment avait déjà commencé à donner des signes d'assouplissement. Lorsque fut venu le temps de la réunion, il a demandé des excuses aux deux personnes envers qui il avait été le plus sarcastique, affirmant qu'il avait réalisé récemment que ses attitudes mentales lui faisaient perdre le contrôle de lui-même.

Cette histoire n'est qu'un exemple parmi tant d'autres. Pour toute personne qui se donne la chance d'expérimenter ces moyens fabuleux, de belles choses peuvent se produire. Le mental et le plan analytique demeurent soumis, eux, aux limites de la logique et de la raison.

Malheureusement, si une personne pratique cela en ridiculisant la méthode ou en faisant preuve de doute, elle échouera à coup sûr. En osant faire les choses différemment, on peut obtenir des résultats différents.

Moi, comme vous, je désire toujours m'améliorer et me sentir profondément bien dans ma peau au quotidien. Je pense que, dans la vie, nous visons tous le même but : être heureux, en santé, en amour et prospères. Pourquoi laisser le mental édifier des murs qui suscitent tensions inutiles et dissociations au sein des groupes sociaux et des individus ? Quel défi humanitaire !

Histoire de réfléchir...

La vie...

Si je pouvais revivre ma vie…

J'aurais moins parlé, mais écouté davantage.

J'aurais invité des amis à venir souper, même si le tapis était taché et le divan défraîchi.

J'aurais grignoté du maïs soufflé au salon et ne me serais pas soucié de la saleté quand quelqu'un voulait faire un feu de foyer.

J'aurais pris le temps d'écouter mon grand-père évoquer sa jeunesse.

Je n'aurais jamais insisté pour que les fenêtres de la voiture soient fermées par un beau jour d'été, tout simplement parce que mes cheveux venaient tout juste d'être coiffés.

J'aurais fait brûler ma bougie sculptée en forme de rose au lieu de la laisser fondre d'elle-même parce qu'entreposée pendant trop longtemps dans l'armoire.

Je me serais assise dans l'herbe avec mes enfants sans me soucier des taches de gazon.

J'aurais moins ri et pleuré en regardant la télé, mais davantage ri et pleuré en regardant la vie.

Je serais restée au lit lorsque j'étais malade plutôt que de prétendre que la Terre cesserait de tourner si je ne travaillais pas cette journée-là.

Lorsque mes enfants m'embrassaient avec fougue, je n'aurais jamais dit : « Plus tard. Maintenant, va te laver les mains avant de souper. »

Il y aurait eu plus de « Je t'aime… »

Mais surtout, si on me donnait une autre chance de revivre ma vie, j'en saisirais chaque minute… la regarderais et la verrais vraiment… la vivrais intensément dans le plaisir.

Inspiré d'Erma Bombeck

Fait vécu porteur d'un sérieux message

Pour faire suite au texte précédent, j'aimerais préciser certaines choses en ce qui concerne la vision. Y croire ne veut aucunement dire écraser les autres : les pensées mesquines ne mèneraient à rien de bon.

J'ai déjà été témoin d'une situation très déplorable vécue par une personne à la vision utopique associée à des pensées « polluées ». Un ami, Jean (nom fictif), a vécu les sévices de cette personne à la vision égocentrique déroutée en s'associant, avec un peu de naïveté, à un projet en apparence grandiose. Cet individu a été aidé, soutenu sur tous les plans. Il voulait, en apparence, réaliser le plus grand projet de sa vie et il avait évidemment besoin d'aide. Peu de choses avaient réussi pour cette personne par le passé.

Jean a consacré des milliers d'heures bénévoles pour aider cet individu à réussir enfin. De nombreuses autres personnes ont collaboré aussi et toutes sont parties car elles se faisaient blâmer tour à tour. Pourquoi ?

Après un certain temps, l'entourage remarquait que cette personne se sentait menacée par l'implication des autres dans son projet, en ce qui concerne le soutien moral, technique et financier que les gens apportaient. Cet individu disait souvent : « Je ne suis pas chaud à tout ce qui ne vient pas de moi. »

Jean a tout fait pour que l'entreprise fonctionne, mais le « responsable » y allait de gaffe en gaffe. Il avait la vision de devenir milliardaire, mais écrasait tout ce qui ne venait pas de lui par narcissisme inconscient. Ses peurs cachées et ses pensées négatives allaient à contre-courant.

Énormément de choses ont été mises en place pour l'aider à réaliser son but et à adoucir ses comportements allant à l'encontre de sa réussite et de son bonheur. Rien à faire, son orgueil prenait le dessus. Plus les gens essayaient de l'aider, plus cette personne essayait de les détruire par la violence verbale, le chantage, etc. Elle clamait haut et fort que les principes de l'esprit ne valent rien, etc. Conclusion de cette histoire ? La survie de l'entreprise est menacée.

Vouloir tout contrôler sans contrôler sa vie est une mission d'autodestruction assurée. Comment vouloir gérer une entreprise d'envergure sans connaissances commerciales ou administratives ? Comment vouloir gérer des employés heureux si le gestionnaire lui-même n'aime pas le monde et ne veut faire qu'à sa tête ?

Dommage, car certaines personnes ont une vision forte ; c'est bien, mais elles la détruisent par des agissements contraires aux principes du bonheur et de la prospérité. Ce que je me dis dans une telle expérience, c'est que chaque personne qui s'est impliquée dans cette aventure se doit de retenir ce que cette expérience lui a permis d'apprendre sur elle et d'en tirer un apprentissage grandissant. Mais celle qui s'est autodétruite continue de le faire si elle se pense plus fine que tous et crache sur la force de l'équipe.

Il vaut mieux avoir 10 % d'une entreprise fructueuse que 100 % d'une entreprise en faillite. Je pense que cette personne est en détresse intérieure et elle le manifeste artificiellement en se donnant des airs hautains. L'orgueil est un tueur de projets, c'est à retenir. On se doit de continuer de souhaiter du bien à ces personnes, mais de se garder à distance. On comprend qu'on ne peut aider quelqu'un qui ne veut pas s'aider, même s'il en a besoin. C'est malheureux, mais c'est ainsi. On le bénit à distance et on lâche prise afin d'éviter d'être influencé par ces vibrations négatives à un niveau plus profond. La vie d'une personne est à l'image de ses pensées.

Dans la vie, personne ne nous place de force là où nous sommes. Si l'on se retrouve dans cette situation, je me dis que la vie avait quelque chose à nous montrer et qu'on l'a attiré. Ce genre de situation arrive à ceux qui prennent le monde sur leurs épaules et aiment inconsciemment aider les gens qui jouent à faire pitié. Attention, sauvez votre santé avant. L'entraide a sa place, le bénévolat également, tout cela est très louable, mais je veux juste vous dire de faire la part des choses dans vos investissements d'énergie. Les gens qui aident en dépit de toute frustration sont souvent du genre à se dire : « Ah, moi, ce n'est pas important, pourvu que j'aide les autres. » Être bon samaritain et vouloir servir tout le monde à son détriment contribue à attirer ce genre de situation.

Donc, une vision positive est aussi importante au travail qu'ailleurs. Alors, si on veut éviter de travailler avec des siphons d'énergie et augmenter la prospérité, il est souhaitable de s'éloigner des sangsues énergétiques qui profitent abusivement des bonnes gens… parce que les bonnes gens se laissent utiliser par manque d'affirmation de soi.

Soyez précis dans vos visions à tous les points de vue et vous attirerez de belles choses épanouissantes.

Après tout, quoi que toute personne pense de nous, ça lui appartient. Elle ne fait que se détruire elle-même par sa jalousie, ses peurs et son manque flagrant de confiance en elle. Je veux vous aider à avoir une attitude dans laquelle vous vous protégerez si vous vivez ce type de situation engendrée par les pensées désordonnées de quelqu'un. Il arrive à tous, un jour ou l'autre, de se laisser berner par ceux qu'on veut épauler plus qu'ils ne sont prêts à s'aider eux-mêmes. Je suis un peu mal à l'aise de parler ainsi, car je veux éviter que ce soit perçu comme un jugement, et je m'explique. Je désire seulement, en résumé, vous conscientiser sur le fait que le négatif ne mène nulle part et que ce ne sont pas les personnes que nous réprimons, mais plutôt leurs comportements, ce qui est bien différent. Soyez prudent et évitez de tomber dans ce piège.

La vie se chargera du désordre

Un autre message que je veux partager avec vous concerne l'application de la loi du retour en fonction de nos pensées et de nos gestes. Les pensées de la personne ci-dessus mentionnée sont mesquines et remplies de vengeance envers bien des gens, alors la vie lui rend des désordres. La loi du retour est la plus grande justice de la vie. Elle est parfois difficile à accepter et à gérer, mais elle est toujours là. Peu importe le mal que quelqu'un vous cause, rien ne sert de lui en souhaiter. Au contraire, bénissez-le en désirant du bien et confiez-le à sa propre lumière intérieure. Je sais que c'est parfois difficile à faire et à accepter, car certains cas vécus sont bien plus graves que cela pour certains, mais c'est la voie de la libération, du pardon et de l'harmonie.

Nous savons, au plus profond de notre cœur, avec quel dévouement et quel désir de réussite on s'est impliqué dans telle situation, et c'est ce qui importe. Chaque fois que nous entendons dire qu'une personne nous souhaite du mal, percevons-la instantanément avec la petite flèche de ses propos mesquins retournée vers elle, sans aucune prétention malicieuse de notre part. C'est une image, mais c'est ce qui se passe quand quelqu'un pense négativement ; il se flagelle lui-même sans en être conscient, car il se nourrit de ce poison. Évitez d'embarquer dans ces manèges. Dites-vous bien que l'énergie de vengeance doit d'abord passer par le corps et l'esprit de la personne pour être verbalisée, alors quel élément toxique pour la santé !

Les propos toxiques

Je reviens un peu à la personne en difficulté dont j'ai parlé précédemment. Elle souhaitait souvent aux autres entreprises d'échouer ; elle disait qu'il n'y avait personne de mieux qu'elle, et elle en a aussi fait un beau gâchis personnel . Après cela, les gens se demandent pourquoi ils ne réussissent pas. Ils critiquent les autres pour tenter de se remonter.

Vous saurez dès maintenant reconnaître encore plus ces pièges qui éloignent l'abondance d'amour, de santé, de joie et d'argent, pour en sortir triomphant, avec un cœur et un esprit sain dans un corps sain. Soyez vigilant envers les gens qui voudraient profiter de votre bonté ; si vous reconnaissez en vous certains petits comportements toxiques dans ces propos, alors bravo, vous allez maintenant pouvoir éliminer quelque chose qui entravait votre réussite.

Cet exemple nous amène à reconnaître les fois où chacun de nous a pu avoir des comportement égocentriques semblables. Nous pourrons mieux nous en corriger et nous lancer vers un plus grand bonheur. Je me dis que chaque personne est un enseignant mis sur mon chemin. Je trouve que cette pensée aide beaucoup à grandir.

Je me dis aussi que notre bonheur vient de notre intégrité intérieure. On le sait dans notre cœur quand on est sur la voie de la sagesse et de la réussite. C'est entre autres quand on peut sincèrement souhaiter du bien à tous et se responsabiliser face à ce qui nous arrive. Le grand tapis rouge du succès commence ainsi à se dérouler.

Pensez positivement, faites-vous ce cadeau et vous allez éviter des souffrances comme celles de cette personne aux visions écorchées qui, au fond, nous lance un grand cri de secours, mais renie les secouristes à leur arrivée. Je lui souhaite du plus profond de mon cœur que la vie adoucisse ses peines et ses souffrances et qu'elle puisse enfin, un jour, bientôt, atteindre ce que son for intérieur désire tant. Seule cette personne peut s'offrir ce merveilleux cadeau et je lui souhaite sincèrement la meilleure des chances. Les pensées positives sont votre source de bonheur en affaires, en amour, en santé, en relations amicales, en plaisir et en rires, et elles sont accessibles sans aucune prescription.

Pensée

« Le grand but de la vie n'est pas le savoir mais l'action. »

Thomas Huxley

La ténacité de mon père à travers le cancer : un grand message d'espoir pour tous

Dans mon premier livre, *Réveiller son médecin intérieur – Le mieux-être par le rire*, je mentionnais que je ferais un suivi de la santé de mon père lors de l'écriture de mon prochain volume. Alors voilà. Lorsque j'ai raconté son histoire, j'expliquais que mon père luttait contre une terrible tumeur au cerveau. Le texte se terminait en disant qu'heureusement, le dernier examen médical passé ne démontrait plus aucune tumeur. Nous avons toutefois appris par la suite qu'il y avait eu une erreur de lecture de l'examen et que la tumeur était toujours là.

Une deuxième opération a donc été nécessaire depuis, car la tumeur était réapparue. Mon père a fait preuve d'un courage indescriptible pendant ces longs mois de terribles souffrances et il a longtemps espéré voir la lumière au bout du tunnel. Jamais, mais jamais, il n'a baissé les bras malgré les pires diagnostics fatalistes. Après la deuxième opération, les traitements de chimiothérapie se sont poursuivis, mais un imprévu est arrivé. La tumeur s'est inflammée quelques semaines plus tard, et un hématome inexplicable, équivalant à la grosseur d'une orange, s'est alors formé dans le cerveau de mon père. Comble de malheur, une troisième opération a alors dû être pratiquée d'urgence. Mon père a alors été très affaibli. Il a continué d'espérer s'en sortir même si ses facultés générales avaient lourdement diminué, mais en vain. Fort de son courage et de sa ténacité et ayant énormément grandi sur le plan spirituel, il est décédé tout en douceur le 27 juillet 2004, à l'âge de 66 ans seulement.

J'ai le goût de partager avec vous une petite phrase qu'une amie de ma mère a dite à celle-ci pour la réconforter : « Console-toi, il t'a laissé trois beaux trésors », tes enfants. Ces mots doux me redonnent aussi le souvenir des rares mots que mon père pouvait encore nous adresser en dernier et, chaque jour, il faisait un effort physique pour nous dire « je t'aime » et lever lourdement la main pour nous caresser le visage. J'ai eu un amour de papa, et quel bonheur d'avoir une mère débordante de vitalité, d'écoute et d'amour !

Qui que nous soyons, nous ne savons jamais vraiment ce que l'avenir nous réserve, mais au moins, je peux vous dire que mon père a eu un optimisme invétéré. Les traitements de chimiothérapie et les nombreux médicaments qu'il a dû prendre portaient violence à un corps pourtant si fort ; en un an, il a passé ces étapes une par une, un jour à la fois, et il a continué de bâtir des projets dans sa tête. Chaque petite victoire s'avérait un pas de plus dans sa grande détermination. Certes, la médication était très importante, mais la force intérieure de mon père arrivait à faire abstraction des étiquettes désastreuses que la communauté médicale lui portait. Il savait apprécier toutes les belles choses autour de lui, ainsi que sa famille, comme il l'avait toujours fait. Il vivait le moment présent.

Rejeter les étiquettes médicales fatalistes

Les médecins sont merveilleux et je les félicite pour leur excellent travail, on a vraiment besoin d'eux. Là où je suis moins d'accord, c'est quand ils estampent parfois en pleine figure d'un être humain une étiquette qui équivaut au sceau de la mort. Tous ne sont pas ainsi, mais on en compte encore trop qui agissent de la sorte.

Qui a le droit, sur le plan humain, de décider du sort de qui que ce soit ? S'il vous plaît, attention à ces croyances. Je connais bien des gens qui ont refusé de croire en ces pires diagnostics, et cela leur a sauvé la vie. Le corps médical préfère jouer de franchise et se doit probablement d'agir ainsi, mais je pense que la base de référence est très influencée par les statistiques.

C'est ce que mon père a eu à surmonter très souvent. Je ne sais plus combien de fois on l'a averti de se préparer au pire. Comme il nous dit souvent : « Chaque fois que je vais chez le médecin, j'ai l'impression de recevoir une grande quantité de coups de poing au visage. »

Cela va-t-il faire du bien à la personne et l'aider à avoir une qualité de vie acceptable dans les derniers temps qu'il lui reste ? C'est même avec une certaine émotion que je vous livre ce témoignage, car ma famille et moi avons eu à soutenir mon père et à panser ces plaies supplémentaires qu'il se faisait faire. Il a eu une force intérieure digne des plus grands héros. Il savait conserver son attitude de blagueur naturel, d'optimiste assuré, et il dégageait une chaleur humaine comme j'en ai rarement vu. C'était un être exceptionnel, et je ne vous dis pas cela parce que c'est mon père. C'était un homme aimé de tous et d'une tendresse déconcertante. Peut-être a-t-il pensé beaucoup plus aux autres qu'à lui pour en être là ?

Bravo, papa, pour les leçons de courage que tu nous as données, pour ta ténacité remplie d'espoir et de détermination dans cette étape de ta vie, dans cette étape de notre vie autour de toi. Merci. Je t'aime, et j'ai le goût de le dire à tous et de te féliciter tendrement ! Accrochez-vous à la vie, à l'espoir, et les possibilités de mieux-être seront favorisées. Que mon message d'espoir traverse toutes les frontières !

Guérir le système de santé

Nous sommes nés dans une société analytique où il est devenu naturel de se laisser diriger comme des petits moutons. On n'a qu'à penser, au Québec, à la carte d'assurance maladie. Pourquoi ne pas avoir une carte « d'assurance santé » ? De toute beauté comme absurdité ! N'est-ce pas un incitatif à la dépendance face aux ressources extérieures ? Le seul fait de focaliser sur la maladie n'est-il pas une façon de lui donner encore plus d'emprise ? Si une personne possède le pouvoir de faire changer cette appellation auprès des instances gouvernementales, qu'elle le fasse, ce sera pour le plus grand bien des gens. En divulguant si ouvertement mon opinion, je souhaite contribuer à enclencher ce processus.

Le système organisationnel est-il malade ? Les autorités politiques se plaignent ensuite que les coûts de la santé sont ahurissants. Je ne veux aucunement porter un jugement envers les gens qui établissent les politiques sociales, mais le non-jugement ne veut aucunement dire naïveté. Tout au contraire, je vis dans une des meilleures régions du monde et j'en suis très reconnaissante.

Si j'avais à diriger le système de santé, je me chargerais d'établir un enseignement supplémentaire dans les écoles et dans les communautés. On y montrerait comment prendre sa vie et sa santé en main, comme le démontrent d'ailleurs ce livre-ci et mon premier ouvrage *Réveiller son médecin intérieur – Le mieux-être par le rire*. Je sais qu'il existe maintenant des cours de formation personnelle et sociale, mais j'encourage le milieu éducatif à pousser encore plus loin les outils de réussite émanant de l'esprit, de l'estime de soi et de la prospérité. Ce n'est pas tout d'apprendre un métier, il faut ensuite savoir comment en vivre.

Là encore, je sais qu'il y a de très bons professeurs et c'est pourquoi je leur lance le défi d'aider nos jeunes à déceler leur potentiel d'abondance générale. C'est bien d'avoir un métier, mais si on ne sait pas se présenter ou être dynamique, le diplôme ne vaut pas grand-chose. Sur le plan social, je pense que cette avenue serait très bénéfique. Au lieu d'être un incubateur de futurs travailleurs, le milieu éducatif en deviendrait un de bonheur et de prospérité.

J'ai commencé à adopter cette approche dans les milieux scolaire et hospitalier, et je me lance le défi personnel de conscientiser les gens à leurs propres responsabilités en ce qui concerne, entre autres, leur santé. Les gens croient souvent qu'ils sont malchanceux de se retrouver avec telle maladie ou tel problème. Il faut guérir cette croyance, et les hôpitaux se videront. Ce sont les médecins qui attendraient pour avoir des patients, et non le contraire. Heureusement, la progression des approches parallèles gagne rapidement du terrain ces années-ci ; je pense, entre autres, à la biologie totale, à la conception holistique de l'humain, etc.

Si chaque personne se faisait enseigner ces notions par un investissement quelconque des gouvernements, c'est le visage du monde qui changerait. Un jour viendra peut-être où cette transformation essentielle aura lieu et je pense que des pas importants ont commencé à se faire en ce sens. Par contre, ces notions devront être regardées et mises en œuvre par les décideurs pour vraiment aider les gens à rester en santé et heureux. Chacun de nous qui se fait du bien change le visage de son environnement, et beaucoup plus. Bravo !

Autre fait cocasse. Quand on téléphone au ministère du Revenu, on entend un message qui parle des prestations de la sécurité de la vieillesse. On sait que les gens touchent cette prestation à 65 ans. Quelle absurdité, aussi, de qualifier les gens de 65 ans de vieillards. Ils sont encore capables d'apporter des trésors à la société et on les fait vieillir prématurément. Il me semble qu'on pourrait parler de prestations de la sécurité des aînés ou des amis de 65 ans et plus. Ce serait un peu moins pire.

Histoire de réfléchir...

Le paradoxe de notre époque : y penser pour mieux agir

Le paradoxe de notre époque, c'est que nous avons de bien grands édifices, mais une patience de plus en plus petite ; des autoroutes plus larges, mais une pensée plus étroite. Nous dépensons plus, mais possédons moins. Nous achetons plus, mais en profitons moins. Nous avons des maisons plus grandes et des familles plus petites ; plus d'appareils, moins de temps ; plus de diplômes, moins de bon sens ; plus de connaissances, moins de jugement ; plus d'experts, mais encore plus de problèmes ; plus de progrès dans le domaine médical, mais un bien-être qui diminue.

Nous avons multiplié nos possessions, mais réduit nos valeurs. Nous parlons trop, aimons moins et haïssons trop souvent. Nous avons appris à gagner notre vie, mais pas à la vivre. Nous avons ajouté des années à notre vie, mais pas de vie à nos années. Nous nous sommes rendus jusque sur la Lune, mais nous éprouvons des problèmes à traverser la rue pour rencontrer un nouveau voisin.

Nous sommes partis à la conquête de l'espace interplanétaire et restons toujours loin de notre espace intérieur. Nous dépolluons l'air, mais polluons notre âme. Nous connaissons la fission de l'atome, mais nos préjugés restent entiers. Nous avons des salaires plus élevés, mais moins d'argent dans nos poches. Nous savons produire en grande quantité, mais pas en qualité.

Voici venu le temps où les profits atteignent des sommets, pendant que nos relations sont de plus en plus creuses. Voici venu le temps où l'on parle de paix mondiale, pendant que la guerre fait souvent rage dans nos demeures. Nous avons plus de loisirs et moins de plaisir ; plus de nourriture et moins de nutrition.

Auteur inconnu

On ne sait jamais le bien que peuvent faire nos propos

J'ai parlé précédemment de l'influence des propos toxiques. Cette fois-ci, je vous offre un propos touchant et porteur d'un beau message. J'ai lu récemment dans la revue *L'Agenda*, mai/juin 2004 (www.alchymed.com), un article à cet effet. Alors qu'il habitait à la campagne, un homme bien connu, Jean-Guy Moreau, humoriste québécois, arrêtait fréquemment chercher du pain à une boulangerie et il était à tout coup charmé par la présence d'un petit garçon de cinq ans.

Il fut quelques mois sans passer à la boulangerie et lorsqu'il y retourna, il fut intrigué par l'absence du garçon. La boulangère lui apprit que son petit était décédé. Elle expliqua alors que son conjoint et elle étaient complètement anéantis après cet événement et qu'ils ne savaient plus à quoi s'accrocher pour ne pas sombrer dans le désespoir. Un jour, en faisant leur pain, la radio jouait comme à l'habitude et ils ont entendu M. Moreau en entrevue.

Quand il est repassé à la boulangerie, la dame lui raconta ce que cette entrevue entendue avait changé dans leur vie. M. Moreau racontait le drame vécu par ses parents avant sa naissance. Ces derniers désiraient un enfant depuis huit ans. Ils furent enfin comblés par l'arrivée d'un magnifique bébé, mais qui décéda dans son sommeil trois mois plus tard. À travers leur désarroi, ses parents s'étaient dit que la mort n'aurait pas le dernier mot, et Jean-Guy était né un an plus tard.

La dame lui dit alors : « En vous entendant ce matin-là, le déclic s'est fait dans ma tête. Je suis enceinte et ne pense maintenant qu'à la vie. Je voulais vous remercier. » C'est ainsi que M. Moreau lui a raconté à quel point il avait vraiment ressenti son appartenance à la grande famille humaine et tout le soutien que nous pouvons nous apporter les uns les autres sans même le savoir. Et depuis, une petite fille est née (Condensé d'un témoignage paru dans le volume 4 de *Ces expériences qui nous transforment*, de Diane Fournier, aux Éditions Le Dauphin Blanc).

Répandre du soleil

Dans un monde où le désespoir, la solitude, la pollution, l'alcool, les drogues, les misères humaines font leur lot de ravages, vous ne savez jamais qui a besoin de la lueur d'espoir de votre regard. Même là, vous pouvez apporter une certaine forme de prospérité à bien des gens, soit de l'amitié, de la compassion et de la considération, de là l'importance de rayonner cette vie contagieuse. Cette chaleur humaine saura se communiquer, et allumer d'autres regards et d'autres cœurs. Avez-vous pensé au pouvoir que vous possédez, celui de faire du bien ? Vous pouvez ensoleiller bien des visages.

Chapitre 7

La santé, un bien précieux

La conscience qui guérit

Depuis plus de 20 ans, je m'intéresse à la relation psychophysique qui concerne l'être humain. Je suis profondément convaincue que nous régissons notre santé par nos pensées, nos émotions, nos croyances et sans contredit nos attitudes. Plusieurs diront que les maladies sont majoritairement héréditaires ; d'autres soutiennent qu'elles résultent tout simplement de la malchance.

Certes, il est possible que la génétique ait son mot à dire, mais je crois encore plus à l'hérédité des pensées, des croyances et des habitudes transmises de génération en génération. De là peut naître toute une panoplie de désordres physiques.

À l'opposé, si une famille cultive un schème de vie positif, elle transmet davantage la santé au fil des années. Je pense qu'il s'agit aussi de garder en mémoire que le corps reflète nos pensées. J'ai souvent vu les gens d'une même famille se programmer, sans s'en rendre compte, à contracter une certaine maladie. Voici deux exemples de ce que j'ai pu constater dans le discours de certaines personnes. Je vous le dis, ça fait frissonner : « Chez nous, on meurt tous du cœur avant 60 ans. » « Dans la famille, on finit tous par avoir le même cancer, mon grand-père l'a eu, ma mère l'a eu, mon frère l'a eu, je vous le dis, c'est là que je m'en vais, moi aussi. »

C'est ahurissant de voir comment les gens se crucifient par ce type de désordres intérieurs et des pensées empoisonnées. N'est-ce pas encore pire que l'hérédité ? Chacun doit apprendre à se voir comme un être en pleine puissance, au lieu d'une victime à la merci des pires croyances sociales.

Je souhaite aussi qu'une prise de conscience supplémentaire ait lieu, en lien avec la maladie. J'ai souvent vu des gens se rendre malades inconsciemment pour attirer l'attention. Un tel est malade, ce qui fait que le conjoint qui veut divorcer se sent coupable ; la maladie serait-elle alors une source inconsciente pour acheter la présence de l'autre par dépendance affective ?

Un autre est malade, ce qui lui permet de ne pas aller travailler. La vie est bien trop belle pour se servir de la maladie pour faire du chantage tant à nous qu'aux autres. Je sais de tout cœur que ce ne sont pas des choses faciles à dire et à entendre, mais je me fie à votre bon jugement pour croire qu'il y a fréquemment des gens autour de chacun de nous qui vivent des choses semblables. Quand tout va bien ou que l'ensemble de notre vie va bien, on sait les efforts qu'on y a mis et c'est ce qu'on souhaite aux autres avec amour et compassion.

Il est plus agréable de favoriser les avantages d'aller bien plutôt que d'avoir l'air d'un petit chien battu et de se faire prendre en pitié. Ce n'est pas le voisin qui souffre moralement et physiquement dans ce temps-là. Chers amis, offrez-vous-vous le cadeau de vous aimer plus que tout et de vivre l'abondance de santé, d'amour de vous-même, et tout le reste suivra. J'aime assez les gens pour utiliser ce type de langage peut-être un peu dérangeant. Je considère que ce n'est aucunement en restant dans l'hypnose collective qu'on peut se réaliser pleinement.

Histoire de s'amuser...

Une bizarre de petite annonce !

Recherchons homme pour s'occuper d'une vache qui ne fume pas et ne boit pas.

◡

Se dissocier de la souffrance des autres

Je suis une personne sensible, douce et compréhensive envers la souffrance humaine. Un jour, j'ai dû faire un choix, celui de cesser de porter sur mes épaules la souffrance des autres. On a assez de gérer notre vie sans vivre la misère d'autrui. Si l'on veut vraiment aider une autre personne, il est important d'être en possession de ses moyens, sinon on sera deux à traîner de la patte. Cela n'exclut aucunement la compassion et les bons conseils. On est capable de se dissocier en regardant la situation en spectateur plutôt qu'en se sentant concerné par celle-ci. Beaucoup plus efficace et moins fatigant.

Pensée

« Aujourd'hui bien vécu fait de chaque hier un beau souvenir et de chaque demain une vision d'espoir heureuse. Vivons aujourd'hui avec confiance. »

Auteur inconnu

L'extérieur, le reflet de l'intérieur

En observant les gens, on peut instinctivement décrire leur profil par leur attitude, leur posture, les traits de leur visage, leur façon de s'exprimer, etc. Que ce soient les expressions faciales renfrognées, le dos courbé, le type de discours, le sourire aux lèvres ou l'allure franche et dynamique, tout cela influence le mieux-être de l'individu et décrit une bonne part de sa personnalité. À quoi ressemblerez-vous à un âge avancé ? Votre corps traduira-t-il la joie ou, au contraire, le reflet d'une vie lourde et soumise ?

Histoire de s'amuser...

Un jeune homme cherche du travail. Il se présente dans une entreprise. On lui dit :

« On vous embauche au salaire minimum au début, mais vous pourrez gagner beaucoup plus, plus tard.

— Dans ce cas, répond le gars, je préfère revenir à ce moment-là. »

Un peu de spiritualité

Selon vous, la guérison spirituelle, question de l'appeler ainsi, est-elle l'apanage de quelques illuminés ou mérite-t-elle toute notre attention pour ce qu'elle peut accomplir ? Je vous pose la question, mais je sais très bien que, puisque vous parcourez ces pages, vous savez probablement que l'autoguérison est envisageable et que vous pouvez faire pour vous-même ce que certains appellent des miracles. Ce type d'intervention intérieure est bien réel et, surtout, tout à fait naturel.

Je suis diplômée en métaphysique et j'ai pu approfondir largement cette approche. Pour plusieurs, le simple fait de penser à ces choses leur fait peur. Ils peuvent croire que c'est de la sorcellerie, de la pure folie ou encore une perte de temps. Chacun a droit à son opinion, mais je crois qu'ils se privent d'une expérience humaine absolument merveilleuse.

Plus on chemine dans ce monde passionnant de la connaissance de soi et des possibilités infinies qui sommeillent en nous, plus on veut les partager, et dire aux gens de cesser de se limiter en clamant des solutions uniquement extérieures à eux.

À mon avis, la médecine est bien entendu nécessaire et accomplit des merveilles. Pourtant, comment se fait-il que, dans certains cas, une personne atteinte d'un mal dit incurable s'en sortira et qu'une autre souffrant de la même maladie ne réagira pas aux traitements de la même façon ?

Plusieurs seront portés à citer des facteurs biologiques, et c'est très bien ainsi. Je veux toutefois vous conscientiser au fait que tout peut être aussi une question d'attitude et de volonté. Je souhaite simplement ouvrir les volets qui retiennent trop de gens enfermés dans un système de pensées paralysant et astreignant.

Bien des ouvrages existent maintenant sur la relation malaises/maladies. *Le grand dictionnaire des malaises et maladies*, de Jacques Martel, aux Éditions Atma, en est un excellent exemple. Il y cite d'innombrables problèmes de santé et leurs causes psychologiques. C'est très bien fait et on y apprend beaucoup sur soi. Si on a mal aux jambes, par exemple, est-ce imputable à une peur d'avancer, à une peur de l'avenir ? Si on a mal aux épaules, est-ce qu'on s'en demande trop ? Si un cancer se manifeste, est-ce à la suite d'émotions refoulées ?

Absolument fabuleux pour se sortir de bien des maux et comprendre pourquoi on en est là. Un simple rhume est souvent lié à de la confusion, à de la surcharge mentale, à un débordement d'activités. Quand on sait cela et qu'on sent la congestion nasale monter, on peut aussitôt reconnaître où on se surcharge et, très souvent, le rhume pourra partir presque aussitôt. Il arrive qu'il s'installe quand même, mais durera peut-être juste deux jours au lieu d'une semaine. On a du pouvoir sur soi, il suffit d'apprendre à s'en servir.

La biologie totale mise de l'avant par les Drs Claude Sabbah et Ryke Geerd Hamer fait aussi avancer la connaissance des causes des maladies de façon merveilleuse. Cette approche peut aider à préciser le lien entre l'âme et les maladies. Leurs recherches démontrent que, pour une même maladie, il existe très souvent une problématique vécue qui est similaire. En furetant dans Internet ou dans des volumes sur le sujet, vous pourrez approfondir par vous-même ce thème passionnant.

Ces approches favorisent le rétablissement en impliquant la personne dans un processus de guérison plus holistique, c'est-à-dire à partir de la source du mal et dans une vision globale de l'être humain. Mon père était un homme merveilleux, mais il ne croyait pas vraiment à ces choses. La maladie l'avait finalement amené à s'y ouvrir et à renforcer sa spiritualité, mais il était trop tard. Une guérison n'est pas toujours celle qu'on pense...

Les médicaments c'est bien, mais cela ne règle pas la cause d'un chagrin ou d'une dépression, par exemple. Oui pour le soutien temporaire, mais oui, également, et surtout, à la résolution du conflit intérieur. N'oubliez pas que la santé, c'est aussi l'abondance.

Histoire de s'amuser...

Quelle ressemblance y a-t-il entre une police d'assurance et une jaquette d'hôpital ? Dans les deux cas, vous n'êtes jamais certain d'être bien couvert.

Croire en la santé

Comme on dit, tout est question de croyance. Croyez-vous qu'il soit possible de provoquer la dissolution de kystes ou de tumeurs par la visualisation et le traitement métaphysique (connexion avec l'Intelligence supérieure en soi), ou encore est-ce possible de faire disparaître le diabète, la douleur ? Tout part de la foi, c'est bien certain. Personne ne pourra faire pour vous ce qu'il ne pourra faire par vous. Un médecin aura beau vous donner le meilleur traitement, si vous ne luttez pas pour recouvrer la santé, le succès n'est pas garanti.

Le Dr Frederick Bailes, dans son livre *Votre esprit peut vous guérir*, en est une preuve tangible. Il s'est autoguéri du diabète à une époque où les traitements n'étaient pas ce qu'ils sont aujourd'hui.

Dans mon métier, je côtoie régulièrement des gens en très bonne santé et d'autres pour qui la vie est plus difficile. Je sais pertinemment que chacun a ce pouvoir fantastique de s'autoresponsabiliser face à sa santé. La médecine soutient le corps le temps que le processus intérieur reprenne le contrôle positivement.

J'en conviens que ce type de guérison a souvent l'air d'un miracle, car il bouscule la philosophie traditionnelle de la majorité des gens et il transgresse les applications généralement admises. Il est marginal, pour ainsi dire, mais heureusement les choses changent et évoluent.

Les peuples indigènes ont depuis longtemps recours à ces forces invisibles. Sans faire appel à quelque idéologie que ce soit, je veux seulement soulever une réflexion bien particulière. Jésus répétait que le but de son intervention était d'annoncer la bonne nouvelle au monde. La bonne nouvelle, n'était-ce pas que le royaume des cieux est en chacun de nous et que tout ce qu'il a fait, nous pouvons le faire ?

Pourquoi les gens cherchent-ils le ciel ailleurs et attendent-ils d'être rendus ailleurs pour aller bien ? Oui, il y a de la souffrance sur la terre et c'est horrible, mais si l'on prend soin de nous et qu'on la réduit au maximum, on améliore son sort et celui du monde. Le problème, c'est que son message n'a pas encore été réellement décrypté. Il guérissait les malades, il faisait valoir que tout est énergie. Et nous sommes de la même énergie ! C'est certain que tous, nous fonctionnons avec des restrictions d'humains, mais tout ce que nous pouvons expérimenter pour améliorer notre sort est un cadeau de vie que nous nous offrons. Par amour pour soi, ça le vaut bien.

Histoire de s'amuser...

Un individu se fait poser la question suivante :

« Avez-vous bien dormi, cette nuit ?

— J'ai dormi comme un bébé.

— Ah oui, mais c'est merveilleux.

— Je n'en suis pas si certain, répond l'individu. J'ai dormi une heure, j'ai braillé une heure, j'ai dormi une heure, j'ai... »

S'autoguérir, est-ce possible ?

Tout ce que nous voyons et ressentons est de l'énergie qui vibre sous différentes formes ou à différentes fréquences telles l'électricité, la chaleur, les choses matérielles, la maladie, l'air, l'eau, la vapeur, etc.

Pour amener la guérison, il est utile au préalable de visualiser l'état de perfection et le rétablissement complet comme étant déjà accompli, y croire et, surtout, le vouloir avec chaque cellule. L'ouverture à la présence de l'Intelligence universelle en nous est donc le chemin de la santé, de l'amour, de l'abondance et du retour vers l'essence pure qui nous habite.

Le but de cette pratique n'est aucunement associé à une quelconque idéologie, je le répète, c'est un pouvoir inné en chaque être humain. La guérison par l'élévation du degré de conscience est appelée à devenir, à mon avis, une voie de plus en plus au service de la vie. Nous assistons actuellement à des courants de pensée plus évolutifs et plus enclins à faire avancer les recherches en matière de santé. De plus en plus de médecins s'éveillent à l'intégration essentielle des notions de prises en charge intérieures que le patient peut faire pour s'aider. Le rôle du médecin est appelé à prendre un virage beaucoup plus élargi : la personne entière sera soignée. Une personne humaine est un tout : corps, esprit, émotions, âme, car tous sont interdépendants. Le médicament est un soulagement temporaire si la personne n'active pas sa combativité intérieure.

Combien de fois avez-vous vu une personne se sortir d'un cancer, et voilà que quelque temps plus tard un autre organe devient cancéreux. C'est l'intérieur qui crie au secours. La souffrance émotive veut faire sauter les pistons si rien n'est fait. Mais cela, les gens n'y pensent pas assez et plusieurs se considèrent comme malchanceux. Y a-t-il un semeur de maladies qui se promène au-dessus des villes et qui distribue des maladies comme par hasard ? D'où viennent-elles ? Pensez-y bien. Heureusement, certains s'en sortent parce que le message a fort probablement été compris.

De plus, si une personne sent qu'elle est considérée, qu'elle est encouragée, qu'elle a de la joie autour d'elle, elle voudra aller de l'avant. Si elle sent qu'elle peut exprimer ses craintes, ses besoins émotionnels et qu'elle cherche à dénouer certains nœuds du passé, elle peut plus facilement gagner la partie. Qui n'a pas dit : « Il va s'en remettre vite car son moral est tellement bon. » Alors, voici aussi une des bases de la guérison spirituelle.

Je tiens à faire une précision sur le terme « guérison spirituelle ». Il ne s'agit aucunement d'implorer un tel Dieu pour obtenir une faveur, au contraire. Vous avez en vous cette puissance, cette énergie qui maintient l'harmonie des planètes, des saisons, bref, de la vie qui nous entoure.

Cette force permet la procréation, fait que votre cœur bat automatiquement, que vos poumons inspirent et expirent même durant le sommeil, etc. Cette force, c'est l'énergie de la vie ; alors, si on apprend à s'y connecter, on ajoute de la vie à notre vie dans tous les sens. Les pages de ce livre qui traitent de la visualisation, de l'autosuggestion, de la réalisation des buts peuvent toutes s'appliquer à la santé.

Tous sont conscients que les milliards investis en recherches médicales demeurent insuffisants tellement la liste des affections est grande et qu'elle s'allonge régulièrement. Les coûts liés à la maladie ont eux aussi atteint des sommets invraisemblables. Comme le démontre Louise L. Hay, chef de file du Nouvel âge, dans ses recherches, les maladies sont, selon elle également, principalement d'origine psychosomatique et non d'origine matérielle ou physique. Elle est notamment l'auteure du best-seller international *Transformez votre vie*.

Très souvent, la maladie résulterait de forces mentales et émotives mal dirigées par l'individu lui-même. Il est important d'éviter de se culpabiliser, car tout cela se fait très inconsciemment tant que la personne n'a pas atteint un stade d'éveil lui permettant d'inverser le processus. La maladie est souvent attribuable à des désordres intérieurs qui ont avec le temps affaibli le système immunitaire, permettant ainsi aux virus, aux bactéries ou aux cellules malades de proliférer.

Histoire de s'amuser...

Il fallait y penser !

Dans une petite ville de province, un représentant de commerce avait décidé de s'arrêter pour la nuit. Malheureusement pour lui, il n'y avait qu'un seul hôtel, et toutes les chambres étaient réservées. Le représentant insista alors auprès de l'aubergiste :

«Vous devez me trouver une place pour dormir, même un lit n'importe où, je suis complètement brûlé !

— J'ai bien une chambre avec deux lits qui n'est occupée que par une personne, lui répond l'aubergiste. Et je suis sûr que cette personne serait ravie de partager sa chambre ainsi que le prix avec vous. Mais pour tout vous dire, cet homme est un ronfleur de la pire espèce. À tel point que ses voisins viennent se plaindre ici tous les matins. Bref, c'est à vous de décider.

— Pas de problème, je prends la chambre. Je suis trop crevé !

L'aubergiste présente l'un à l'autre les deux locataires de la chambre, et les laisse prendre leur repas du soir. Le lendemain matin, le représentant descend prendre le petit-déjeuner. Contrairement à ce que pensait l'aubergiste, il a l'œil vif et semble en pleine forme et bien reposé. Il lui demande :

— Vous avez réussi à dormir ?

— Oui, sans problème.

— Les ronflements ne vous ont pas gêné ?

— Pas du tout : il n'a pas ronflé de la nuit.

— Comment cela ?

— Eh bien, l'homme était déjà au lit quand je suis rentré dans la chambre. Alors, je me suis approché de son lit et j'ai déposé un baiser sur ses fesses en disant "Bonne nuit, ma beauté"... Et le gars a passé le reste de la nuit assis sur son lit à me surveiller... »

Des qualités à cultiver

Voici quelques exemples de qualités à cultiver pour vivre vieux.

- Créatif, spontané
- Rempli d'humour, rieur
- Espiègle, énergique
- Amical, joyeux
- Actif, positif
- Capable d'excentricités, aventureux
- Et, surtout, un peu fou, fou !

Pensée

« Quand s'installe le silence des mots se réveille la violence des maux. »

Jacques Salomé

Chapitre 8

Avez-vous la passion de votre travail ?

Ce sujet pourrait être traité de mille et une façons. Nous sommes à l'époque des restructurations, des compressions budgétaires, de l'instabilité, de la compétition internationale des marchés, et chacun tente d'y trouver son compte. Tout au long de ce volume, j'axe davantage le contenu sur la responsabilité personnelle plutôt que sur le fait de décortiquer le système social actuel, ce qui risquerait d'alourdir le message sans apporter la vie qu'il veut transmettre.

Être passionné par son travail

La passion de son travail revêt une signification bien particulière pour moi : être dans le plaisir et pouvoir accomplir quelque chose qui correspond à ses aptitudes ; vivre dans un milieu professionnel qui favorise un épanouissement personnel et professionnel gratifiant sur le plan humain. Cela veut dire qu'on ne travaille pas pour la reconnaissance, mais par choix et enthousiasme. C'est aussi un environnement qui doit permettre des défis motivants. Si je vous demande d'évaluer, à l'aide d'une cote, la passion envers votre travail, à combien peut-elle se situer actuellement sur une échelle de un à dix ?

La passion de notre travail nous porte à y mettre les efforts nécessaires sans frustration, car c'est toujours agréable d'accomplir les tâches que cela demande. Prenons mon exemple. Mon travail m'amène à préparer des conférences sur le mieux-être par le rire, sur l'abondance, etc. J'en mange, comme on dit. C'est toujours dynamisant pour moi de créer des contenus pour aider les gens, de me tenir au courant des nouvelles approches et d'avoir de nouvelles idées.

Quand je me retrouve sur scène, c'est un cadeau sublime que ce contact avec la foule, c'est absolument merveilleux et, pourtant, il y a une vingtaine d'années, j'étais d'une timidité déconcertante avec une minable confiance en moi. Aujourd'hui, je jubile quand je fais ce qui me dérangeait autrefois. Malgré une profonde timidité passée, j'avais ce rêve de faire ce que je fais aujourd'hui. Je voulais travailler à l'international, j'ai pu le réaliser et d'autres projets se préparent ; je voulais écrire des livres, c'est fait, etc. Je me suis créé un travail sur mesure. J'aime voyager et faire de la route, et il y a encore beaucoup d'autres avantages que je pourrais ajouter.

Pensée

Les déplaisirs nous empoisonnent ; le plaisir, lui, nettoie notre corps et renforce notre système immunitaire.

Les facteurs de motivation professionnelle

Plusieurs facteurs de motivation entrent en ligne de compte pour soutenir la passion du travail. Pensons seulement à l'environnement, aux défis, aux collègues immédiats, à la direction entrepreneuriale, au profil corporatif, au salaire, etc. S'ajoutent aussi la possibilité d'apprendre, le sentiment d'être utile, de rendre service, le travail d'équipe, l'aspect social, la protection de l'environnement, l'innovation, les horaires flexibles, l'autonomie décisionnelle, la saine collaboration dans l'entreprise, et quoi encore. Autant d'individus, autant de raisons. Pourquoi et pour qui travaillez-vous ? Si un personne se sent malheureuse au travail, il y a de fortes chances qu'elle fasse partie de celles qui engueulent le photocopieur, l'écran de leur ordinateur, etc. Aussi bien en rire !

Pensée

La joie la plus grande est d'être sincèrement satisfait de soi-même.

Êtes-vous le collaborateur idéal ?

Chacun rêve du patron idéal, du collègue irréprochable, etc. Mais, au plus profond de vous, et en scrutant minutieusement et sincèrement vos propres comportements avant ceux des autres, y a-t-il avantage à en modifier certains ou, au contraire, êtes-vous un modèle ? Afin que l'ambiance soit des plus agréables, c'est à chacun de choisir de devenir le collaborateur idéal. Scénario utopique, diront certains. Il faut d'abord commencer par soi-même, et l'exemple pourra porter des fruits. Sinon, vous serez peut-être dirigé vers un meilleur milieu car vos vibrations auront changé. Plus on installe le plaisir dans ce qu'on accomplit, plus les autres ont le goût de collaborer avec nous, et vice versa. Si on attend que son entourage change, on perd notre temps. Comme le dit Ernie Zelinski, auteur du livre *L'art de ne pas travailler*, « un patron a les employés qu'il mérite », et le contraire s'applique aussi. En devenant un « patron plaisir » ou un « employé plaisir », c'est toute la dynamique de l'organisation qui s'épanouit.

L'être ou l'avoir

Nous sommes à une époque où l'être est en train de devenir plus important que l'avoir. On perd sa vie à la gagner si on n'est pas heureux au travail. Dans la quête d'un travail satisfaisant, il y a aussi le besoin de se sentir apprécié et aimé pour ce qu'on est, ce qui est bien naturel. D'ailleurs, ce phénomène n'est aucunement limité au seul cadre du travail.

Plusieurs ont besoin de sentir que le travail à un sens particulier. Certains voudront apporter un changement au sein de la société ou de leur milieu. D'autres désireront savourer le plaisir de contribuer à l'avancement d'une entreprise qui les fait se sentir importants dans ce qu'ils apportent comme service. Le mal de l'âme, les maladies professionnelles, etc., sont en train de porter les individus à revoir leurs façons de faire, car c'est l'équilibre de vie qui en souffre.

Si vous observez votre environnement professionnel, les gens travaillent-ils davantage dans le plaisir et la passion, ou dans la soumission, la frustration et l'obligation ? Avez-vous pensé aux effets négatifs que le manque de joie au travail peut créer, tant sur la santé que sur l'humeur ? Quand vous êtes au travail, regardez-vous fréquemment votre montre pour prendre votre prochaine pause, pour aller dîner, pour partir en fin de journée ou, au contraire, ne voyez-vous pas le temps passer ? Plus la tâche est adaptée à sa personnalité, plus on est efficace, productif et heureux.

Ces années-ci, s'ils s'écoutaient, il y a probablement des gens qui n'iraient pas travailler. Est-ce à dire qu'ils se présentent juste pour recevoir un chèque de paie ? C'est sûrement le cas de plusieurs, malheureusement. Quand quelqu'un n'aime pas son travail, il est porté à faire uniquement ce qui lui est demandé, pas plus, ce qui signifie que son dynamisme, sa créativité et son goût de s'impliquer dans le succès de l'organisation sont réduits considérablement. On vit pour être et non pour paraître.

Je suggère souvent aux gens en salle de faire valoir l'équilibre, le plaisir, le rire et l'humour dans leur milieu. C'est d'ailleurs le fondement de mon approche. Je leur dis qu'il est pertinent de remarquer que, dans certains établissements, on retrouve l'employé du mois mis en évidence pour son professionnalisme, mais quand pouvons-nous voir l'employé du mois être celui qui a apporté le plus de bonne humeur, de rire et de plaisir ?

Pensée

L'argent doit nous aider à vivre et non à mourir.

Histoire de s'amuser...

Un milliardaire décide d'organiser une énorme fête pour ses 50 ans dans son jardin avec piscine ; il invite tout le quartier à y participer. Patrice, le seul Québécois du quartier, est invité aussi. C'est vraiment une mégafête avec champagne, spectacles, et tout le tralala. À un moment donné, le milliardaire crie : « J'offre un million de dollars au premier qui ose affronter l'alligator qui nage en ce moment dans la piscine. » Sa phrase n'est même pas terminée que Patrice est déjà en train de se bagarrer avec l'alligator. C'est une lutte à mort. Après un combat sanglant de plusieurs minutes, Patrice arrive à étrangler la bête. Trempé et amoché de partout, les muscles saillants, il sort de la piscine et se dirige droit vers le milliardaire qui, tout étonné, lui dit :

« Patrice, une promesse est une promesse, tu recevras ce million de dollars promis !

— Fiche-moi la paix avec ton million, je n'en veux pas de ton million !

— Euh… deux millions, alors ?

— Non plus !

— Ben quoi ? Tu veux ma Porsche ? Tiens, voici les clés !

— Je m'en sacre de ta Porsche, rétorque Patrice !

— Ma Rolex en or ?

— Non !

— Mais quoi ? Qu'est-ce que tu veux, alors ?

— Pour l'instant, je veux le nom de l'imbécile qui m'a poussé dans la piscine. »

Perdre son emploi

Je comprends très bien les angoisses des gens qui perdent leur emploi avec de beaux petits enfants à nourrir, et je sympathise avec eux. À partir de là, que doit-on faire si ce n'est que de se retrousser les manches, d'accepter que ce soit ainsi pour l'instant et de se dire : « Si j'aime ce que je sais faire, j'aimerai le faire ailleurs, et parce que je dégage cet amour de mon travail, il me sera facile de me trouver un emploi encore meilleur que celui que je viens de laisser, peu importe la raison. » N'est-ce pas une attitude encourageante ? Si on ressent de la peine, on la laisse sortir, on la partage, c'est un processus humain et même parfois utile, car ça libère. La différence, c'est de continuer d'avancer avec confiance.

Accepter la situation actuelle pour mieux la transformer

Souvent, par exemple, il ne s'agit pas nécessairement de changer d'emploi, mais bien de revoir l'attitude avec laquelle on fonctionne dans celui qu'on occupe présentement. En modifiant son attitude, il y a même des chances qu'un autre emploi se présente, aussi cocasse que cela puisse paraître.

Gardez en tête quels sont vos principaux talents et axez vos démarches en ce sens. Les gens les plus heureux sont ceux qui ont hâte de se lever le matin et d'aller accomplir leurs tâches. Alors, est-ce ce que vous vivez actuellement ? Si oui, merveilleux, vous êtes dans la bonne voie. Sinon, ça peut s'arranger.

Même si un emploi semble désagréable actuellement, personne ne vous a obligé à vous y retrouver. Vous devez d'abord être en mesure d'apprécier ce qu'il vous a apporté à tous les points de vue jusqu'à ce jour. Peut-être que le salaire vous semble insuffisant ? Peut-être également vous retrouvez-vous dans une situation qui correspond à ce que vous pensez valoir intérieurement ? Quelle question plate et quelle prise de conscience dérangeante, j'en conviens ! De là l'importance de faire le point sur soi et de redéfinir ses objectifs.

Que ce soit notre éducation, nos mémoires ou peu importe le modèle que nous entretenons depuis belle lurette, il faut d'abord provoquer une prise de conscience pour pouvoir ensuite apporter les correctifs. Le bonheur est dans l'acceptation de ce qui est et non dans la résistance. Petite précision, cependant, en ce qui a trait à l'acceptation. Accepter ne veut aucunement dire être naïf et ne rien faire pour changer les choses. Il s'agit tout simplement de reconnaître que, pour l'instant, les événements sont ainsi. Cela implique alors de continuer à mettre des choses en œuvre pour aller vers l'amélioration au besoin, mais sans confronter la réalité et y perdre ses énergies.

Pensée

Les traits de ton visage sont le reflet de ton intérieur. Est-ce qu'il y a un sourire sur tes lèvres ?

Ajouter des détails

Si vous voulez améliorer votre situation financière et savoir ce qui vous passionne au travail, posez-vous les questions suivantes (si vous avez de la difficulté à savoir ce que vous voulez, écrivez ce que vous ne voulez pas et vous y trouverez peut-être ce que vous voulez). Commencez à y penser, je vous aiderai à détailler vos réponses un peu plus loin.

- Quel est le type d'emploi que je veux accomplir ?
- Qu'est-ce qui me fait vibrer dans un travail ?
- Combien d'heures par semaine est-ce que je veux faire ?
- Quel salaire est-ce que je désire ?

Faire ce qu'on aime le plus

Quand on parle de prospérité financière et de passion, il est primordial de comprendre que la façon la plus efficace de gagner de l'argent, c'est de faire ce que vous aimez plus que tout, ce qui vous allume vraiment, ce qui fait scintiller vos yeux tout en égayant votre cœur et votre esprit. Bien des gens ont choisi leur métier pour faire plaisir à leurs parents ou parce qu'il était apparemment payant. Est-ce une façon d'être fondamentalement heureux et prospère ? Permettez-moi d'en douter.

Histoire de réfléchir...

La perception de soi et du travail

Un jour, trois hommes travaillaient sur la construction. Un passant demanda au premier :

« Que fais-tu ?

— Tu le vois bien, je pose de la brique.

Il demanda la même chose au deuxième.

— Je gagne 20 $ de l'heure.

Quant au troisième, il donna une réponse bien différente :

— Je suis en train de construire le plus bel édifice de la ville. »

Voilà un message qui parle de lui-même.

Chaque jour, pensez et agissez comme si vous étiez déjà une personne totalement prospère aussi bien en ce qui concerne l'amour que l'argent et la santé car, je le répète souvent aux gens, «c'est à faire comme si… que l'on devient comme ça».

Pensée

En me levant, je me dis que ma journée sera remplie de merveilleux événements.

La facilité, c'est permis

La plupart des gens s'imaginent que seuls ceux qui accomplissent un dur travail pendant de longues années méritent de faire fortune ; toutefois, dès que l'aisance s'installera, vous vous rendrez compte qu'il vous faudra probablement moins de labeur car le travail deviendra plutôt facile et passionnant.

Votre état d'esprit constitue votre outil de base. Avec une telle attitude axée sur la certitude de la réceptivité de l'abondance et sur le sentiment de servir la société par l'expression de vos talents, tout ce que vous toucherez tournera à votre avantage.

Visualisez-vous en train de recevoir l'abondance de partout. Par exemple, une personne que je connais achète régulièrement des billets de loterie. Ce qui est cocasse, c'est que si on lui donne un petit cadeau pour son anniversaire, elle a beaucoup de difficulté à l'accepter. Elle nous dit que c'est une erreur d'avoir dépensé notre argent pour elle. Alors, comment peut-elle recevoir si la porte est fermée ?

Donc, appliquez-vous à faire ce que vous aimez et vous allez réussir. Afin de savoir si vous êtes à la bonne place, demandez-vous si vous

vous sentez réellement bien dans votre travail. Partez-vous travailler en étant enjoué, ou le faites-vous à reculons ? Que faut-il modifier ? Le travail ou l'attitude ?

Si vous pensez à changer d'emploi, il est important de remercier, pour ce qu'ils vous ont appris, les gens que vous avez côtoyés même si des différends ont pu se produire. Personne ne nous impose de nous retrouver à tel ou tel endroit ; il est donc impératif de se rendre compte de ce qu'on y a appris. La gratitude aide à sortir du modèle d'échec ou de morosité. Sinon, vous risquez d'attirer le même genre de situation, car tout ce à quoi on résiste persiste et tout ce qu'on embrasse s'efface.

Pensée

Lorsque l'on veut trop se mettre à la place des autres, on oublie de se mettre à la sienne.

Monnayer ses idées

Certains vont choisir de vendre leur idée de génie, que ce soit une invention ou tout autre type de concept. C'est souvent même souhaitable. Vous pourriez avoir eu une idée de génie, mais vouloir tout contrôler le projet sans avoir suffisamment de connaissances ou d'aptitudes en gestion et en commerce international, ou éprouver une barrière linguistique majeure, ce qui serait alors néfaste.

Il est utile de savoir reconnaître nos forces et nos limites actuelles. Des gens peuvent alors prodiguer de judicieux conseils, mais si la personne est menée par l'orgueil de tout faire par elle-même, elle risque l'endettement et l'échec. Mieux vaut alors vendre son idée ou s'associer harmonieusement avec des gens complémentaires pour maximiser les forces et assurer la réussite.

Il est important de travailler en aimant notre emploi, mais aussi de valoriser l'intérêt et l'implication des gens qui veulent sincèrement nous aider pour faire de cette force un succès exponentiel. Ne penser qu'à satisfaire ses intérêts et être assoiffé de pouvoir, c'est contre la prospérité.

Gare à la médisance

Selon un article paru sur le site http://www.jobboom.com/boomerang/boomerang_9mai2004_webF.html et inspiré du journal *La Presse* (vendredi 30 avril 2004, Frank Fiorito, collaboration spéciale), « La médisance, les rumeurs et les calomnies sont des nouvelles armes au boulot ». Voyage au monde des médisants, ces assassins de réputations qui, en trois mots, vous couvrent de ridicule ou nuisent à votre promotion. Commun, la médisance ? « C'est une forme de violence verbale socialement tolérée et courante, mais elle n'est pas pour autant acceptable », soutient la présidente de l'Ordre des psychologues du Québec, Rose-Marie Charest. Si pester contre son beau-frère est sans grandes conséquences, au travail, les enjeux sont plus importants… et bien réels.

Angelo Soares, professeur à l'École des sciences de la gestion à l'UQAM, a réalisé une étude en 2002 auprès de 2000 membres de la Centrale des syndicats du Québec (CSQ). Résultat : 53 % des répondants ont affirmé qu'ils avaient l'impression que leurs collègues « parlaient dans leur dos » et 27 % estimaient faire l'objet de fausses rumeurs…

Que ce soit à la cafétéria ou dans le salon d'un ami, le stratagème de la langue sale est toujours le même : attaquer ce qui semble être le point faible chez l'adversaire et le tourner en ridicule. C'est ainsi que cinq kilos en trop sont suffisants pour mériter le titre de gros ou de grosse du bureau.

Les attaques personnelles les plus populaires au bureau ? La façon de s'habiller, l'odeur corporelle et les ragots sur la vie personnelle, note Esther Paquet, de l'organisme Au bas de l'échelle, qui vient en aide aux travailleurs non syndiqués. Alors, ne faites à personne ce que vous ne voudriez pas qu'on vous fasse.

Histoire de réfléchir...

La pomme, miroir de sagesse

En parcourant de beaux vergers, des pensées profondes sont nées.

À mon retour, je me suis assise avec une pomme et voici ce que j'ai découvert...

La pelure de cette pomme rouge et jaune m'a attirée, j'ai vu combien elle était brillante, tachetée de jaune et de vert... Que de richesse, de saveur elle enferme !

Je me suis dit : « Moi, c'est mon extérieur qui me place face au monde.

De quoi ai-je l'air ? Le visage que je présente aux autres est-il accueillant ? »

Puis j'ai fendu la pomme... j'y ai découvert une chair juteuse, remplie de vitamines, qui nourrit bien.

Et moi, ma personnalité, avec ses richesses et ses limites, est-elle une nourriture que je mets au service des autres ?

Et le pédoncule, ce lien de la pomme à la branche, ce petit lien qui continue dans la pomme, la vie de l'arbre m'a fait penser que, pour vivre avec toi, il me faut être engagée. Est-ce que je sais accepter un engagement concret pour que la vie circule bien dans ma communauté ?

Je continue mon exploration et j'arrive au cœur de la pomme, ce centre de vie, et tout de suite se pose à moi cette interrogation : Qui est le centre de ma vie ? Est-ce que je sais partager les richesses de mon cœur à l'épanouissement d'un climat de fraternité dans ma communauté ?

Oh ! ces petits pépins, promesses de vie qui, une fois en terre, assurent la relève... Mon action auprès de la jeunesse la prépare-t-elle à vivre demain en donneurs de vie ?

Ah ! cette pomme, comme elle me fait réfléchir ! Et je pense à toutes les autres laissées dans le verger, si différentes et si belles...

N'est-ce pas comme cela dans la vie ? On côtoie beaucoup de personnes différentes, mais complémentaires par leurs qualités et leurs disponibilités.

C'est ensemble, c'est avec toi qu'il nous faut bâtir d'un même cœur pour que la vie soit belle.

Quelle sorte de pomme suis-je ?

Auteur inconnu

Les regrets ne servent à rien

La perte d'un emploi est, la plupart du temps, perçue de façon plutôt dramatique. Serait-ce le manque de confiance en son pouvoir personnel qui fait craindre le pire ? Si une personne base sa réussite sur ce qu'elle veut vraiment et sur ce qu'elle vaut, et qu'en plus elle vise à mettre à profit ses talents et habiletés, la perte d'un emploi peut s'avérer un merveilleux cadeau déguisé. Pourquoi ? Réfléchissez bien… Vous pouvez inscrire sur une feuille ce qui vous vient à l'esprit.

- Est-ce la fin d'un emploi dont le salaire plafonnait ?
- Est-ce la fin d'un climat de travail orageux qui vous faisait perdre beaucoup d'énergie ?
- Est-ce enfin l'occasion de démarrer votre propre entreprise et de réaliser ce que vous avez toujours souhaité ?
- Est-ce l'occasion de suivre de nouvelles formations en accord avec vos goûts ?
- Est-ce enfin une chance de sortir d'une pièce fermée qui ne permettait jamais de voir le soleil lors des beaux jours d'été ?
- Est-ce une chance de faire quelque chose de réellement revalorisant ?
- Est-ce que votre santé en souffrait ?
- Aimiez-vous votre travail au point que vous aviez habituellement le goût de vous y rendre ?

Si vous aimiez votre travail, sachez que votre talent est bon partout et éliminez la croyance disant que les emplois sont rares. Faux, à moins que vous n'y croyiez pas. Tout est question de perception, n'est-ce pas ? Lorsqu'elles se retrouvent au chômage, certaines personnes se disent qu'il sera difficile de se trouver un nouvel emploi car le taux de chômage est à 10 %, par exemple. Elles ne voient pas toutefois que 90 % des gens travaillent.

Voici un autre petit exercice de réflexion.

- Qu'est-ce qui vous rend heureux au travail ou qu'attendez-vous d'un emploi ?
- Quel est le plus grand plaisir véritable que vous en retirez ?
- Quel type de poste voulez-vous ?
- Quel genre de tâches vous stimulent ?
- Quel salaire voulez-vous ?
- Combien d'heures par semaine voulez-vous travailler ?
- Votre travail actuel est-il source d'enchantement ou de désillusion ?
- Vous permet-il d'utiliser vos talents spécifiques et de valoriser vos passions ?
- Votre travail est-il votre seule source de revalorisation ?
- Est-ce possible de vous exprimer librement au travail (créativité, expression, etc.) ?
- Si vous êtes patron, aimeriez-vous avoir un patron comme vous ? Si oui, pourquoi ? Sinon, pourquoi ?
- Seriez-vous digne d'être imité ?

  Au travail :

  En amour :

  En tant que parent :

  En termes de joie de vivre et de plaisir :

  En ce qui concerne la qualité du temps que vous vous accordez pour vous :

  Autres (confiance en soi, détermination, relations en général, communication avec vous-même, etc.) :

  Si oui, pourquoi ? Sinon, pourquoi ? Je vous suggère d'écrire vos réponses.

C'est dans le calme que les idées de génies peuvent naître ; alors, vous en offrez-vous assez ?

Plus on a de gratitude pour ce qui est autour de soi, plus les occasions se présentent, car on magnétise positivement les choses au lieu de les repousser par l'amertume. Après tout, chaque expérience nous a servi à mieux nous connaître et à avancer. Il n'y a rien de bien ou de mal, tout dépend de notre perception.

Pensée

« Les choses ne changent pas, c'est nous qui changeons. »

Henry Thoreau

L'importance de l'équilibre

Supposons qu'un jeune homme vit une peine d'amour vers le milieu de la vingtaine et se dit : « J'en ai assez. Dorénavant, c'est à ma carrière seulement que je vais me consacrer. » Imaginez que cet homme atteint une belle réussite professionnelle et financière depuis près de trois ans. Il a délaissé ses amis et ses loisirs pour atteindre des sommets dans l'entreprise qui l'embauche. Soudain, celle-ci est vendue et son poste est soudainement aboli. Que risque-t-il de se passer si sa source de motivation est centralisée sur son emploi ?

C'est bien de mettre l'accent sur le travail pour atteindre l'abondance financière, mais à quel prix ! Est-ce l'abondance totale si la personne oublie de s'investir ailleurs dans sa vie ? Cela ne veut pas dire qu'il aurait dû reformer absolument un couple. Il aurait plutôt eu avantage à entrevoir la situation avec une vision globale qui laisse place aux loisirs, aux plaisirs, à la bonne forme physique, etc.

La chute que crée une nouvelle de congédiement foudroie souvent bien des gens qui ne sont pas munis de solutions de rechange et qui négligent de baser leur destinée sur leur confiance intérieure.

Je le répète, nous devons prendre soin tant de notre aspect spirituel, physique, émotionnel, affectif, social que professionnel pour maximiser notre bonheur.

Certaines personnes peuvent en arriver à fonctionner dans un travail qui les excite peu. Pour ce, elles s'assurent que le plaisir est bien présent hors de ce contexte. Elles sauront trouver des sources de satisfaction au sein de leur famille, de leurs amis et de leurs loisirs. Si, malgré tout, l'enthousiasme est à zéro pour se rendre au travail, soit que l'attitude est à revoir, soit qu'il est temps de passer à un autre choix professionnel.

Pensée

La persévérance est le pont qui relie l'effort au succès.

Les différents aspects de la vie

Voici un bref aperçu de ce qu'on retrouve sous les différents aspects de la vie.

Sous l'aspect professionnel, on observe tout ce qui concerne le travail, bien sûr. On peut aussi y inclure, par ricochet, l'aspect financier qui, lui, s'accorde à votre salaire, aux autres sources de revenu provenant d'un passe-temps, aux revenus de placements, etc. Bref, on y retrouve ce qui concerne le côté matériel de votre vie, par exemple les loisirs que vous pouvez vous offrir, votre maison, votre véhicule, votre habillement, etc.

Sous l'aspect affectif, on peut penser à votre vie intime, à votre famille immédiate et à vos amis. Suit de près l'aspect social qui englobe votre vie extérieure, vos loisirs, vos relations avec les collègues, les connaissances, votre participation à certains regroupements, etc.

L'aspect physique, quant à lui, englobe votre santé, votre forme en général et votre allure. On peut aussi le résumer par votre niveau d'énergie ou de vitalité habituel.

Enfin, l'aspect spirituel touche votre vie intérieure, vos croyances, vos façons de vous ressourcer, bref, tout ce qui relève de l'invisible et de votre développement personnel.

C'est tout cela qu'on appelle l'harmonie et l'abondance. À quoi bon être riche à millions si la personne y a laissé sa santé ? Si une femme, par exemple, est demeurée en retrait des activités sociales, qu'elle est restée à la maison pour élever les enfants, etc., c'est très louable. Mais si elle a négligé de penser à elle et qu'elle se retrouve tout à coup sans conjoint, que serait son sort ? Quelle merveille, les valeurs familiales, mais un grand nombre de ces personnes se retrouvent au seuil de la pauvreté si un coup dur arrive. Par ces exemples un peu difficiles, je ne veux que soulever l'importance de penser à soi, de s'aimer assez pour rester le plus fort possible, quoi qu'il arrive. Tout vient de l'intérieur, c'est indéniable, et seuls nous-mêmes pouvons construire notre forteresse et y choisir les portes que nous ouvrirons.

Histoire de réfléchir...

Murmures

Un jour, quelqu'un murmura : « Seigneur, parle-moi »,

Et un oiseau chanta.

Mais la personne n'a pas entendu.

Alors elle cria :

« Seigneur, parle-moi »,

Et le tonnerre roula dans le ciel.

Mais cette personne n'a pas écouté.

Elle regarda autour et dit : « Seigneur, laisse-moi te voir »,

Et une étoile scintilla dans le ciel.

Mais elle n'a pas vu.

Et elle s'écria : « Seigneur, montre-moi un miracle »,

Et une vie est née !

Mais cette même personne n'a pas remarqué.

Alors, elle cria désespérément : « Touche-moi, Seigneur et laisse-moi voir que tu es là. »

Sur ce, Dieu la rejoignit et la toucha.

Mais elle écarta le papillon et s'en alla...

Cela me rappelle grandement que Dieu est toujours près de nous dans les petites choses simples que nous tenons pour acquises, même à l'âge électronique. Je continue donc l'histoire.

Puis, elle cria encore : « Seigneur, j'ai besoin de Toi ! »

Et un courriel lui arriva avec de bonnes nouvelles d'encouragement.

Elle le supprima et continua à crier et à pleurer...

Ne ratez pas une bénédiction parce qu'elle n'est pas enveloppée de la façon dont vous l'attendiez.

Auteur inconnu

Multiplier ses sources de satisfaction

Il est préférable d'éviter de tout mettre ses œufs dans le même panier, comme on dit. C'est très bien d'être heureux au travail, mais si celui-ci enlève du temps à la vie de couple, à la famille, aux loisirs, etc., il y a un risque d'insatisfaction. Chaque aspect de votre vie se compare à un compte en banque d'énergie. S'il y a un manque dans un, les autres peuvent le soutenir pendant une certaine période, mais à la longue le déséquilibre risque de nuire à l'épanouissement de la joie de vivre. Si le travail, par exemple, génère de très grandes satisfactions, il n'en demeure pas moins que, s'il est le seul secteur en santé, la somme des autres insatisfactions risque de miner ce semblant de bonheur.

À l'aide de la liste suivante, réfléchissez à vos sources de satisfaction, à ce qui vous fait plaisir, même à ce qui vous passionne. Ces idées vous aideront à faire jaillir de votre esprit ce qui vous fait du bien à vous. Pour chacune, demandez-vous, sur une échelle de 1 à 10, où se situe votre note de bonheur. Prenez-vous du papier et un crayon.

Les sources de satisfaction
Avoir un budget équilibré
Voyager à l'étranger
Accomplir un travail que j'aime
Avoir plus confiance en moi
Me fixer des buts motivants
Posséder un lopin de terre en pleine nature
Vivre sur le bord de l'eau
Faire plus de sorties avec mon (ma) partenaire
Être en santé
Foncer avec détermination
Reconnaître ma valeur
Être en amour avec moi
Être en amour avec mon (ma) partenaire
Retourner aux études
Faire du bénévolat
M'améliorer un peu chaque jour
Changer certaines croyances
Croire en moi encore plus
Avoir une meilleure estime de moi
Prendre soin de ma santé
Passer plus de temps avec mes enfants
Rire plus
Me prendre moins au sérieux
Gagner plus d'argent

Pensez à d'autres sources de satisfaction importantes pour vous.

Cette réflexion vous a aidé à évaluer ce qui vous donne de l'énergie et ce qui vous en enlève. De là l'importance d'avoir pris tout le temps de bien y penser. Ainsi, vous pouvez clarifier votre situation actuelle et évoluer davantage sur la voie de votre prospérité. En créant de l'ordre, vous agissez pour réussir encore plus. Félicitations !

Maintenant, à la lumière de tout cela, quels sont les principaux éléments sur lesquels vous souhaitez le plus intervenir pour l'instant ? Encore un peu de remue-méninges… Je vous laisse y penser.

Respecter ses valeurs

Quelles valeurs édifiez-vous dans un travail ? Est-ce uniquement l'argent qui compte, ou il y a plus ? S'il est important pour vous d'avoir une souplesse d'horaire, de la liberté, de travailler de jour dans un climat jovial et que vous vous retrouviez à travailler de nuit, avec un encadrement rigide et un climat malencontreusement morose, que se passera-t-il au fil du temps ? Du désenchantement ? Pour avoir un emploi sur mesure, il est primordial d'être en accord avec soi-même. Amusez-vous à dresser la liste de vos priorités, par exemple :

- éprouver du plaisir avec les collègues ;
- vivre dans un milieu où l'entraide est favorisée ;
- gagner un salaire de tel montant (évaluez vos besoins et prévoyez un surplus) ;
- avoir un horaire flexible pour passer plus de temps avec les enfants en bas âge ;
- travailler à une distance acceptable de la maison pour ne pas avoir à passer trop de temps en voiture.

Bref, soyez précis et vous obtiendrez ce que vous voulez et serez heureux.

L'action est essentielle, sinon le coffre d'outils ne servirait pas à grand-chose.

Qu'êtes-vous prêt à faire pour réussir… et pour réussir votre vie ?

Même si vous devez accepter un emploi au bas de l'échelle, vous gravirez plus vite les échelons.

Histoire de s'amuser...

Exemple d'école adaptée aux temps modernes...

Une école d'un chic quartier de Californie et ses professeurs étaient poursuivis en justice par des parents qui voulaient que les notes de passage de leurs enfants (qui n'avaient pas réussi leur session) soient modifiées, même si ces derniers avaient été absents de 15 à 30 fois pendant le semestre et n'avaient pas accompli assez de travail scolaire. Voici le message enregistré du répondeur téléphonique de cette école, voté unanimement par le personnel :

« Bonjour, vous avez joint le service de messagerie téléphonique de l'école secondaire… Pour mieux vous aider à joindre le membre du personnel à qui vous désirez laisser un message, veuillez écouter toutes les options avant de faire votre sélection :

Pour mentir sur la raison de l'absence de votre enfant : appuyez sur le 1.

Pour donner des excuses si votre enfant n'a pas fait ses devoirs, appuyez sur le 2.

Pour vous plaindre de notre travail, appuyez sur le 3.

Pour injurier les professeurs, appuyez sur le 4.

Pour nous demander pourquoi vous n'avez pas reçu l'information incluse dans notre lettre d'invitation ainsi que dans les multiples dépliants que nous vous avons envoyés, appuyez sur le 5.

Si vous désirez que nous élevions votre enfant, appuyez sur le 6.

Si vous désirez joindre, toucher ou frapper quelqu'un, appuyez sur le 7.

Pour demander qu'on change le professeur de votre enfant pour la troisième fois cette année, appuyez sur le 8.

Pour vous plaindre sur le transport en autobus scolaire, appuyez sur le 9.

Pour vous plaindre au sujet des repas offerts à l'école, appuyez sur le 0.

Si vous avez réalisé que nous vivons dans un monde réel et que votre enfant doit être tenu responsable de son comportement, son travail en classe et ses devoirs, et que ce n'est pas la faute du professeur si votre enfant ne fait pas d'efforts, raccrochez et passez une belle journée. »

Auteur inconnu

Autosabotage égale danger

Prenons l'exemple d'une personne en congé de maladie. Elle doit visualiser ses buts en acceptant ce qui s'ensuivra, et je m'explique. Si elle veut guérir mais que, en contrepartie, elle ne désire pas retourner travailler, que se passera-t-il ? Son mental risque-t-il de prolonger son état, puisque la maladie lui sert de prétexte pour être en congé ? Assez radical comme concept, mais pourtant trop souvent réel et inconscient pour plusieurs individus.

Histoire de réfléchir...

Belle leçon de respect

Dans un avion, une femme blanche, d'environ 50 ans, s'assied à côté d'un homme à la peau noire. Visiblement perturbée, elle appelle l'agente de bord.

« Quel est votre problème, madame ?

— Mais vous ne voyez pas donc pas ? répond la dame. Vous m'avez placée à côté d'un Noir. Je ne supporte pas de rester à côté d'un de ces êtres répugnants. Donnez-moi un autre siège.

— S'il vous plaît, calmez-vous, dit l'agente de bord. Presque toutes les places de ce vol sont prises. Je vais voir s'il y a un siège disponible. »

Elle s'éloigne et revient quelques minutes plus tard :

« Madame, comme je le pensais, il n'y a plus aucune place de libre dans la classe économique. J'ai parlé au commandant et il m'a confirmé qu'il n'y a plus rien non plus dans la classe affaires. Toutefois, nous avons encore un siège en première classe. »

Avant que la dame puisse faire le moindre commentaire, l'agente de bord continue :

« Il est tout à fait inhabituel dans notre compagnie de permettre à une personne de classe économique de s'asseoir en première classe. Mais, vu les circonstances, le commandant trouve qu'il serait scandaleux d'obliger une personne respectable à s'asseoir à côté d'une personne aussi désagréable. » Et, s'adressant à l'homme noir, l'hôtesse ajoute : « Donc, monsieur, si vous le souhaitez, prenez votre bagage car un siège en première classe vous attend.

Et tous les passagers autour, qui, choqués, assistaient à la scène, se levèrent et applaudirent...

Auteur inconnu

Chapitre 9
Le défi entrepreneurial d'aujourd'hui

Mon but n'est pas de faire de ces quelques lignes un traité de philosophie corporative, mais plutôt de réfléchir à la place que l'individu s'accorde et à celle qu'il laisse aux autres pour créer une force positive.

L'entreprise d'aujourd'hui est à une étape où elle ne pourra plus ignorer le lien entre l'épanouissement personnel de ses employés et sa rentabilité. Je crois que la nouvelle philosophie entrepreneuriale est appelée à se baser sur des relations qui génèrent le succès par l'entraide et le bien-être. Que ce soit par l'intermédiaire du partage du pouvoir décisionnel ou par l'émission d'objectifs éclairés concernant le mieux-être du travailleur dans son quotidien, ou encore par le choix d'activités communes suscitant le sentiment d'appartenance à l'équipe, tout doit être prévu si l'entreprise veut parfaire sa croissance économique et respecter son personnel.

Je pense qu'un questionnement individuel s'impose, car c'est par l'implication de chacun qu'on peut plus facilement aboutir à des résultats fantastiques. Je crois aussi par expérience que les formations visant le développement des qualités du cœur sont primordiales. Dans les entreprises où je donne des formations depuis plusieurs années, j'observe à quel point des sujets comme l'estime de soi, les principes dynamiques de la prospérité, la communication interpersonnelle, la pensée positive, le rire, la santé, le langage constructif et le lâcher-prise gagnent à être traités et expliqués car ce n'est pas spontané pour la majorité des gens, et le réel mieux-être passe par là.

Le capital humain, la base

Pourtant, le coffre aux trésors de toute entreprise est en grande partie basé sur un personnel efficace et heureux. Pourquoi une entreprise réussit-elle et pas une autre ? C'est la qualité de ses idées et de son personnel. C'est pourquoi j'ai écrit le livre *Réveiller son médecin intérieur – Le mieux-être par le rire*, car la demande des clients était grande. C'est un guide pratique pour maximiser le plaisir au travail, à la maison et beaucoup plus, et il répond lui aussi à un besoin criant, tant des points de vue social que personnel ou professionnel.

Je trouve que les approches corporatives qui offrent des endroits de relaxation, par exemple un coin lecture ou un poste d'écoute de musiques variées, des vidéos comiques, un service de massage pour les épaules et le dos, une salle de défoulement par le jeu, des cours de taï-chi sur l'heure du midi, etc., sont à encourager. N'est-ce pas une façon de garder les bons employés ?

L'apport d'intervenants internes ou externes qui soutiennent les gens lors de périodes particulièrement difficiles (maladie d'un enfant, dépression, stress, décès d'un proche, mise à pied, etc.) s'avère aussi très louable. Quel être humain n'a pas besoin de se ressourcer et d'être aidé à un moment ou à un autre ? En plus, nul besoin que ça aille mal pour se ressourcer et faire place au plaisir. On entretient notre automobile à titre préventif, mais notre santé mentale et physique, elle, qu'en fait-on ? On veut être prospère, heureux, mais si on brûle la chandelle par les deux bouts, l'illusion de l'inaccessible bonheur peut manifestement s'emparer de la qualité de notre vie à notre insu. Certains diront que ces choses coûtent cher. Avez-vous pensé aux coûts de l'ignorance et des pertes engendrées par les accidents de travail, l'absentéisme, etc. ?

Histoire de s'amuser...

Un jour, trois gentils hommes asiatiques, un Chinois, un Pakistanais et un Japonais se retrouvent au ciel après s'être baignés dans un lac. Saint Pierre demande d'abord au Chinois pourquoi il est décédé. Il répond aussitôt : « Me chinoié. » Il pose la même question au Japonais, qui répond : « Japonais à nager. » Enfin, le troisième, le Pakistanais, se fait évidemment poser la même question. Il répond : « Pakistanais après moi. »

La recherche d'emploi de plus en plus évolutive

Le 22 septembre 2001, le journal *Les affaires* de Montréal publiait en page 32 : « La recherche d'emploi est devenue une activité perpétuelle qui n'est plus réservée aux sans-emploi. Les résultats d'une nouvelle recherche panaméricaine démontrent en effet que plus de la moitié des salariés (58 %) se disent en recherche d'emploi… Cette enquête fait ressortir que, parmi les salariés à la recherche d'emploi, le quart (22,4 %) est considéré comme des chercheurs d'emploi actifs. Les autres, représentant plus des trois quarts des salariés (77,6 %), sont plutôt considérés comme des chercheurs d'emploi passifs mais toujours disposés à recevoir et à considérer de nouvelles offres. »

Nous sommes à l'ère où les salariés de marque sont de plus en plus sollicités. Merveilleux pour l'individu de se retrouver dans une telle position de choix, mais pour l'entreprise, c'est une autre histoire. Voilà pourquoi les programmes de soutien basés sur les valeurs humaines sont un plus pouvant augmenter la stabilité du personnel.

Le dirigeant motivant

En matière de prospérité personnelle ou professionnelle, il ne s'agit pas seulement de faire valoir un diplôme, mais aussi la beauté réelle de sa personnalité. Le vrai bon patron ne parlera pas de son succès, mais de celui de son équipe, car s'il était seul, la partie serait loin d'être gagnée. L'humilité en affaires fait que le dirigeant évitera de se retourner vers l'extérieur quand ça va mal et vers le miroir quand ça va bien. L'équilibre et la communication seront valorisés. Est-ce les résultats qui comptent ou «l'ego-trip»? Plus le patron a de la considération pour le cœur de son personnel, plus celui-ci aura le goût de bien collaborer. Si les travailleurs se sentent exploités, alors une guerre d'idées se déclare.

On assiste régulièrement à des concours, à des remises de prix afin, par exemple, de stimuler la performance. Avez-vous déjà pensé offrir un prix du cœur, disons, pour souligner le plus beau geste pour venir en aide à un collègue ou encore soutenir celui qui amène beaucoup de joie au bureau? Le dégagement commun de cette énergie créatrice ne peut que projeter l'entreprise et les individus sur une lancée d'abondance fantastique, d'autant plus si un certain pourcentage des profits est partagé en guise de stimulant supplémentaire.

Histoire de s'amuser...

La rentabilité au travail : parfois discutable

Je suis allée au restaurant avec quelques amis il y a quelques jours et j'ai remarqué une petite cuillère dépassant de la poche du serveur lorsqu'il nous a tendu les menus.

Cela m'a paru un peu bizarre, mais je n'y ai plus prêté attention jusqu'à ce que le sommelier arrive et que je m'aperçoive que lui aussi avait une petite cuillère qui dépassait de la poche de sa chemise.

J'ai regardé autour de moi : tous les employés étaient équipés de la sorte. Quand le serveur est revenu pour prendre la commande, je lui ai demandé :

« À quoi sert la petite cuillère ?

— Eh bien, notre patron a récemment fait appel à des experts en productivité afin de passer en revue toutes nos procédures de travail. Après des mois d'analyses statistiques, ils en ont conclu que nos clients font tomber par terre leur petite cuillère 73 % plus souvent que les autres ustensiles, selon une fréquence de 3 cuillères par heure et par poste de travail. En préparant tous nos employés à cette éventualité, nous pouvons diminuer le nombre de trajets vers la cuisine et gagner du temps, presque une heure et demie de travail par personne et par service. »

Au moment où il finissait, un « chhhling » parvint de la table située derrière nous ; le serveur remplaça prestement la petite cuillère tombée par terre.

« Je prendrai une nouvelle petite cuillère à la cuisine la prochaine fois que j'irai y chercher un plat, plutôt que de faire un voyage spécial. »

Je fus très impressionnée et lui, très fier de son explication. Après quoi, il continua son service.

Pendant que mes amis commandaient, je ne pus m'empêcher de remarquer une petite corde noire qui dépassait de toutes les braguettes du personnel masculin.

Ma curiosité l'emporta et je ne pus m'empêcher de poser la question à notre serveur :

« Excusez-moi, mais pouvez-vous m'expliquer la raison de cette cordelette qui pend ?

— Oh oui, reprit-il plus bas, peu de gens ont votre sens de l'observation. Le même consultant s'est rendu compte qu'on pouvait gagner du temps dans les toilettes pour hommes aussi.

— Ah oui, comment cela ?

— Vous voyez, en attachant une cordelette au bout de notre, euh, sexe, on peut le sortir dans l'urinoir sans se servir des mains et, par la même occasion, éliminer le besoin d'aller se laver les mains, ce qui diminue le temps passé aux toilettes de 93 %.

— Eh oui, cela a du sens. »

Mais après avoir réfléchi, je ne pus m'empêcher de lui demander :

« Comment faites-vous pour le rentrer dans votre pantalon ?

— Je ne sais pas comment font les autres, mais moi, je me sers de ma petite cuillère... »

La vision humaine d'un président d'entreprise : essentiel

Nous sommes à une époque où le leadership a subi une profonde mutation. Si le président veut jouer tous les rôles sans en avoir nécessairement les compétences, il est possible que l'entreprise n'arrive pas à prendre son envol. Pensons seulement aux gens qui inventent un produit. Ils sont fabuleux sur le plan technique, mais peuvent ne pas exceller nécessairement en administration et en ressources humaines. Alors, que se passe-t-il si l'entêtement à demeurer maître de tout persiste ? De grands risques d'échec. Je connais un commissaire industriel qui cumule de nombreuses années d'expérience ; il me confirmait que c'est le fléau le plus répandu auprès des inventeurs. Ils perdent leur crédibilité à vouloir devenir un président d'entreprise sans avoir les notions pour le faire. Mieux vaut être bien et très efficace dans un rôle qui nous convient que de tenter de vouloir prouver des choses sans avoir tous les outils nécessaires.

Je me souviens d'un formateur, un jour, qui nous disait avoir dû restructurer une entreprise. Le patron critiquait tout le monde, il n'y avait jamais personne de correct ; il avait demandé à ce consultant de l'aider. En conclusion, l'intervenant lui a dit : « Mets-toi à la porte au plus vite, c'est toi le problème ». Dur sur l'orgueil, mais combien utile ! Ce geste ne lui a pas enlevé son titre de propriété, mais lui a permis de faire le point dans sa vie et de sauver son entreprise. Le stress l'avait envahi ; en plus, il n'arrivait même plus à contrôler sa propre vie. Alors, faut-il savoir faire la part des choses à temps ?

Le président doit avoir la passion des humains, sinon il serait peut-être mieux de repenser son rôle, car son abondance personnelle n'est pas totale. Nous sommes à une époque où, pour réussir, nous devons nous intéresser au bonheur de ceux qui peuvent nous aider.

Un leader efficace a une tendance naturelle à motiver les gens et à les apprécier. Envers tout être humain, on peut se poser cette question : « Qu'est-ce qui me fait bouger de l'intérieur ? » Peut-on, en tant qu'employeur, intensifier cette flamme ou l'éteindre ? Il ne s'agit aucunement ici de culpabiliser qui que ce soit, mais d'éveiller les gens à des perceptions élargies du quotidien en milieu de travail. Si l'attitude est seulement motivée par le fait de se présenter en espérant un chèque de paie, il y a peu de motivation et d'excellence dans le service

qu'offre un employé. Mais si l'individu se rend travailler en se disant :
« Aujourd'hui, je m'en vais m'amuser et faire de mon mieux pour la
réussite collective », ce sera bien différent.

Histoire de réfléchir...

Le mécanicien et le médecin

Un mécanicien était en train d'enlever la tête d'un moteur d'une moto
Harley quand un chirurgien cardiaque bien connu entra dans le
garage. Il attendait qu'on le serve quand le mécanicien lui cria, depuis
l'autre bout du garage :

« Hey, doc, je peux vous poser une question ? »

Un peu surpris, le chirurgien va voir le mécanicien qui travaillait
sur la Harley. Ce dernier se lève, s'essuie les mains sur une guenille et
lui demande : « Regardez cette machine, doc. J'ai ouvert son cœur, j'ai
enlevé les valves, je les ai réparées, remises en place et quand j'ai eu
terminé, tout fonctionnait comme du neuf. Alors, comment se fait-il
que j'ai un aussi petit salaire et que vous soyez aussi riche, alors que
nous faisons pratiquement le même travail ? »

Le chirurgien sourit et murmura à l'oreille du mécanicien :
« Essayez de faire tout ça pendant que la machine est en marche. »

Une sélection adéquate

J'ai suivi un atelier avec un psychologue industriel il y a quelques années,
et on nous apprenait que 30 % seulement des personnes engagées peuvent faire adéquatement l'emploi. Pourquoi ? Parce que trop d'em-
ployeurs embauchent la première personne à se présenter. Souvent, les
gens obtiennent leur emploi pour ce qu'ils savent et non pour ce qu'ils
sont.

Rien ne sert de fixer des objectifs si on ne prend pas soin des gens
qui auront à les appliquer. Si chacun est responsabilisé face à son
bonheur et à ses attitudes, vous bâtissez ainsi une équipe très puissante. Voici le pourquoi de ce livre. Que chacun soit un concepteur

d'abondance et de plaisir ! Évitez d'adopter ce qui vient des autres, mais pensez plutôt à adapter. De là toute la fraîcheur que réservent l'originalité et la créativité.

Histoire de réfléchir...

Les pièges du service à la clientèle

Je suis une bonne personne... mais je ne reviendrai plus ! Je suis une bonne personne. Tout le monde me connaît : je suis le genre de personne qui ne se plaint jamais, quelle que soit la qualité du service. Quand je vais au dépanneur et que la caissière jase avec mon ami pendant que je suis en train de manquer mon autobus... ou encore qu'elle semble m'ignorer lorsque j'attends pour payer mes achats en continuant le travail qu'elle effectue à temps perdu... Non, non, je ne me plains pas quand la caissière remet ma monnaie directement sur le comptoir... je la ramasse et je lui dis merci.

C'est la même chose quand je vais dans les grands magasins. Je ne pousse personne, je suis la politesse incarnée, j'essaie de penser aux autres. Si je tombe sur une vendeuse effrontée qui s'impatiente parce que je veux regarder plusieurs articles avant de décider, je garde mon calme et je lui parle poliment. Répondre à l'impolitesse par l'impolitesse, ce n'est pas mon genre.

Récemment, j'ai acheté un grille-pain ; au bout de deux semaines, il était fini. J'ai hésité avant de le rapporter au magasin, mais j'ai pensé qu'au moins, on pourrait me dire à quel endroit le faire réparer, et pour quel prix. Je n'ai même pas eu la chance de parler tellement ils étaient pressés de me dire que c'était de ma faute. J'ai souri, j'ai dit bonjour et je suis sorti.

Je ne me plains pas. Je ne me fâche pas. Je ne critique absolument jamais.

Moi, vous ne me verrez jamais faire une crise devant tout le monde, comme d'autres. Moi, je suis une bonne personne qui ne reviendra plus. Ma petite vengeance, c'est ça. Je prends ce que vous me donnez sans rien dire, parce que je sais que je ne remettrai plus les pieds ici. Non, je ne me défoule pas sur vous, mais ma vengeance est bien pire. Pensez-y : une bonne personne comme moi, multiplié par toutes les bonnes personnes comme moi, ça peut vous ruiner ! Et des gens comme moi, il y en a beaucoup. Quand ils en ont assez, ils traversent de l'autre côté de la rue pour aller au dépanneur où les propriétaires ont assez de bon sens pour former le personnel à prendre soin de la clientèle. Rira bien qui rira le dernier, comme on dit. Je meurs de rire quand je vous vois dépenser votre bon argent en publicité pour essayer de me faire revenir ; tout ce que ça prenait pour me garder, c'était un peu de gentillesse et un sourire.

Donner satisfaction à vos clients, c'est la meilleure occasion de vous enrichir. Gagner des clients, c'est très simple : il suffit d'un peu de courtoisie.

Chapitre 10

S'ouvrir au changement

Un nouveau tremplin

À un moment de ma vie, je travaillais dans une entreprise. J'avais appris beaucoup, mais le climat à l'interne s'était passablement terni et je me disais : « Il va falloir que je fasse quelque chose, je ne suis plus heureuse ici. » Le temps passait et j'avais toujours espoir que les choses se replacent, mais non.

Après une restructuration, je me suis « enfin » retrouvée face à une autre avenue qui est devenue merveilleuse. Si je fais aujourd'hui un travail qui me passionne et que j'écris ce livre, c'est grâce à cela. Si un monde sans frontières s'est ouvert à moi, c'est une fois de plus grâce à cela. Si j'ai maintenant du plaisir, que je travaille en m'amusant et en riant avec des milliers de gens, c'est aussi parce que cet événement est arrivé. Je donnais déjà des conférences depuis un bon bout de temps de façon parallèle, mais la voie s'est alors ouverte totalement et de façon merveilleuse pour devenir un emploi à temps plein. Alors, tout comme le roseau, si on est flexible, on résiste beaucoup mieux au vent.

Histoire de réfléchir...

Deux personnes furent un jour engagées pour aller vendre des chaussures en Afrique. La première personne arrivée là se dit : « Il n'y a rien à faire ici, tout le monde marche pieds nus. » La deuxième arriva et se dit : « Il y a une fortune à faire ici, car personne ne porte de chaussures. »

Alors, comment perçoit-on la vie, notre vie ? Sur quoi doit-on mettre l'accent ?

Voir les choses en face

Si le climat au travail est tendu, peut-être est-ce en raison du reflet de votre miroir intérieur. Ou encore pourquoi vos inspirations profondes ne sont-elles pas comblées à cet endroit ? J'ai eu à me poser cette question et à faire du ménage ; c'est pourquoi je comprends et j'ai vécu ce que je partage avec vous aujourd'hui. Bien sûr, je maîtrise mieux, maintenant, certaines choses que d'autres, tout comme vous, mais quand on est conscient, on se ramène plus facilement sur la bonne voie.

Est-ce tout simplement la peur du changement ou de l'inconnu qui vous limiterait ? Si tel était le cas, le désir de foncer vous allumerait-il profondément ? Certains préféreront avoir un petit salaire assuré que de prendre le risque d'en avoir un plus grand en plongeant dans une avenue nouvelle. Chacun sa personnalité.

Nous n'avons aucunement à juger tel ou tel comportement, car chacun fait du mieux qu'il peut avec les ressources qu'il possède et au point où il en est rendu dans sa vie. Évitons de nous juger, car nous n'avons aucunement de temps à perdre avec cela. Cependant, si on veut démasquer les embûches susceptibles de nuire à son avancement, c'est bien d'en parler ouvertement.

Donc, pour en revenir à mon exemple personnel, deux jours après avoir quitté cette entreprise, j'étais déjà en route vers des relations d'affaires qui font qu'aujourd'hui, je suis très heureuse à exercer mon travail. Cet emploi, je l'ai créé de toutes pièces en fonction de mes goûts et de mes aptitudes, c'est merveilleux. Je l'ai fondé sur l'enseignement du mieux-être par le rire, l'abondance, la confiance en soi, la gestion du stress, le lâcher-prise, l'amour de soi et des autres, etc., car ces sujets me passionnent énormément. L'écriture a pris tout son sens aussi.

Faire ce qu'on aime

Si on fait ce qu'on aime, on en retire tous les bénéfices dont on a besoin, car les résultats et l'abondance sont les sous-produits de l'amour qu'on y porte. Pour en revenir aux pertes d'emploi, il est bien d'envisager qu'elles peuvent s'avérer des occasions merveilleuses pour qui sait les saisir et les comprendre. Il nous faut véhiculer ce message d'espoir aux gens. Ce sont des occasions potentielles de devenir créatif, dynamique et réellement heureux. Je me souviens que j'étais tellement désillusionnée que je n'arrivais même plus à penser et je me demandais si un jour je serais encore capable d'avoir des idées tellement ce milieu me demandait de l'énergie. Mais personne d'autre que moi ne m'avait mise là.

Qu'aimez-vous faire plus que tout ? Quels sont vos talents particuliers (bricolage, chant, comptabilité, mécanique, peinture, relation d'aide, soudure, cuisine, communication, etc.) ? Exploitez-les dans la joie : vous serez heureux et surpris des résultats.

Pensée

L'important n'est pas de tout savoir, mais de comprendre et d'appliquer ce que l'on sait déjà.

Lâcher prise

Quand une situation du genre vous arrive, pensez à souhaiter du bien à ceux qui sont impliqués dans le processus au lieu de leur souhaiter de la malchance pour ce que vous croyez qu'ils vous ont fait. Tout ce qu'on juge nous revient, car cette énergie doit d'abord passer par nous, c'est nous qui la créons. Le seul pouvoir d'abaissement que quelqu'un peut avoir sur soi est celui qu'on lui accorde.

Lorsque vous ressentez de l'énergie négative, imaginez que vous l'illuminez et la transformez en argent, en travail, en amour ou en santé et que vous la lancez dans les airs pour que quelqu'un perçoive vos vibrations. Magique, essayez. Vous ferez d'une pierre deux coups. Vous désamorcerez ce qui vous dérangeait et activerez l'énergie de réalisation.

Les enfants tentent de vous aider

Il vous arrive peut-être parfois de rentrer du travail avec les nerfs à vif. Avez-vous remarqué que vos enfants risquent d'être plus turbulents ces soirs-là ? Deux phénomènes se passent. Ils veulent votre attention, certes, mais ils absorbent vos surplus de stress et les évacuent à leur façon en étant plus actifs ou turbulents. Soyez plus calme et ils le seront, ou jouez avec eux et vous évacuerez les tensions plus rapidement. Les enfants sont comme une éponge sur laquelle s'impriment les parents, et ce, à bien des points de vue.

Les besoins de base

Le changement est naturel et même vital. Le problème, c'est la résistance que plusieurs lui posent. Nous pouvons vivre le changement harmonieusement si notre personnalité est harmonieuse. Mais comment l'harmoniser ? Nous avons tous des besoins de base, mais les comble-t-on avec amour et respect pour nous-mêmes ?

Voici les principaux besoins de base :

- bien s'alimenter avec une nourriture saine et équilibrée ;
- boire suffisamment ;
- bien dormir ;
- respirer avec calme ;
- apprendre de nouvelles choses (vivacité d'esprit, nourriture mentale) ;
- être créatif (laisser émerger les nouvelles idées et intuitions) ;
- avoir une bonne élimination de ses toxines ;
- faire suffisamment d'exercice ;
- avoir des contacts physiques avec autrui (toucher) ;
- avoir du plaisir, rire ;
- se relaxer ;
- avoir des loisirs amusants et ressourçants.

Donc, chaque jour, demandez-vous si vous avez donné suffisamment de place à chacun de ces besoins, car ils sont à la base du mieux-être. Le changement, c'est d'abord une question d'attitude, surtout envers vous-même.

Vous avez probablement déjà entendu raconter des histoires vécues où des petits bébés qui étaient peu touchés voyaient leur développement en souffrir, comparativement à ceux qui étaient remplis d'affection. En tant qu'adulte, on a aussi besoin de contacts.

Je fais faire des prises de conscience caricaturées sur ce sujet en salle, car autant on a besoin d'être touché, autant il y a fuite de ce contact. Je dis aux gens : « Avez-vous remarqué que, souvent, on frôle quelqu'un accidentellement et qu'on s'en excuse ? » Quelle aberration ! C'est comme si un humain était une étrange créature qu'on se doit d'éviter de trop près. Quand je frôle ainsi quelqu'un, je suis portée à tourner le tout en blague et à lui dire que ça m'a fait plaisir d'établir le contact avec lui, ou encore je dis : « Bonjour, c'est une façon comme une autre de s'aborder et de se parler. » En salle, je fais réaliser des jeux comiques pour percevoir ce phénomène, ce qui éveille bien des réalités.

Quand je parle des contacts physiques, il me vient une petite anecdote qui m'est arrivée dans une épicerie ; je suis certaine que vous vivez vous aussi chaque semaine des situations semblables. J'étais dans une allée, et il y avait une dame qui bloquait le passage et ne s'en apercevait pas tellement elle était concentrée sur un produit. Quand elle m'a aperçue, elle s'est excusée de plus belle. Je lui ai souri et je lui ai dit : « C'est correct, madame, j'étais juste à la veille de crier très fort pour vous faire honte devant tout le monde. » Elle est partie à rire, et cela « a fait sa journée ». Le raconter comme cela n'a pas l'énergie comique du moment présent, mais voilà un bel exemple de la façon dont on peut parler aux gens spontanément tout en leur faisant du bien.

Histoire de s'amuser...

Une fée dit à un couple marié : « Pour avoir été un couple si exemplaire depuis 25 ans, je vous accorde à chacun un vœu ». La femme dit alors : « Je voudrais faire le tour du monde avec mon mari adoré. » La fée agite sa baguette magique, et abracadabra, des billets d'avion apparaissent dans la main de la femme. Au tour du mari maintenant : « Euh, c'est un instant très romantique, mais une occasion comme celle-là n'arrive qu'une fois dans la vie. Alors, je suis désolé, ma chérie, mais j'aimerais avoir une femme de 30 ans plus jeune que moi. » La femme est terriblement déçue, mais un vœu est un vœu. La fée agite sa baguette magique, et abracadabra ! Soudain, le mari se retrouve à 90 ans !

La hiérarchie

Une des grandes causes de stress est étroitement liée à la relation de domination mutuelle que les humains entretiennent. Notre structure sociale véhicule énormément la hiérarchie. Certes, il en faut mais pour autant que ce soit hors de l'abus de pouvoir. On n'a qu'à penser à la relation employé/employeur, enfants/parents, au vouvoiement, etc. Il n'y a rien de bon ou de pas bon, car tout est dans la perception. Voici mon point de vue à ce sujet.

Lorsque j'ai eu mes enfants, une fille et un garçon qui sont aujourd'hui de jeunes adultes, je me suis dit qu'en aucun temps il n'y aurait autorité dominatrice de la part de leurs parents, et ce fut toujours appliqué. Mes enfants, ce sont mes amis. Je suis là pour les aider à grandir en beauté et en sagesse, et non pour en faire une copie de moi-même. Mais, dans la vie, est-ce que bien des gens veulent diriger obstinément les enfants vers ce qu'ils pensent être bons pour eux ? Les enfants sont de grands sages, de grands enseignants, et il faut les écouter tout en les encadrant. Je me suis toujours dit que la crise d'adolescence était une des pires croyances sociales qui soient véhiculées et que c'est justement en l'appréhendant que les gens l'attirent encore plus. Jamais il n'y a eu de crise d'adolescence avec mes enfants, car la communication, le plaisir et la relation d'âme à âme ont toujours eu la priorité.

Nous vivons une complicité à peine descriptible tellement elle est profonde et source mutuelle d'épanouissement et de maturité. Certes, je suis consciente que des changements métaboliques influencent le développement de nos jeunes, mais j'ai la preuve que l'aspect psychologique ressort grand gagnant quand il est valorisé.

Le vouvoiement

Vous conviendrez que le vouvoiement pourrait facilement susciter un débat bien animé. Pour plusieurs, vouvoyer quelqu'un, c'est lui accorder respect et je comprends cela. J'ai d'ailleurs à le faire moi aussi avec des gens qui me sont moins familiers ou lors de relations d'affaires. Bien sûr, c'est une prudence pour éviter de froisser qui que ce soit et cela relève un peu de l'éthique professionnelle. Mais ma perception profonde est un peu différente. Je me dis que, dans le cœur de chaque être humain, il n'y a pas de hiérarchie. J'en ai même eu un cas de conscience en démarrant l'écriture de ce livre. J'avais à décider si j'utiliserais le « tu » ou le « vous ». J'ai finalement opté pour la norme, le « vous », mais j'y ai sérieusement pensé. Dans un prochain livre, j'utiliserai possiblement le « tu ».

J'ai une idée! Dans les prochaines lignes, j'ai le goût de faire un spécial. À toi qui me lis, je vais te faire partager un petit bout en te tutoyant. Je te souhaite de bons moments à me lire et, spécialement pour toi aussi, je t'adresse mes vœux d'abondance, de santé, d'amour, de bonne humeur et de rire au quotidien. Ah, voilà, ça m'a fait du bien et à toi aussi peut-être. Que « voulez-vous-tu », c'est mon petit côté taquin.

Nous sommes tous sur la terre pour une chose : être heureux et partager ce que nous sommes au plus profond de notre beauté intérieure même si, vous en conviendrez, le climat social planétaire est malheureusement bien différent. Alors, pourquoi mettre qui que ce soit sur un piédestal ou créer des barrières par l'utilisation du langage? Certains diront que c'est une question de respect une fois de plus.

Il me semble entendre les professeurs parler de ce qu'ils vivent et de cette pertinence pour eux. Je les comprends et les respecte sincèrement, car ce n'est sûrement pas toujours facile de gérer des groupes hétéroclites.

Pensée

On commence à être âgé lorsqu'on prend un plaisir grandissant à entendre dire qu'on a l'air jeune.

Les valeurs dans nos écoles

La valorisation des valeurs humaines serait-elle parfois à prioriser encore davantage pour maintenir un meilleur équilibre ? Nos enfants sont surchargés. Ils passent leur journée à l'école, sont couverts de devoirs en soirée quand ce n'est pas les activités parascolaires, les sports ou d'autres cours qui les occupent. Leur reste-t-il du temps pour jouer et vivre leur enfance ? Que seront-ils à l'âge adulte ? Pour certains mieux nantis intérieurement, ce sera l'équilibre, mais pour d'autres, cela pourrait risquer de devenir une source de désenchantement car une vie trop lourde devient difficile à porter. Bien des facteurs entrent en ligne de compte, mais loin de moi le but de dresser un portrait de société détaillé.

J'ai écouté récemment une émission de télévision où une école permettait aux enfants de s'asseoir sur de gros ballons en classe. On y démontrait réellement que les jeunes apprenaient mieux, se sentaient plus valorisés car on leur faisait confiance quant au bon usage de cette permission. Comme toute personne, plus un enfant sent qu'on le voit comme un individu à part entière et non comme plus petit que soi, plus il collabore. Et c'est en se sentant aimée et considérée qu'une personne grandit harmonieusement. On dit souvent qu'il est nécessaire de commencer par s'aimer soi-même, mais comme on vit en société, on ne peut nier que les relations affectives nous nourrissent et nous font du bien. D'ailleurs, elles figurent dans les besoins de base.

Pour en revenir au vouvoiement à l'égard des professeurs, je sais qu'il tend actuellement à revenir. Je me rends compte que je risque de déranger en m'exprimant ainsi, mais est-ce vraiment nécessaire de se servir de cet outil pour attirer le respect des enfants ? Je trouve tellement que l'utilisation du « tu » donne un sentiment de rapprochement et de complicité, alors pourquoi s'en passer ? Je me souviens d'un reportage dans lequel on mentionnait que, dans certaines écoles, des professeurs complices depuis plusieurs années ont commencé à se vouvoyer pour donner l'exemple aux enfants. Ce ne devait pas être facile, et le rire en venait même à se manifester de façon impromptue. Plusieurs enseignants assistent à mes conférences, et la plupart me confirment que le tutoiement crée une relation d'amitié et de complicité beaucoup plus chaleureuse. Je pense que la solution la plus efficace pour faciliter les relations enfants/professeurs/parents est d'instaurer dans les écoles des cours qui abordent le mieux-être par la communication, le plaisir, le rire, mais encore plus des cours qui aident à savoir être et à savoir devenir, plutôt qu'à savoir faire.

On n'a qu'à penser à des concepts comme l'estime de soi, le pouvoir du moment présent, la gestion des émotions, la puissance de la pensée positive, la gestion du stress, la flexibilité face aux changements, les adaptations à la séparation des parents, l'amour de soi, les mécanismes d'autodestruction, l'attitude positive, etc. Ces notions sont aussi importantes que le français et les mathématiques. Rien ne sert d'obtenir de très belles notes si le cœur est triste. Je pense que tous les enfants devraient pouvoir accéder à des notions de vie intense et mieux se comprendre pour ainsi mieux comprendre et gérer leur devenir.

Je sais qu'il y a de plus en plus de prises de conscience et qu'un certain mouvement semble prendre forme, mais je dis à tous les professeurs de s'offrir ce cadeau pour eux et pour les enfants. Pour eux, car en enseignant ces valeurs, on s'allie à une complicité merveilleuse avec grands et petits. On donne de l'espoir, de la lumière aux autres et c'est très nourrissant pour soi. Cette approche en milieu scolaire serait, à mon avis, sécurisante pour les jeunes, car elle leur fournirait des outils fabuleux pour solidifier leur monde intérieur, et serait un meilleur gage de succès à long terme.

À propos du tutoiement, je peux vous raconter quelque chose que je vis régulièrement. Lors de chaque conférence que je donne, les gens peuvent se procurer mes volumes en salle. C'est à plus de 99 %, donc la majorité, que les gens veulent une dédicace au « tu », par exemple « Spécialement pour toi, Gaétane », et ce, peu importe l'âge.

Histoire de réfléchir...

Les amis

Si je pouvais attraper un arc-en-ciel, je le ferais juste pour toi. Et je partagerais ainsi avec toi sa beauté les jours où tu es mélancolique. Si je pouvais, je construirais une montagne que tu pourrais considérer comme ta propriété. Un endroit où trouver la sérénité, un endroit où l'on peut être seul. Si je pouvais prendre tes problèmes, je les jetterais à la mer. Mais je me rends compte que toutes ces choses sont impossibles pour moi : je ne peux pas construire une montagne ni prendre un arc-en-ciel lumineux. Mais laisse-moi juste être ce que je sais faire le mieux : un ami toujours présent.

Tout est dans la perception

Comment interprète-t-on les événements ? Comment perçoit-on les gens ? Dites-vous bien que votre environnement extérieur reflète votre monde intérieur. Voyez les autres comme ils pourraient être si tout allait bien, soit joviaux, gentils, heureux, agréables, etc., et vous les aiderez à devenir ce qu'ils sont capables d'être tant en leur inspirant cette confiance que par la circulation de vibrations énergisantes. Apprenons à faire les choses simplement et amoureusement.

Si vous vous créez des difficultés en dedans, vous attirerez des gens qui vont vous en faire. C'est ce que vous magnétiserez. Si vous vous faites du bien, vous attirerez des personnes qui rendent le bien et les bonnes occasions. On voudrait que les autres collaborent joyeusement avec soi, mais qu'arrive-t-il si on ne peut même pas bien collaborer avec soi ? Nul n'est surpris des résultats quand il est conscient de ce piège. Dans nos relations interpersonnelles, nous sommes d'abord et avant tout un individu avant d'être un travailleur ou un parent. C'est à ce niveau que l'intervention principale est importante, encore plus qu'en ce qui a trait à la logistique et à la technique.

Avez-vous remarqué, aussi, que si les choses se passent mal, plusieurs accusent l'extérieur et quand elles vont bien, ils se donnent l'unique crédit ? Pour d'autres, ce sera le contraire. À la suite des conférences que j'offre, je reçois fréquemment des commentaires de gens qui me disent : « Grâce à toi, je vais enfin bien dans tel ou tel aspect de ma vie. » Je les remercie, mais je leur dis que je ne peux rien faire pour eux, à moins que ce ne soit eux qui se prennent en main et qui aient décidé d'utiliser les outils simples proposés. Je les félicite.

Histoire de s'amuser...

Un matin, un commerçant arrive devant son magasin et y constate que la devanture est complètement fracassée. Positif et créatif, il affiche un grand écriteau sur lequel les gens peuvent lire : « Le magasin est ouvert… encore plus que d'habitude ! »

L'effet Pygmalion

Je vous suggère une approche un peu spéciale pour créer de la complicité avec nos jeunes et les gens en général. Avez-vous déjà entendu parler de l'« effet Pygmalion » qui démontre que la perception qu'on a de quelqu'un va influencer le résultat obtenu avec une tierce personne ? Voici un résumé très vulgarisé. Une étude a été réalisée un jour avec deux groupes d'élèves. Un groupe, obtenant de très faibles résultats scolaires, a été confié à un professeur à qui on a dit que ces élèves étaient super doués. Le second groupe, réellement doué, a été confié à un autre professeur à qui on a dit que ces élèves étaient très faibles. À la fin de l'année scolaire, les élèves très faibles ont obtenu des résultats supérieurs aux plus doués. Que s'est-il passé ? La perception des professeurs a influencé le tout. Les perceptions… tout un monde !

Histoire de réfléchir...

- Lorsque vous pointez un doigt vers quelqu'un, les quatre autres sont vers vous.

- « Que vous êtes chanceux d'avoir autant de succès !

— En effet, ma chance s'appelle dix années de travail, d'enthousiasme et de persévérance. »

- Un homme disait : « Je veux une femme dans ma vie. Je me sens frustré et agressif d'être seul. »

Quelle femme veut d'un homme frustré et agressif ?

Chapitre 11
La magie de l'intuition et du ressenti

L'intuition, un outil négligé

À quel point l'intuition guide-t-elle votre vie ? L'objectif, ici, vise à prendre conscience que cet outil est trop souvent sous-utilisé. Combien de fois vous êtes-vous dit : « J'aurais donc dû suivre ma première idée. » Effectivement, nous avons tous cette faculté, sauf que nous la développons à des degrés différents.

L'intuition est un puissant guide pour nous diriger vers les bonnes décisions, les bonnes personnes et les bonnes occasions. Plus on cultive le calme, le positivisme et l'écoute de son intérieur, plus on lui ouvre progressivement la voie. Cet outil est à notre service, mais bien des mythes l'entourent. Certains diront : « Ah, c'est juste les femmes qui ont de l'intuition. » Pourtant, on sait très bien que les hommes également en possèdent.

Notre esprit a un moyen extraordinaire pour communiquer avec nous. Il se sert des messages envoyés à travers notre corps. L'intuition, c'est en quelque sorte un ressenti que nous arrivons à percevoir subtilement si on est à l'écoute de soi. Mais cela va encore plus loin. Vous pouvez même ressentir bien des choses provenant de l'extérieur, être averti à l'avance d'une voie à éviter, etc.

Je pense à un simple exemple qui m'est arrivé dans mes premières années d'enseignement. Je devais aller donner une conférence dans une ville et j'avais deux itinéraires possibles pour y aller. Ma petite voix me disait de passer par tel endroit car l'autre était bloqué à cause d'un accident, et cette intuition était très forte. Je ne me suis pas écoutée et me suis tout de même dirigée vers la route que ma petite voix me disait d'éviter ; en plus, j'étais un peu pressée. Comme de fait, je me suis retrouvée à devoir faire demi-tour car la route était complètement bloquée en raison d'un accident majeur impliquant un gros camion et plusieurs voitures. Alors, ce phénomène est bien réel et c'est en jouant avec cela qu'on peut l'affiner. Tout le monde possède cette faculté, il s'agit de la développer.

Comme je le disais précédemment, l'intuition est connectée avec la partie psychique de notre esprit, je dirais même avec la partie spirituelle de votre être. C'est ainsi que le courant se rend jusqu'au corps. L'intuition permet de voir sous l'apparence des choses et donne en même temps une direction pour savoir quoi faire en fonction de ce qui a été perçu. Certains apprennent à développer cette faculté par la pratique régulière de la méditation ; cette méthode permet de rester centré en soi-même. Je tiens à signaler qu'en aucun temps l'intuition doit être utilisée pour manipuler qui que ce soit. La loi d'action/réaction s'appliquerait alors négativement.

Histoire de s'amuser...

Un homme entre dans son salon avec un chiffon et une bouteille de spray nettoyant. Il décroche un Renoir, un Degas et un Van Gogh. Avec un chiffon imbibé de spray, il efface les trois signatures et, à l'aide d'un feutre noir, il y inscrit « Martine ».

Sa femme arrive à ce moment-là et s'exclame :

« Mais tu es complètement fou !

— Ne t'inquiète pas, la rassure son mari, demain, j'ai un contrôle fiscal. J'ai tout mis à ton nom. »

Se méfier du mental

Souvent, le mental biaise notre trajectoire par tout un système de croyances et de raisonnements préconçus, basés sur nos mémoires passées, notre éducation et autres. Par exemple, quand vient le temps de prendre une décision pour expérimenter de nouvelles avenues, vous pouvez avoir mis plein de choses en œuvre, mais la petite voix du mental peut vous dire : « Tu le sais, tu n'as jamais réussi dans rien, ça ne te donne rien d'essayer ça » ou « Ta mère te l'a assez dit, tu ne feras jamais rien de bon… » Voilà une simple prise de conscience pour maximiser la vigilance. L'intuition, elle, est pure et fait abstraction des scénarios du mental. C'est en apprenant à la reconnaître et à l'utiliser qu'elle peut s'intensifier.

Le mental entraîne souvent les gens dans des réactions analytiques et envieuses. Voici un exemple de réaction superficielle face à la prospérité. Supposons que vous assistiez à la réussite matérielle d'une personne. Vous voyez sa luxueuse maison, deux chics voitures stationnées dans l'entrée pavée de pierres, son héliport, son bateau, etc. Certains seront du type à envier négativement ce genre d'individu en disant, par exemple : « S'ils pouvaient donc être surtaxés. » Ou encore d'autres émettront des commentaires du genre : « Il a dû en voler du monde pour en arriver là », etc. Vous éloigneriez votre prospérité.

À l'opposé, vous vous dites peut-être : « Mais c'est merveilleux, car pour avoir construit cette maison, il a fallu de nombreux travailleurs et beaucoup de matériaux, ce qui a fait travailler plusieurs personnes. » Une telle propriété permet effectivement de faire profiter la municipalité d'un apport en taxes intéressant, ce qui l'aide à offrir de meilleurs services. Les travailleurs qui contribuent à produire les voitures sont eux aussi avantagés quand les gens ont de l'argent pour se les procurer, ce qui assure leur emploi. Viennent ensuite ceux qui gagnent leur vie en entretenant tout cela. Ainsi, plusieurs personnes travaillent parce qu'un individu possède beaucoup d'argent.

Cesser d'envier le succès des autres

Un homme que je connais me racontait l'histoire d'un ami qui lui dit un jour : « J'ai tellement hâte de faire mon deuxième, troisième, quatrième million… » Il visait à faire travailler le plus de gens possible grâce à sa prospérité. Il possédait un domaine sur lequel il rêvait d'y aménager un terrain de tennis, un grand lac ; il voulait rénover plusieurs bâtiments, reboiser, faire de l'aménagement paysager, etc.

Mais la philosophie sociale tend plutôt à écraser et à jalouser ceux qui réussissent au lieu de s'en inspirer. Trop de gens critiquent leur employeur en le qualifiant de ci ou de ça, en le dénigrant. Cette attitude correspond au proverbe qui dit : « Ne mords jamais la main qui te donne à manger. » Remercions plutôt l'expérience et souhaitons du bien aux autres autant qu'à soi.

Histoire de s'amuser...

Le marathon...

Une femme voyait son amant le jour pendant que son mari était au travail. Un beau jour, elle est au lit avec lui lorsqu'elle entend la voiture de son mari.

« Vite, crie-t-elle à son amant, ramasse ton linge et sors par la fenêtre.

— Je ne peux pas faire ça, il pleut dehors, et je suis tout nu !

— Dépêche-toi, insiste la femme, si mon mari t'attrape ici, il va nous tuer tous les deux. »

Alors, l'homme prend ses vêtements en vitesse et sort par la fenêtre, tout nu. Comble de malheur, il se retrouve au beau milieu d'un marathon ! Essayant de se fondre dans le groupe, il se met à courir. Le coureur à côté de lui le regarde et lui demande : « Excuse-moi, est-ce que tu cours toujours tout nu ?

— Oui, répond le gars, j'adore sentir le vent sur ma peau nue. Ça me donne de l'énergie.

— Et tu apportes toujours tes vêtements dans tes mains ?

— Oui, comme ça, quand je finis la course, je peux m'habiller et rentrer chez moi.

— Et... est-ce que tu portes toujours un condom quand tu cours ?

— Seulement quand il pleut ! »

Se centrer pour mieux ressentir

Se centrer signifie entrer dans un état temporaire dans lequel vous ne pensez qu'à vous-même. Pour l'expérimenter, prenez quelques bonnes respirations et instaurez simplement le calme en vous avec paix et joie. Vous pouvez imaginer que tout est en harmonie à l'intérieur et que vous êtes bien branché sur ce que vous ressentez. Affirmez que vous détournez votre intellect pour un moment et que vous êtes ouvert à ressentir votre sagesse intérieure, très intuitive. Autant un lac peut être agité en surface, autant il est calme en profondeur.

Vous pouvez peut-être vouloir ressentir les motivations réelles de la personne avec qui vous pensez transiger, ses désirs, ses buts ; pressentir les résultats à court et à long termes de cette association ; reconnaître sa bonté, sa franchise et son honnêteté véritables, ses forces et ses faiblesses cachées, etc.

Vous pouvez faire cet exercice tant en présence qu'en l'absence de cette personne. Imaginez que vous voulez la ressentir, que vous visualisez son visage et percevez son énergie, comme si une grande enveloppe invisible l'entourait. Même chose pour vous. Vous visualisez cette grande enveloppe d'énergie autour de vous, créant une ouverture de réceptivité.

Vous voulez seulement ressentir et non capter ses malaises. Soyez vigilant à ce propos. Vous pouvez imaginer que vous avez un boyau d'énergie qui vous relie à l'autre personne à partir du plexus (centre d'énergie situé à la hauteur de l'estomac). Personnalisez cet exercice selon votre aisance. Remettez le tout en place à la fin de l'exercice, puis coupez le lien.

Cas vécus personnels

Je partage maintenant avec vous quelques exemples de situations où l'intuition et le ressenti m'ont révélé des choses assez particulières.

Un jour, je participais à une activité ; une personne tenait dans ses mains trois cartes sur lesquelles étaient inscrits le nom de quelqu'un, la ville où il demeurait et le problème physique qu'il présentait. J'avais à évaluer chaque cas en ne sachant que le nom de la personne. La ville m'était mentionnée juste pour m'assurer que je ne connaissais pas cette personne.

Je me suis donc imaginé que la première personne était devant moi. J'ai pris mes mains et j'ai palpé son énergie en commençant par le haut de sa tête, puis en descendant. Sitôt arrivée à la hauteur de ses yeux, j'ai ressenti un grand froid d'un côté ; j'ai alors conclu à une cécité, et c'était le cas. On m'a ensuite montré le bas de la carte sur laquelle j'avais lu le nom ; il y était inscrit que cette personne était aveugle d'un œil.

J'ai refait le même exercice une deuxième fois avec une autre personne. J'ai procédé encore en ressentant et en visualisant son énergie à partir du haut de la tête et en descendant progressivement. Soudainement, j'ai ressenti un grand courant froid et comme une absence au bas de son corps. Je lui ai dit : « Je ressens que cet individu a les deux jambes coupées et que c'est arrivé dans un accident de voiture. » Il avait les deux jambes coupées ; on ne disait pas comment c'était arrivé, mais mon intuition avait été très forte.

Le troisième cas fut assez dérangeant. Peu importe où je tentais de palper l'énergie de cette personne, il y avait un vide et un grand froid. Et pour cause : elle était décédée.

Invisible mais réel

J'ai déjà entendu des gens dire : « On sait bien, vous avez l'imagination fertile, ça ne se peut pas, ces affaires-là. » Ne vous laissez jamais influencer par des commentaires désobligeants de la sorte, car il est possible que toute personne soit portée à rire d'une chose qu'elle ne comprend pas et ne maîtrise pas. C'est malheureusement dans la nature humaine de descendre les autres pour se valoriser. Évitez d'embarquer dans ce jeu. L'imagination est la faculté intérieure qui permet d'activer nos pensées, nos désirs et nos actions et, surtout, nos images mentales. Elle est le chemin qui communique avec le conscient et l'inconscient.

« Nous avons échappé les crabes de la cage ; vite, aidez-nous. »

Un passant s'écria : « Restez calmes, ce sont des crabes négatifs et envieux ; aussitôt qu'il y en aura un qui voudra aller trop loin, les autres vont le ramener en cage. »

Capter les malaises des autres ?

Je me souviens d'une journée où, soudainement, je m'étais mise à avoir mal à un genou de façon marquée. Je me disais pourtant qu'il n'y avait aucune raison apparente à cela. Jusqu'à ce que je me demande s'il se pouvait que quelqu'un pense à moi à ce moment tout en éprouvant un problème au même endroit. Comme je donne de la formation depuis plusieurs années, il est fréquent que les gens s'inspirent mentalement de mes propos et pensent à moi par le fait même.

Le visage d'une personne m'est effectivement venu en tête. Le soir arrivé, je donnais une conférence, et je vois entrer cette dame en béquille et qui me dit : « Si tu savais comme j'ai pensé à toi aujourd'hui. » Je lui ai répondu : « Je sais, tu as eu un accident au genou aujourd'hui, n'est-ce pas ? » Toute surprise, elle m'a demandé comment il se faisait que je savais cela. Je lui ai simplement expliqué le phénomène du ressenti.

Se protéger contre ces choses est important. Par exemple, vous pouvez être en train de faire des courses, quelqu'un vous adresse la parole et soudain un mal de tête vous envahit. Peut-être que celui-ci vient de cette personne et que vous en avez capté le ressenti. Ne me croyez pas, vérifiez-le. Si c'est le cas, il disparaîtra aussitôt que vous le neutraliserez en pensée.

Je me souviens aussi d'une autre expérience alors que j'étais adolescente et que je commençais à comprendre encore plus ce phénomène. Je me retrouvais à des centaines de kilomètres de chez moi (la distance n'a pas d'importance : même à des milliers de kilomètres et plus, on peut ressentir) et, tout à coup, vers 15 heures, une image m'a montré un accident qui venait d'arriver et qui concernait une de mes sœurs. Dès que j'ai pu trouver un téléphone, j'ai vérifié cette perception ; en effet, l'ami de ma sœur venait d'avoir un accident de voiture et il était légèrement blessé.

Je pourrais vous raconter d'autres anecdotes de ce genre, mais je ne vise ici qu'à faire rejaillir vos propres souvenirs où votre intuition a été révélatrice, et à la stimuler dans votre réalité actuelle.

Repérer les signaux

En ce qui concerne le plan financier, le même principe s'applique. Vous avez une transaction à faire ? Activez les même processus et, surtout, restez attentif à ce qui se passe en vous en tout temps. Bien des signaux extérieurs peuvent aussi servir de messagers. En ouvrant un journal, vous pourriez voir quelque chose qui vous inspire, ou encore ce peut être les mots prononcés par une personne, etc. La vie est bien coquine dans ses détours.

Histoire de réfléchir...

Pensez-y bien...

Une vieille légende indienne raconte qu'un brave trouva un jour un œuf d'aigle et le déposa dans le nid d'une « poule de prairie ». L'aiglon vit le jour au milieu d'une portée de poussins de prairie et grandit avec eux.

Toute sa vie, l'aigle fit ce qu'une poule de prairie fait normalement. Il chercha dans la terre des insectes et de la nourriture. Il caqueta de la même façon qu'une poule de prairie. Lorsqu'il volait, c'était très bas et sur quelques mètres à peine.

Après tout, c'est ainsi que les poules de prairie sont censées voler. Les années passèrent. Et l'aigle devint très vieux. Un jour, il vit un oiseau magnifique planer dans un ciel sans nuages.

S'élevant avec grâce, il profitait des courants ascendants, faisant à peine bouger ses magnifiques ailes dorées.

« Quel oiseau splendide ! dit notre aigle à ses voisins. Qu'est-ce que c'est ?

— C'est un aigle, le roi des oiseaux, caqueta sa voisine. Mais il ne sert à rien d'y penser… tu ne seras jamais un aigle. »

Ainsi, l'aigle n'y pensa plus. Il mourut en pensant qu'il était une poule de prairie. Vous est-il arrivé de penser que vous étiez une poule de prairie ?

Auteur inconnu

Histoire de s'amuser...

Deux nigauds sont sous la douche.

« Passe-moi un autre shampooing, demande l'un deux.

— T'en as un à côté de toi, répond l'autre.

— Je sais, mais celui-là est pour les cheveux secs, et moi j'ai les cheveux mouillés. »

Chapitre 12

La prospérité et le magnétisme personnel

Le magnétisme personnel

Qu'il en soit conscient ou non, chaque être humain ressent les vibrations des gens qui l'entourent. Vous avez sûrement remarqué que vous avez parfois l'impression de connaître depuis toujours certaines personnes que vous rencontrez. D'autres vous semblent aussitôt antipathiques. Les vibrations vous influencent, que vous les compreniez ou non.

Quand on devient conscient de cette réalité, on peut la faire travailler pour soi positivement et en recueillir une multitude d'informations pour nous aider à avancer plus rapidement sur le chemin du succès. On est avisé à l'avance de bien des choses. Une seule clef : y croire et se pratiquer, et cela, personne ne peut le faire à notre place. Comme dans le sport, c'est avec l'entraînement qu'on devient bon.

Par le fait même, lorsque vous êtes en présence des autres, il est agréable de faire jaillir de vous des vibrations de succès qui soient naturelles. Si vous vous voyez humblement comme une personne heureuse, prospère et saine, les gens seront attirés par votre magnétisme. Si vous leur souhaitez du mal ou si vous avez une piètre estime de vous-même, ils le ressentiront et seront portés à s'éloigner de vous.

En affaires, votre meilleur produit, c'est vous-même. La majorité des ventes sont réalisées parce que le client est à l'aise avec le vendeur.

Donc, en présence de toute personne, considérez-la comme la plus importante pour vous au moment même où vous êtes en sa présence. Souhaitez-lui de l'argent, de l'amour, de la santé, de la paix, etc., et observez ce qui se passera. Elle aura progressivement une meilleure attitude envers vous qu'avec les autres. Tout est vibration. Si cette personne a une personnalité difficile, elle continuera possiblement d'être rébarbative avec les autres, mais elle assouplira fort probablement son attitude avec vous au fil du temps.

Histoire de s'amuser...

Quelques ironies

À vendre… auto, jamais partie l'hiver.

Demeurez-vous à la campagne ? Non, mais mon voisin a un air de bœuf.

Utilisez-vous du liquide pour laver votre auto ? Oui, de l'eau claire.

Avez-vous acheté des produits sans gras aujourd'hui ? Oui, une chemise.

Utiliser le sommeil pour devenir prospère

En vous couchant le soir, demandez à votre esprit supérieur de vous indiquer les bonnes décisions à prendre. Soyez confiant que cela fonctionnera. Ainsi, votre subconscient travaillera à votre mieux-être, et ces informations pourront devenir conscientes dans votre quotidien.

Vous pouvez aussi demander à votre subconscient de vous révéler comment réagir face à tel ou tel problème. Lorsque vous serez en action durant votre journée, soyez le plus possible en contact avec votre intérieur, à l'affût des réponses demandées. Si vous devenez trop analytique quant à la direction à prendre, il sera peu probable que le tout émane de votre intuition et de votre intérieur. Le mental ou encore une émotion quelconque « feront leur *show* ». Par contre, s'il y a un « sentiment de savoir » quant à la direction demandée, vous saurez que cette inspiration vient de votre sagesse supérieure.

Vous pouvez aussi affirmer que vous êtes toujours guidé au quotidien, durant vos activités, par une direction supérieure émanant de l'intérieur de votre être. C'est un des principes de la métaphysique. Prenez l'habitude de ressentir cette présence en vous tous les jours et vous observerez des changements magnifiques.

Au coucher, répétez-vous des affirmations positives en lien avec vos buts. Vous en retrouvez d'ailleurs des exemples à plusieurs endroits dans ce livre. Vous pouvez aussi vous monter des scénarios mentaux vibrant de bonheur et de réalisme. Votre subconscient activera ainsi cette énergie en votre faveur durant votre sommeil. Prenez cela de façon relaxe.

Histoire de s'amuser...

Deux nigauds se rendent à la chasse aux canards avec leurs chiens. En revenant, leur femme leur demande :

« Et puis, en avez-vous tué ?

— Non, c'est peut-être parce qu'on ne lançait pas notre chien assez haut. »

Histoire de réfléchir...

Le temps est précieux. Voici la petite histoire d'un fils qui veut emprunter de son père… Message très touchant !

Un jour, un père rentre chez lui après une dure journée de travail et découvre son jeune fils de cinq ans assis sur les marches de l'entrée principale. Le fiston lui dit :

« Papa, est-ce que je peux te poser une question ?

— Bien sûr que oui, répond le père.

— Combien gagnes-tu de l'heure ?

— Mais cela ne te regarde pas, mon fils.

— Je t'en prie, papa, je veux juste savoir. »

— Je gagne 35 $ de l'heure. »

Le petit garçon s'éloigne d'un air triste, puis revient vers son père.

« Papa, pourrais-tu me prêter 10 $?

— C'est pour ça que tu voulais savoir ? lui demande son père en se fâchant. J'en ai rien à faire de tes niaiseries. Si tu n'as rien d'autre à faire, va-t'en dans ta chambre. »

Ayant repris son calme un peu plus tard, le père va voir son fiston. Il lui dit :

« Écoute, j'ai réfléchi et voici 10 $ que tu m'as demandé. »

Son fils sort 25 $ de sous son oreiller. Voyant ce geste, le père se met en colère :

« Tu as tout cet argent et tu oses m'en demander. Pourquoi voulais-tu 10 $?

— Papa, c'est qu'il m'en manquait pour acheter une heure de ton temps. Demain, papa, pourrais-tu arriver une heure plus tôt et passer un peu de temps avec moi ? »

Auteur inconnu

La prospérité vue par la métaphysique

Le mot « métaphysique » signifie ce qui se passe au-delà du physique. Cette approche, pour ne pas dire cette science, vise à amener une prospérité générale à l'individu. Je détiens d'ailleurs un diplôme en métaphysique de l'Institut de métaphysique appliquée du Québec (voir référence en bibliographie). Cet enseignement se base sur la possibilité de chacun de nous de rester en communication avec l'Intelligence supérieure innée afin de maximiser nos résultats, tant sur le plan de la richesse financière que sur ceux de la santé, des amours, de la spiritualité, etc. Nous vivons à une époque absolument ahurissante où le changement accéléré et le stress chronique sont devenus des maîtres collectifs hypnotisants.

Chacun cherche le bonheur, mais trop souvent par l'intermédiaire d'une source extérieure. De là la force de la métaphysique. Elle nous ramène au centre de contrôle en nous. Elle nous permet de développer notre intuition et notre créativité. Elle aide à se centrer et, surtout, à lâcher prise. On y apprend à se voir dans un état de fonctionnalité idéale, ce qui veut dire contempler la situation ou ce qui est à améliorer, comme s'il était déjà en parfait ordre, ce qui active l'énergie de rétablissement et attire des occasions favorables. Plus on est en contact avec ce qui se passe en nous et qu'on savoure le moment présent, plus on est efficace et qu'on peut adopter une attitude juste.

Pensée

« Si ça va si mal dans le monde aujourd'hui, c'est que les gens n'ont pas encore compris la relation entre leur esprit conscient et inconscient. »

Dr William James (père de la psychologie américaine)

La valeur personnelle

Avez-vous déjà réalisé que vous êtes votre produit le plus important ? Comme je le disais précédemment, au travail, par exemple, ou dans tout autre domaine de votre vie, seriez-vous digne d'être imité ? Êtes-vous réellement un modèle authentique pour vous et les autres ? Ces questions vous semblent peut-être embarrassantes, mais elles nous font en réalité voir notre propre miroir intérieur pour le mieux.

Posséder plus d'argent suppose aussi avoir plus d'énergie, car la vitalité attire et magnétise les gens. Pensez à agir pour que les autres puissent reconnaître que vous êtes une personne qui ira loin. Il ne s'agit pas d'afficher une fausse façade, mais plutôt d'instaurer une attitude gagnante et sincère qui rayonnera de l'intérieur vers l'extérieur et attirera les bonnes occasions et l'abondance.

Malheureusement, plusieurs personnes se croient condamnées à une vie de misère et de privation par une malencontreuse force extérieure inconnue ou par le fruit d'une supposée malchance. Chacun est l'artisan de sa chance ou de sa malchance. Le subconscient transformera en son équivalent physique n'importe quel désir. L'esprit humain capte en permanence des ondes correspondant au type de pensées entretenues. Plus une personne pense positivement et qu'elle nourrit ses objectifs, plus ces derniers deviennent réalité pour son esprit et plus vite ils vont se matérialiser. Soyons vigilants, car le négatif s'installe de la même façon. De plus, toute richesse mal acquise est un cadeau empoisonné qui ne saurait durer. Toute transaction qui ne vise qu'à satisfaire les seuls intérêts de la personne ou qui porterait dommage ou lésion à qui que ce soit est vouée à une loi du retour désagréable tôt ou tard.

La force des champs d'énergie

Votre cerveau est en fait un véhicule utilisé par votre esprit, lequel est un pur champ d'énergie. En fait, toute matière physique constitue, elle aussi, un champ d'énergie. Que ce soit le corps physique, les minéraux, les végétaux, etc., tout est de l'énergie qui vibre à différentes fréquences.

Il en est de même pour les conditions et les situations de vie. Elles résultent de vibrations psychiques entretenues avec continuité. On n'a qu'à penser aux peurs ou aux émotions. Elles entravent l'épanouissement personnel, mais elles sont également des vibrations. On ne peut toucher physiquement à une peur, on la ressent. Donc, comme cette énergie ne peut être vue par la plupart des gens, plusieurs la considèrent comme une illusion ou lui confèrent un caractère utopique. Pourtant, elle a tant de secrets à nous révéler !

Le processus de la vie est en quelque sorte un échange perpétuel entre un champ d'énergie et un autre. Pensez, par exemple, à vos propres expériences télépathiques. Il vous est sûrement arrivé de répondre au téléphone après vous être dit, quelques secondes plus tôt : «Ah, c'est sûrement telle personne», et effectivement c'était elle. Tout le monde vit cela à un moment donné. Presque tous les jours, Jacques et moi disons les mêmes mots en même temps.

Le truc au quotidien, c'est d'apprendre à utiliser ces forces-là pour maximiser nos résultats en termes de prospérité générale, car elles sont porteuses d'avancement accéléré. Pour y arriver, il est important de faire le calme intérieur pour «entendre» et ressentir ce qui s'y passe. Chaque émotion ou pensée correspond à une fréquence énergétique que nous générons. Il y a toujours des vibrations présentes en nous et elles correspondent à ce que nous entretenons intérieurement.

Quand une personne nourrit des pensées destructrices envers elle et les autres, elle émet par télépathie des énergies de pensées négatives de nature correspondante, lesquelles alimentent malheureusement son esprit. À l'opposé, les pensées positives entretenues s'allient, quant à elles, à des fréquences plus hautes et attirent des résultats favorables.

Ce que les gens malheureux ignorent trop souvent, c'est que les pensées et les émotions produisent des résultats de même nature autour d'eux. En effet, leurs résultats seront positifs ou négatifs selon ce que ces personnes entretiennent mentalement. Un petit truc : faites le test d'appeler les gens par leur nom. C'est un des plus beaux cadeaux personnalisés que vous pouvez leur faire ; ce geste rapproche, incite à la collaboration et, surtout, c'est une vibration qu'ils reconnaissent et qui fait du bien.

Histoire de s'amuser...

Deux nigauds sont en voiture. Tout à coup, un oiseau en vol échappe un fiente sur le pare-brise. L'un s'exclame en disant :

«Va falloir l'essuyer.

— T'es fou ! Il est déjà rendu bien trop loin. »

Rester alerte

Nul n'est à l'abri de périodes plus négatives : nous sommes des êtres humains. À la connaissance de ces attributs de la nature, on peut minimiser les influences externes et internes désagréables, ce qui est absolument fantastique. On attire donc vers soi, sous une forme physique, ce que l'on pense mentalement.

Si on aspire à la réussite, à l'amour, à la santé, à plus d'argent, on attirera tout cela par son état d'esprit, en ayant un désir soutenu, par une attitude mentale congruente et un ressenti actif, joyeux et profond.

Si l'attitude est négative, le succès sera repoussé et les insuccès, magnétisés. Votre esprit est magnétique, que vous le vouliez ou non, c'est une loi de la nature. Il est important de cesser de s'identifier aux vieux modèles en évitant de les laisser être comme une réalité dans votre vie. Supposons qu'une pensée ou une croyance du genre « C'est impossible d'être à la fois riche et en santé » vous vienne à l'esprit. Transformez-la aussitôt en énergie positive en vous voyant maintenant libéré de cette fausseté, comme si vous enleviez un manteau qui ne vous appartenait pas. Vous pouvez également vous dire le contraire de cette croyance ancienne, soit : « Je suis maintenant de plus en plus riche, en santé et très en forme, c'est ce que je choisis. » Jouez avec vos images mentales : vous enlèverez l'emprise à ces fantômes en les démasquant.

Histoire de s'amuser...

Petites annonces et publicités inusitées

Ces annonces ont apparemment été répertoriées parmi les journaux de la région de Montréal par un professeur d'une université montréalaise.

Voici votre chance de vous faire percer les oreilles et d'obtenir une paire supplémentaire pour ramener à la maison.

L'hôtel a des allées de bowling, des courts de tennis, des lits confortables et d'autres facilités athlétiques.

Illettrés ? Écrivez-nous maintenant pour de l'aide gratuite.

Autos usagées : pourquoi aller ailleurs pour vous faire avoir ? Venez ici d'abord !

Nous ne déchirons pas vos vêtements avec de la machinerie. Nous le faisons avec soin à la main.

À vendre : une chaise haute rembourrée pouvant être transformée en table, petite chaise, cheval à bascule, réfrigérateur, manteau de printemps avec collet de fourrure.

Sur quelle fréquence vibratoire êtes-vous branché ?

Vous connaissez mon but : vous aider à ouvrir votre esprit à de nouvelles façons de penser notamment face à l'argent, afin que vous puissiez attirer en permanence la richesse et l'abondance dans tous les aspects de votre vie. Différents mécanismes d'autosabotage inconscients contribuent à ternir l'idéal de bonheur de bien des gens. C'est pourquoi le prochain chapitre vous aidera à découvrir les principaux. Vous pourrez alors encore mieux puiser dans votre pouvoir intérieur pour créer votre vie selon vos plus grands désirs.

Tout ce qui se produit dans notre vie est soumis à la loi d'attraction. Tout est relatif à la fréquence vibratoire que nous entretenons. Imaginez-vous les fréquences radio telles qu'on les connaît. Si vous voulez écouter un poste de musique rock, vous réglerez peut-être votre appareil à la fréquence 91,9 par exemple. Mais si vous voulez écouter de la musique classique, vous choisirez la fréquence 107,1.

Dans la vie, c'est la même chose. Si vous concevez vos vibrations par le négatif, vous attirerez des choses négatives ; si vous vibrez plus positivement, vous favoriserez l'abondance en tout dans votre vie.

Vous vous dites peut-être : « Oui, mais il y a des gens qui ne connaissent rien de cela et qui vivent quand même des périodes d'abondance dans leur vie. » Bien sûr, tout être humain connaît des hauts et des bas, indépendamment des connaissances acquises, mais la compréhension des lois qui régissent l'esprit aide à maintenir plus ouverts les canaux de la prospérité et à favoriser un meilleur équilibre. En connaissant ces principes, vous pouvez accéder plus aisément à un plus grand mieux-être. S'en faire et se culpabiliser ne donneraient rien quand il y a des périodes plus ternes. Je sais que notre nature humaine fait en sorte qu'il serait peut-être utopique de penser que tout le monde est beau et gentil et que toutes nos journées seront relevées d'un bonheur sans taches. On vit sur la terre et on sait comment ça se passe. De là l'importance de prendre soin de soi et de choisir le meilleur, car il est essentiel de faire sa place en soi et autour de soi pour mieux vivre, et ce, dans le plus grand respect de tous.

Histoire de s'amuser...

Un nigaud, sur l'autoroute, est en train de pousser avec peine sa nouvelle voiture. Un policier en motard l'aperçoit ct lui propose son aide : « Bonjour, vous êtes en panne ? Non, non, tout va bien, elle est toute neuve ! Alors, pourquoi poussez-vous votre voiture comme ça ? C'est le concessionnaire, il m'a dit : 50 en ville maximum, et toutes les semaines vous la poussez un peu sur l'autoroute. »

Aimez-vous les belles choses ?

Supposons que vous vous promeniez dans de chics magasins étalant des objets de luxe. Quelle sera votre réaction en voyant ces belles présentations ? Vous dites-vous : « Je ne pourrai jamais m'offrir cela ? » ou encore « C'est trop beau pour moi ? »

L'important, dans votre attitude, c'est que vous réalisiez entre autres que vous aurez toujours ce que vous pensez valoir. Si vous pensez que c'est assez pour vous de vous promener dans une vieille voiture, est-ce possible malgré tout que vous fermiez inconsciemment la porte à un véhicule plus luxueux ? J'ai entendu des gens dire, parfois : « Oui, mais il faut être réaliste, avec le petit salaire que je gagne, je dois me priver. » J'en conviens que, pour l'instant, c'est compréhensible que la pensée soit ainsi. Toutefois, l'important est d'ouvrir les volets de l'esprit aux mille et une possibilités que la vie peut offrir et garder courage et patience au besoin. Tout comme la nature prend le temps pour s'éveiller au printemps, nos désirs peuvent bourgeonner jusqu'à une éclosion merveilleuse. De plus, tout ce qui est partagé dans ce livre n'exclut aucunement le besoin humain de se défouler, de laisser sortir le trop-plein et d'aller chercher une aide professionnelle au besoin.

Histoire de réfléchir...

L'illusion de la peur

- J'avais peur de l'échec jusqu'à ce que... je me sois rendu compte que j'échouais si je n'osais pas.
- J'avais peur de la vérité jusqu'à ce que... je découvre la laideur des mensonges.
- J'avais peur d'être seul jusqu'à ce que... j'aie appris à m'aimer moi-même et à prendre soin de moi.
- J'avais peur de ce que les autres penseraient de moi jusqu'à ce que... je me rende compte qu'ils auront une opinion de moi de toute façon.
- J'avais peur qu'on me repousse jusqu'à ce que... j'aie compris que je dois croire en moi-même.
- J'avais peur du ridicule jusqu'à ce que... j'aie appris à rire de moi-même.
- J'avais peur de vieillir jusqu'à ce que... j'aie compris que je gagne en sagesse chaque jour et que la jeunesse, c'est d'abord dans la tête et dans le cœur.
- J'avais peur du passé jusqu'à ce que... je comprenne et décide qu'il ne pouvait plus me blesser si je le voulais vraiment.
- J'avais peur du changement jusqu'à ce que... j'aie vu que même le plus beau des papillons devait passer par une métamorphose.

Chapitre 13

Les mécanismes de privation

Se sentir à la hauteur

Si vous êtes en présence d'une personne riche, qui porte de beaux vêtements, de beaux bijoux, comment vous sentez-vous ? À l'aise, ou inférieur, ou encore empreint à une certaine jalousie, ou heureux pour elle ? Si quelqu'un envie la richesse des autres, qu'il dénigre leur aisance ou qu'il discrédite les personnes riches ou les objets de luxe, il active son sentiment d'infériorité et ne fait que s'éloigner de la fréquence vibratoire de l'abondance.

Si vous voulez augmenter votre fréquence pour l'accorder sur celle de l'abondance, empressez-vous de vous réjouir du bonheur des autres, de leur réussite, de leur santé, de leurs amours, etc. Que se cache-t-il derrière les commentaires désobligeants, si ce n'est de la souffrance qui tente de s'exprimer par des moyens pas toujours convenables ? On ne peut nier que le désir de tout individu consiste fondamentalement à atteindre le bonheur. Je veux éviter d'élaborer sur ce sujet car il implique une multitude de perceptions, mais cessez de vous comparer avec qui que ce soit et évitez de juger les autres. Plus une personne ne se mêle pas de ses affaires, plus elle s'expose à être jugée elle aussi.

Les Sept Merveilles du monde

Un jour, un professeur demanda à un groupe d'étudiants de lui faire la liste des Sept Merveilles du monde. La plupart inscrivirent sur leur feuille :

Les pyramides d'Égypte, le Taj Mahal, La basilique Saint-Pierre-de-Rome, les chutes Niagara, la Grande Muraille de Chine, le Grand Canyon, l'Empire State Building. Alors que le professeur ramassait les réponses, il se rendit compte qu'une élève n'avait pas encore terminé. Il lui demanda si elle éprouvait des difficultés, et la jeune fille lui répondit :

« En effet, je n'arrive pas à me décider, car il y en a tellement.

— Eh bien, dis-nous ce que tu as trouvé et peut-être que nous pourrons t'aider. »

La jeune fille hésita, puis commença sa lecture. « Je crois que les Sept Merveilles du monde sont le toucher, l'odorat, l'ouïe, le goût, la vue, le sourire, l'amour et les sentiments. »

Un grand silence envahit la classe. Les choses les plus merveilleuses ne peuvent s'acheter et elles sont trop souvent victimes d'un manque d'appréciation.

Auteur inconnu

Les croyances parentales

L'éducation de bien des gens a été fondée sur la privation. Afin de reconnaître nos mécanismes de limitation, il est aussi utile de revoir comment nos parents se comportaient face à l'argent, car on tend à reproduire les mêmes modèles. Il arrive, par exemple, que les parents avaient peur d'en manquer et qu'ils avaient des croyances et attitudes comme celles-ci :

Dans la vie, on ne fait pas ce qu'on veut ;

On ne peut pas tout avoir ;

Il faut travailler à la sueur de son front ;

L'argent ne fait pas le bonheur (j'ajouterais : la pauvreté non plus) ;

J'ai un bon nom car je paie mes dettes ;

Je suis capable de faire des miracles avec rien ;

J'ai de la misère ;

On est pauvre, mais on est heureux ;

Les riches sont des escrocs et écrasent les autres ;

On n'est pas riche, mais on est honnête.

Il se peut ainsi que la personne ait appris à se revaloriser par les dettes. Il est alors difficile d'avoir une relation aisée avec l'argent et une bonne image de soi. En changeant cette croyance et en la remplaçant par le fait qu'il est possible et aisé de vivre sans dettes, donc en affirmant positivement que « l'argent vient vers moi facilement et que je bénéficie de larges surplus », on modifie les résultats favorablement.

Pensée

« L'homme est ce qu'il croit. »

Anton Tchekhov

La culpabilité

D'autres personnes vivront une profonde culpabilité, née de choses très banales. Je prends l'exemple de l'aîné d'une famille qui aurait eu plein de vêtements neufs, mais qu'un frère ou une sœur aurait eu à porter ces mêmes vêtements, usés par le temps. Il pourrait alors avoir ressenti un sentiment d'injustice par pitié pour les plus jeunes et s'être créé ainsi des modèles d'échec à partir de cela. Tout un monde à explorer que l'esprit humain et ses multiples facettes ! Malgré tout, il est important de faire les choses simplement, sans viser obstiné-ment à déterrer le passé. Mieux vaut ajouter de nouvelles ressources.

D'autres encore auront souvent entendu leurs parents dire : « Je me suis privé toute ma vie pour toi. » Ainsi, une fois adultes, ils risquent de reproduire le même modèle avec leurs enfants, croyant que c'est naturel d'agir de la sorte et cherchant inconsciemment à payer cette fausse dette psychique.

Toujours en pensant à la notion de mérite, quand vous allez au restaurant, choisissez-vous le plat le moins cher ou celui que vous avez réellement le goût de manger ? Quelle est l'importance que vous vous accordez ? Soyez alerte mentalement pour reconnaître les fois où on sabote le bonheur en laissant ces situations vous ternir l'existence.

La religion a aussi assombri le bonheur de bien des gens. On nous a souvent dit : « Le Christ a souffert pour toi » ou encore « Il est plus difficile pour un riche d'entrer au paradis qu'à un chameau d'entrer dans le chas d'une aiguille. » Quand on étudie la vraie signification de cet énoncé, on se rend compte que le chas d'une aiguille signifiait les portes d'arche des villes de Judée et que les chameaux devaient y passer. Sauf que s'ils étaient chargés, on devait enlever les bagages trans-portés pour qu'ils puissent passer, car ces portes étaient étroites. Le Christ voulait dire que plus nous serons attachés au matériel, à la cul-pabilité, aux peurs ou encore dépendants des autres pour notre bon-heur, plus il sera difficile d'atteindre la paix et la libération intérieure, c'est-à-dire le ciel. Il était donc question d'attachement et non d'argent. Vous devez désirer la prospérité, car elle est une vertu spirituelle et non un vice.

Certaines personnes qui cheminent spirituellement se disent : « Le matériel, ce n'est pas important », mais elles risquent alors de devenir réellement démunies matériellement à leur insu. Les besoins de se nourrir, de se vêtir, d'avoir un toit sont essentiels, alors la vigi-lance s'impose pour éviter de se retrouver avec moins que le mini-mum en entretenant une idée de pauvreté matérielle.

Histoire de s'amuser...

Deux individus sont au mur des Lamentations. Les deux se lamentent et pleurent...

Le premier : « Mon Dieu, s'il te plaît, fais-moi gagner cinq millions, s'il te plaît, cinq millions, allez... »

Et le deuxième : « Mon Dieu, tu sais que je n'ai pas du tout d'argent, je te demande seulement 100 francs pour vivre et manger aujourd'hui, c'est tout... »

Et chacun se lamente, sans arrêter. À un moment, le premier se retourne vers le second et lui dit :

« Bon, écoute, tiens, voilà tes 100 francs et laisse le bon Dieu se concentrer, hein ? »

Les mécanismes d'autopunition

Parmi les mécanismes d'autopunition, on rencontre souvent la maladie. Est-ce le fruit du hasard si quelqu'un, par exemple, contracte un virus en voyage et que, dans les mêmes conditions, un autre demeure en pleine forme ? Plusieurs diront que leur système immunitaire a réagi différemment ou qu'ils n'ont pas mangé la même chose. Je vous invite à penser plus loin.

Si quelqu'un a été élevé en voyant ses parents se priver, il risque d'éprouver de la difficulté à accepter d'avoir plus que les autres. Cette personne peut s'offrir des vacances dans le Sud et y passer la semaine malade dans sa chambre. Pourquoi ? Inconsciemment, elle se dit probablement que les autres membres de sa famille ne peuvent se payer cela et elle s'autopunit d'en avoir plus. À son retour, les autres sont contents de sa chance, lui demandent si son voyage a été agréable, et elle pourra répondre alors par la négative : « Si tu savais ce qui m'est arrivé, j'ai été bien loin d'en profiter. » Ainsi, elle se sentira moins coupable d'en avoir eu plus qu'eux.

Certaines personnes iront jusqu'à se faire souffrir en laissant leur attitude inconsciente leur créer un cancer ou un autre problème de santé. Il se peut que, là encore, elles se punissent d'avoir eu plus que les autres ou qu'elles tombent carrément dans le rôle de la victime. «Vous êtes chanceux, vous autres, vous êtes en santé, vos affaires vont bien, mais regarde ce qui m'arrive», diront-elles à leur entourage. La maladie est souvent liée à des émotions et à de la culpabilité profondément enfouies.

Les mécanismes de privation font en sorte qu'il arrive que, lorsque la personne a beaucoup dans un domaine de sa vie, elle se prive inconsciemment dans un autre. Chacun de nous rêve d'être heureux, à la fois en amour, en affaires, au travail, être en santé, avoir beaucoup de joie de vivre, etc. Bref, que cela aille bien à tous les points de vue. Mais avez-vous remarqué que, pour trop de gens, quand ça va bien financièrement, les amours vont moins bien ou la santé est chancelante ou encore, si les amours vont bien, le travail fait défaut ? Je suis persuadée que vous décelez déjà la structure de bien des difficultés et que vous pourrez ainsi dénouer plusieurs situations à la lumière du contenu de ces pages porteuses de vie.

Parmi les attitudes inconscientes d'autopunition, vous connaissez sûrement des gens qui éprouvent fréquemment des problèmes mécaniques avec leur automobile. Par exemple, une personne vend sa vieille voiture et s'en achète une belle toute neuve. Soudain, elle a un problème mécanique sérieux qui se présente, puis un autre, alors que pour d'autres, ce sera un accident, etc. Pourtant, cette personne n'éprouvait aucun problème avec la vieille voiture. Que se passe-t-il ? La personne se sent coupable inconsciemment de posséder de belles choses, alors il y a autosabotage.

Certains attribueront cela au hasard. Attention à cette déduction toute faite, car le hasard n'existe pas. Tout résulte de la loi de l'attraction.

Histoire de réfléchir...

Voici la très belle histoire d'un pot craqué...

Un porteur d'eau en Inde possédait deux gros pots, chacun suspendu à l'extrémité d'une perche qu'il portait sur son cou. Tous les jours, le porteur faisait toujours le même chemin pour le transport de l'eau. Un des pots était craqué et laissait fuir la moitié de son contenu, alors que l'autre était parfait et ne perdait pas une goutte tout au long du sentier menant à la maison.

Pendant deux ans, le livreur parcourut le même chemin tous les jours pour apporter de l'eau dans la maison de son maître. Naturellement, le bon pot était fier de toute l'eau qu'il apportait jusqu'à la maison, et ce, sans jamais perdre une goutte.

Mais le pot craqué était honteux et misérable de ne pouvoir accomplir que la moitié de ce pour quoi il avait été fabriqué. Après deux années de ce qu'il percevait comme une déception, il parla au porteur d'eau sur le chemin du retour.

« J'ai honte de moi et je désire m'excuser.

— Pourquoi ? demanda le porteur d'eau. De quoi as-tu honte ?

— Je n'ai pu, durant les deux dernières années, livrer que la moitié de l'eau à cause de ma fissure dans le côté, en perdant l'eau tout au long du sentier. À cause de mon défaut, vous avez à faire tout ce travail et je ne vous donne pas la pleine valeur pour vos efforts. »

Le porteur d'eau était navré pour le vieux pot fêlé et, dans sa compassion, lui dit : « Puisque nous retournons à la maison de mon maître, je veux te montrer les belles fleurs le long du sentier. »

En effet, pendant qu'ils montaient la côte, le vieux pot fêlé remarqua le soleil qui réchauffait les très belles fleurs sauvages sur le bord du chemin, et cela le consola. Mais, à la fin du sentier, il se sentait encore mal parce qu'il avait perdu la moitié de son eau et s'excusa à nouveau auprès du porteur d'eau pour sa fêlure.

Le porteur dit au pot : « As-tu remarqué qu'il y avait des fleurs seulement sur ton côté, et non pas sur le côté de l'autre pot ? C'est parce que j'ai toujours su ton défaut et j'en ai pris avantage. J'ai semé des graines de fleurs sur le côté du sentier et chaque jour, pendant ma marche, en revenant de la source, tu les arrosais. Depuis deux ans, j'ai pu cueillir ces fleurs pour décorer la table de mon maître. Sans toi, tel que tu es, il n'aurait pas ces beautés pour agrémenter sa maison. »

La peur d'abuser

Vous avez probablement remarqué un autre fait bien cocasse dans les kiosques à légumes sur le bord des routes, par exemple. Vous achetez une douzaine d'épis de maïs et on vous en donne 13. Certains diront que c'est de la courtoisie, d'autres du marketing. Il se peut aussi que ce soit la peur du maraîcher d'abuser de la clientèle.

On voit également beaucoup de gens être très mal à l'aise de facturer adéquatement pour leurs services. En acceptant de reconnaître que nos services sont offerts du plus profond de notre cœur et qu'il est normal que la vie nous récompense financièrement tout autant qu'humainement, on ouvre la porte aux richesses. Dites-vous que vous offrez aux gens une occasion heureuse de bien investir leur argent. Reconnaissez que les services que vous leur apportez sont valables pour vous et pour eux. Il se crée ainsi une meilleure circulation de l'énergie d'abondance pour vous, ce qui active la leur par le fait même.

Alors, si vous avez des services à offrir, soyez capable d'en reconnaître la valeur à tous les points de vue. Voici deux façons de voir les choses. Supposons qu'un conférencier fixe son prix à 1000 dollars pour une heure, mais prolongerait sa conférence jusqu'à 2 heures pour éviter que les autres pensent qu'il exagère. Il serait alors sur la fréquence de la privation et du non-mérite. Toujours avec le même exemple, supposons cette fois-ci qu'il demande 1000 dollars pour une heure, mais qu'il décide de prolonger jusqu'à une durée de 1 h 30 en ayant le sentiment de faire un don à la banque de l'abondance. Un tout autre résultat en découlerait, car c'est alors le plaisir qui intervient. Faire les choses de bon cœur et non par la peur crée toute la différence.

Voici un autre exemple. J'ai entendu un jour l'histoire d'un étudiant américain qui est arrivé à un cours tout excité en disant aux autres : « Je viens de gagner 500 dollars. C'est curieux, car je ne gagne jamais rien. » Dans sa culpabilité inconsciente, il s'est cassé une jambe la semaine suivante ; la facture pour les soins médicaux s'est élevée à… 500 dollars. Dommage, mais ce sont les lois de l'esprit et elles fonctionnent tant sur le plan positif que sur le plan négatif, qu'on y croie ou non.

Cesser de se justifier

Cessez de vous justifier dans ce que vous faites. Si vous offrez un service qui découle de vos talents et habiletés, que vous le faites par amour de votre travail, il est normal que l'argent soit le sous-produit de ce que vous réalisez. Il est tout aussi normal que vous soyez à l'aise de monnayer ce service à une valeur équitable. Si une personne pense que ses produits sont chers, c'est qu'au plus profond d'elle-même elle a peur d'abuser des autres. Le danger, c'est qu'en plus, nos croyances tendent à se confirmer.

Pour toute personne qui veut réellement syntoniser la fréquence de l'abondance, il est utile d'en connaître les principes de base. Visez à devenir à l'aise avec l'argent, car il constitue un moyen d'échange, une simple énergie permettant une grande liberté d'action. Pour bien des gens, l'argent est devenu un maître quand, à la base, il doit demeurer un serviteur que vous dirigez.

Je me souviens d'une situation assez évocatrice qui est arrivée dans une famille. Un homme était en instance de divorce et sa conjointe lui faisant vraiment la vie dure financièrement. Tout découragé, il est alors allé voir sa mère en lui expliquant à quel point il avait travaillé dur pour arriver à accumuler tout ce qu'il possédait et que, dans les circonstances, il se voyait devenant privé d'une très grande partie. Ne sachant plus quoi faire, mais désirant toujours divorcer, il demanda à sa mère ce qu'il devrait faire. Elle lui répondit, avec toute sa sagesse : « Si tu as été capable de gagner tout cet argent, c'est que tu sais comment faire et que tu peux encore faire confiance à tes capacités, n'est-ce pas ? Alors, si j'étais à ta place, je paierais et je souhaiterais la paix et l'harmonie. » C'est ce qu'il a fait ; un an après, il avait tout regagné ce qu'il avait laissé. Je vous ai raconté cette histoire, mais attention. Si quelqu'un s'avisait de faire du mal à une autre personne pour lui soutirer de l'argent en utilisant ce principe, ce serait un jeu d'autodestruction très dangereux. Je ne sais pas ce qui est advenu de la dame, mais si son attitude est demeurée axée sur l'amertume, elle s'expose à perdre ce qu'elle a obtenu. En tout temps, si chacun oriente sa vie sur le désir d'harmonie, il fait alors place à l'abondance.

Qui veut tout prendre s'expose à tout perdre. Trop de gens ne savent que prendre et demander, alors que d'autres ne savent que donner. Il arrive que quelqu'un se retrouve temporairement en manque de moyens pour diverses raisons, mais l'important, c'est qu'il continue à croire en sa capacité de refaire surface. Le problème est plus grand quand la personne se complaît dans cette situation. Elle ne fait que se créer des dettes envers la société si elle ne veut que prendre, car elle ne donne pas d'elle-même en échange de ce qu'elle reçoit. Partagez vos services, et la vie vous récompensera, mais celui qui reste assis à attendre la Providence va à l'encontre des lois naturelles de la prospérité. De plus, il se prive de nombreux plaisirs apportés par la vie sociale active.

À l'inverse, on retrouve parfois des gens qui ne savent que donner. Est-ce par peur de devoir quoi que ce soit aux autres ou de se retrouver dans des situations de dépendance ? Inconsciemment, ils peuvent provoquer une faillite pour que, ainsi, ils ne puissent faire autrement que demander de l'aide ; ou encore une maladie les obligera à prendre.

La plupart des gens qui ne connaissent pas ou n'appliquent pas ces lois se plaignent de vies infructueuses et malheureuses. Vous avez en vous le pouvoir de créer votre vie et de la rendre prospère et heureuse. La libre-circulation de l'énergie sous-entend d'être capable de donner sans rien recevoir en retour et de recevoir en ayant la joie de savoir que l'on permet à l'autre de donner. En cessant d'avoir peur de manquer d'argent, l'énergie peut ainsi être utilisée pour visualiser que l'argent arrive facilement et que de nombreuses surprises agréables surviennent.

Histoire de réfléchir...

Que c'est étrange !

Quand lui n'achève pas son travail, je dis : « Il est trop paresseux. »
Quand moi, je n'achève pas mon travail, je dis : « Je suis trop occupé. »
Quand lui parle de quelqu'un, c'est de la médisance.
Quand moi, je le fais, c'est de la critique constructive.
Quand lui tient à son idée, il est entêté.
Quand c'est moi, je suis ferme.

Quand lui ne parle pas, il a l'air bête.

Quand moi, je ne lui parle pas, je réfléchis.

Quand il prend son temps, il est lent.

Quand c'est moi, je suis soigneux.

Quand lui est aimable, il doit avoir une bizarre d'idée derrière la tête.

Quand c'est moi, je suis avenant.

Quand lui est rapide dans ce qu'il fait, il est négligé.

Quand c'est moi, je suis habile.

Quand lui fait quelque chose pour les autres,
il se mêle de leurs affaires.

Quand c'est moi, j'ai de l'initiative.

Quand lui voit le travail, il se cherche de la sympathie.

Quand c'est moi, c'est que je sais me débrouiller.

Que c'est étrange !

Auteur inconnu

Histoire de réfléchir...

Tout est dans la perception

Il y avait, dans un village, un homme très pauvre qui possédait un très beau cheval. L'animal était si beau que les seigneurs du château voulaient le lui acheter, mais il refusait toujours. « Pour moi, ce cheval n'est pas un animal, c'est un ami. Comment voulez-vous vendre un ami ? » demandait-il.

Un matin, il se rendit à l'étable et le cheval n'était plus là. Tous les villageois lui dirent alors :

« On te l'avait bien dit ! Tu aurais mieux fait de le vendre. Maintenant, on te l'a volé... quelle malchance !

— Chance, malchance, qui peut le dire ? » répondit le vieil homme.

Tout le monde se moquait de lui. Mais deux semaines plus tard, le cheval revint, avec tout une horde de chevaux sauvages. Il s'était échappé, avait séduit une belle jument et rentrait avec le reste de la horde. « Quelle chance ! » dirent les villageois. Le vieil homme et son fils se mirent au dressage des chevaux sauvages. Mais, une semaine plus tard, son fils se cassa une jambe à l'entraînement.

« Quelle malchance ! dirent ses amis. Comment vas-tu faire, toi qui es déjà si pauvre, si ton fils, ton seul soutien, ne peut plus t'aider ?

— Chance, malchance, qui peut le dire ? » répondit le vieil homme.

Quelque temps plus tard, l'armée du seigneur du pays arriva dans le village et enrôla de force tous les jeunes gens disponibles. Tous... sauf le fils du vieil homme, qui avait la jambe cassée.

« Quelle chance tu as, tous nos enfants sont partis à la guerre, et toi tu es le seul à garder avec toi ton fils. Les nôtres vont peut-être se faire tuer...

— Chance, malchance, qui peut le dire ? » répondit le vieil homme.

Le futur nous est livré par fragments. Nous ne savons jamais ce qu'il nous réserve. Mais une expectative positive permanente nous ouvre les portes de la chance, de la créativité, et nous rend plus heureux.

Source : www.club-positif.com

Pensée

Les gens les plus heureux ne sont pas ceux qui ont le meilleur de tout. Ce sont ceux qui tirent le meilleur de ce qui leur est donné.

Chapitre 14

Croire en l'abondance et rester humble

L'humilité

Rien ne remplace la sagesse de l'humilité. On se doit de faire les choses pour soi et non pour impressionner le voisinage, car cette attitude négative est source de perte tôt ou tard. On ne doit pas risquer de jouer avec les lois naturelles de l'existence, on y perdrait au change. Qui de nous ne l'a pas appris à ses dépens un jour ou l'autre et, pourtant, la majorité des gens continuent à s'enliser inconsciemment dans ce modèle.

Vous savez que, même quand on sait tout cela, il nous arrive encore en tant qu'humain de se piéger souvent, alors quand une personne ignore ces lois naturelles vous comprenez pourquoi la détresse est encore bien plus grande lors des passages difficiles que la vie présente sur son parcours. C'est pourquoi le contenu de ces pages constitue un phare pour vous aider à diriger votre existence encore plus harmonieusement.

La conscience de la santé provoque la santé, tout comme la conscience de la prospérité provoque la prospérité, etc. Il est vraiment pertinent d'avoir une foi perpétuelle qui met l'accent sur le fait qu'en tout temps votre esprit est prêt au meilleur. Un état d'esprit toujours ouvert aux nouvelles idées, aux inspirations, aux intuitions est en soi un chemin absolument fantastique pour maintenir la manifestation de l'abondance générale dans votre vie.

« Lorsque vos problèmes vous paraissent insurmontables, regardez autour de vous ceux qu'affrontent les autres. Peut-être trouverez-vous que vous avez de la chance. »

Ann Landers

De l'orgueil à l'humilité

Quand on commence à changer pour le mieux, il est primordial d'éviter de regarder les autres avec un air hautain. On fait les choses pour soi et non pour impressionner les autres, sinon la prospérité est artificielle et la loi du retour se chargera de créer l'équilibre un jour ou l'autre.

Une des plus belles attitudes de prospérité consiste à se demander ce que l'on peut donner au lieu de ce que l'on peut prendre. En ayant le sentiment d'aider les autres et en utilisant vos talents, vous activez la roue de l'abondance. Mais si quelqu'un veut s'enrichir aux dépens des autres et s'en enorgueillir, il s'expose à perdre tôt ou tard aussi bien ses amours et sa santé que ses finances. La loi de l'équilibre est toujours présente dans l'Univers, et c'est une des plus grandes justices.

Si une personne aisée financièrement est portée à vouloir impressionner les gens avec ses acquis matériels, c'est peut-être qu'elle n'est pas très impressionnée par elle-même. Plus on a confiance en soi et plus on s'aime pour ce qu'on est, et moins on a besoin de tenter de prouver quoi que ce soit en se servant de l'aspect matériel. Posséder de belles choses luxueuses est sans contredit un plaisir légitime et appréciable. L'important, c'est que ce soit pour un doux plaisir sincère et non pour se faire valoir aux yeux des autres, sinon on s'expose tôt ou tard à différentes pertes. Il faut éviter de prendre les gens pour des naïfs qui ne voient pas ce manège.

Plus une personne se nourrit de l'orgueil et de l'égoïsme, plus elle tente de faire passer de petits succès pour des prouesses. Les gens voient clair dans ces jeux, alors attention. On dit que si on est trop grand pour faire de petites choses, on est trop petit pour en faire de grandes. Ces attitudes bloquent l'expression du pouvoir intérieur. Écoutez votre source au lieu de la société, et vous serez de plus en plus en accord avec votre vraie simplicité. Cessez d'agir pour vous faire aimer ou pour plaire, et vous commencerez à vous faire aimer et à plaire.

La vraie personnalité, la vraie identité naît quand la personne apprend à puiser ses ressources à travers l'inspiration émanant de son potentiel créatif. Les stéréotypes sociaux sont basés sur la logique et le raisonnement, ce qui éloigne la majorité des gens de la route du succès. Plus quelqu'un écrase les autres, plus la vie l'attend dans le détour, c'est certain. Plus quelqu'un aide les autres et se fait du bien à lui-même, plus il reçoit.

Une personne qui utilise sa prospérité financière pour épater les autres s'expose effectivement à bien des désagréments. Certains vont se faire voler et penser que c'est un hasard. D'autres vont ressentir un grand vide intérieur puisque l'orgueil est un indicateur d'un profond manque d'amour de soi et des autres, etc. Loin de moi l'intention de vous faire peur, mais je veux vous aider à réaliser encore plus les pièges du mensonge envers soi et les autres. Quand on est vrai avec soi et les autres, la vie coule plus facilement, mais si on doit se cacher derrière une façade matérielle, par exemple, les artifices de celle-ci deviennent lourds à porter.

La prospérité ne doit aucunement être une source de compétition malsaine, mais plutôt de réalisation. Chaque fois que quelqu'un agit en égoïste ou en orgueilleux, il tente de compenser son sentiment d'infériorité inconscient. Soyez humble et transparent, car la voie de l'honnêteté gagne toujours à long terme. Mettre au service de la vie ce qu'on est devenu plutôt qu'au service de l'ego fait toute la différence.

Au fur et à mesure que vous réussirez, résistez aux tentations de vous vanter, de descendre les autres ou d'exagérer vos succès. Sinon, vous créez des blocages psychologiques qui entravent votre cheminement. Quand on est bien dans sa peau, on en profite, c'est tout. Ce n'est aucunement un spectacle, on vit pour soi, sachant tout ce que cela a pu demander d'efforts pour y arriver.

Si quelqu'un atteint le succès financier et désire posséder trois maisons dans des pays différents, un château comme chalet, une piste d'atterrissage privée pour son avion, deux voitures Mercedes, trois Rolls Royce, etc., et que c'est pour son propre plaisir, tant mieux ! Toutefois, si c'est pour impressionner les autres, il ne mérite peut-être même pas un vélo avec deux crevaisons... Je sais que ces propos peuvent sembler radicaux, mais ils visent à vous faire réagir à l'idée que le matériel est bienfaisant et qu'il contribue à vous remplir de satisfaction profonde lui aussi, et que la simplicité doit primer pour manifester la vraie prospérité.

Histoire de s'amuser...

On dit d'un accusé qu'il est cuit quand son avocat n'est pas cru.

Se donner le droit d'être dans l'abondance

Donnez-vous le droit de recevoir l'abondance une fois pour toutes. Afin de vous aider à garder une attitude engagée envers la prospérité, gardez-vous un peu de temps chaque jour pour une lecture positive en accord avec vos buts ; écoutez régulièrement des enregistrements motivants et dynamiques ainsi que de la musique que vous aimez, mais les textes doivent être positifs. Si vous écoutez une chanson qui dit : « Tu m'as quitté, je suis pauvre et malheureux... », comment voulez-vous attirer la prospérité ? En plus, traitez votre argent comme un ami et non comme des feuilles de papier, et même, évitez de le chiffonner de façon négligée. Plus vous aurez de la considération pour l'argent, plus sa valeur changera à vos yeux.

Quand vous payez à l'épicerie, par exemple, regardez la carte ou l'argent que vous utilisez et ayez une pensée de gratitude tout en ressentant la sensation de le manipuler avec appréciation et enthousiasme.

« Voulez-vous acheter une de nos calculatrices de poche, monsieur ?

— Non merci, je sais combien j'ai de poches. »

Avez-vous une personnalité dynamique ?

Voici quelques petites questions qui vous porteront à réfléchir. Vous pouvez inscrire les détails sur un bout de papier.

Au travail

- Ai-je l'attitude d'une personne qui veut toujours faire mieux ?
- Est-ce que je vante la compagnie pour laquelle je travaille, ses employés et ses produits chaque fois que j'en ai l'occasion ?
- Mes standards de qualité personnels sont-ils plus élevés qu'il y a six mois ou un an ?
- Suis-je un bon exemple pour les autres (ténacité, joie de vivre, etc.) ?

En famille

- Ma famille est-elle plus heureuse aujourd'hui qu'il y a six mois ou un an ?
- Que fais-je pour améliorer ma situation familiale ?
- Avons-nous une grande variété d'activités pour nous retrouver, que ce soit au foyer ou à l'extérieur ?
- Suis-je un modèle dynamique pour mes enfants ?

Envers moi-même

- Est-ce que je ressens que j'ai avancé de façon significative dans ma vie depuis six mois, depuis un an ?
- Est-ce que j'ai un plan de perfectionnement personnel ?
- Me suis-je fixé des buts et objectifs pour les trois prochaines années au moins ? Quels sont-ils ?
- Suis-je une source d'inspiration pour les gens qui me côtoient ?

- Est-ce que je prends soin de moi au quotidien ?
- Est-ce que j'accorde une place à ma spiritualité ?

Pensée

Le sourire est la façon le plus économique d'améliorer votre apparence.

Voir le bien en tout

Vous pouvez même bénir votre téléphone de sorte que, chaque fois que vous l'utilisez, vous visualisez qu'il vous apporte prospérité, amour et avancement personnel et professionnel. Même chose pour votre boîte aux lettres, votre ordinateur, etc. Vous trouverez ce qui suit peut-être curieux, mais dites à votre ordinateur, par exemple, qu'il est beau et gentil ; agissez de la même façon avec votre voiture, etc., et observez à quel point ça ira bien. Ne vous contentez pas de me croire. Expérimentez par vous-même le pouvoir des vibrations. Passeront ainsi en vous des énergies apaisantes au lieu de la méfiance. Bénissez votre maison, votre porte d'entrée, votre sonnette en affirmant que seul le bien peut y entrer. Développez dans votre vie une attente de bien et de joie, et vous constaterez que votre vie se révélera de plus en plus heureuse.

Histoire de réfléchir...

Le cadeau parfait !

J'ai parcouru plusieurs kilomètres pour trouver le cadeau parfait pour mon enfant. Après deux longues soirées, fatigué, j'ai pensé lui demander ce qu'il voulait.

Voici la liste de cadeaux qu'il m'a suggérés :

- J'aimerais être Félix, notre petit chat, pour être moi aussi pris dans vos bras chaque fois que vous revenez à la maison.
- J'aimerais être un baladeur pour me sentir écouté par vous deux. Sans aucune distraction. N'ayant que mes paroles au bout de vos oreilles. Fredonnant l'écho de ma solitude.

- J'aimerais être un journal pour que vous preniez un peu de temps chaque jour pour me demander de mes nouvelles.
- J'aimerais être une équipe de hockey pour toi, papa, afin de te voir excité de joie après chacune de mes victoires. Et un roman pour toi, maman, afin que tu puisses lire mes émotions.
- À bien y penser, je n'aimerais être qu'une chose. Un cadeau inestimable pour vous deux. Ne m'achetez rien. Permettez-moi seulement de sentir que je suis votre enfant.

Auteur inconnu

Reconnaître les signaux positifs

Apprenez à vous réjouir des signaux annonciateurs de changement. Je vous donne un exemple que j'ai lu un jour. Une femme affirmait que, depuis peu, elle gagnait bien sa vie en tant qu'écrivaine. Un jour, elle se rendit dans un petit bistro et y étala quelques feuilles. Le propriétaire lui adressa la parole et, voyant qu'elle était à l'aise en écriture, lui demanda de lui rédiger le menu sur un bout de papier, ce qu'elle fit sans attente et par plaisir. En échange, elle reçut un repas gratuit. N'est-ce pas un signe positif sur la voie de l'abondance ? Aussi petits soient-ils, c'est important de savoir reconnaître ces signaux.

L'abondance peut vous arriver sous forme de services rendus, de cadeaux, de rabais sur un article au moment où vous en avez besoin, d'augmentation de salaire, certes, mais attention toutefois. Si une personne reçoit une augmentation de quelques sous seulement, au lieu de dénigrer ce qui arrive comme montant, même si c'est peu, elle aurait avantage à remercier son employeur pour ce surplus et continuer d'envisager des augmentations à venir et provenant de sources illimitées. Tout ce qui est critiqué attire la pauvreté mentale et matérielle. Inconsciemment, certains croient que la pauvreté revêt une certaine vertu. Dommage !

Vous pouvez vous imprégner de l'énergie de prospérité des magasins de luxe, des belles maisons de certains quartiers, des banques et autres. Vous n'avez qu'à reconnaître que tout cela fait partie de votre richesse, car vous en êtes entouré. Vibrez au fait que vous élevez votre niveau de conscience et acceptez que toutes les choses désirées deviennent possibles pour vous.

Bien des gens rêvent de s'enrichir, mais ont une énorme difficulté à recevoir, même un compliment. Quelqu'un leur dit : « C'est beau, ce que tu portes » et aussitôt ils s'empressent de répondre : « Oui, mais je n'ai pas payé cher » au lieu de dire merci et de se sentir bien et prospères.

Plus on émet de vibrations négatives par nos pensées, paroles et actions, plus on attire des événements difficiles, des échecs et qu'on cumule les frustrations. Tout cela demande de l'entraînement et de la persévérance, mais ça en vaut le coup. Ce que vous pensez de vous et de la vie est accepté comme tel par votre subconscient et exécuté comme tel, en accord avec le principe de libre arbitre en chacun de nous.

Histoire de réfléchir...

L'argent

Il peut acheter une maison, mais pas un foyer.

Il peut acheter un lit, mais pas le sommeil.

Il peut acheter une horloge, mais pas le temps.

Il peut acheter un livre, mais pas la connaissance.

Il peut acheter une position, mais pas le respect.

Il peut acheter l'excès, mais pas la santé.

Il peut acheter du sexe, mais pas de l'amour.

Voici une petite blague de source inconnue avec laquelle vous pourrez taquiner vos amis. Comme vous pouvez le constater, l'argent n'est pas grand-chose à lui seul; il amène souvent des problèmes et des souffrances. Je vous dis ceci parce que vous êtes mes amis et que je vous aime beaucoup. Je désire vous éviter ces désagréments. Alors, envoyez-moi tout votre argent et je souffrirai pour vous. Du comptant seulement, s'il vous plaît... en petites coupures. Merci!

Gagner au jeu de la vie

Toute personne qui finit par gagner au jeu de la vie y arrive souvent après avoir traversé plusieurs épreuves, mais en ayant gardé la certitude de son idéal et en continuant de l'entretenir, même si cela va bien. Elle a poursuivi, elle s'est perfectionnée, elle a toujours poussé plus loin.

Apprenez à voir chaque échec ou difficulté comme une étape ou une simple expérience de plus sur la voie du succès. Une fois que nous arrivons à nous prouver à nous-mêmes notre autonomie, tout devient plus facile et naturel dans la vie. Quand on s'investit en soi, on fait de la vie un jeu à vivre et non à subir. La tristesse, la désillusion ou la peur se lisent de moins en moins souvent sur le visage. On apprend à remercier pour ce qui est et on cesse de blâmer les autres pour les échecs.

Vous avez sûrement remarqué que, moins une personne réussit, plus elle est portée à déprécier la vie, comme si celle-ci était le plus grand ennemi de l'homme. Quelle aberration, et pourtant quelle réalité! Elle se demande ensuite pourquoi ses résultats sont négatifs et décevants.

Les obstacles ne sont qu'une illusion, car ils n'ont pas plus de pouvoir sur nous que celui que nous leur accordons. Quand quelqu'un nous fait une remarque désobligeante, par exemple, on a deux choix: soit le croire, soit en rire tout en sachant ce que nous sommes au plus profond de notre cœur.

Après avoir décidé d'être un gagnant, évitez le plus possible de vous laisser dissuader par les gens et par votre passé. Fixez votre esprit sur les victoires à venir avec enthousiasme et certitude. Faites ce que votre cœur vous conseille et mettez de côté ce que les autres pourraient penser. Si on vous disait qu'il ne vous reste que quelques mois à vivre, avec qui seriez-vous, où seriez-vous ? Y êtes-vous déjà, sinon pourquoi ? Je sais que je provoque des réactions en parlant ainsi et que les choses prennent parfois un certain temps pour entrer dans l'ordre, mais réfléchissez bien à ce qui vous fait du bien et allez de l'avant pour éviter les regrets.

L'échec, c'est du passé ; la nouvelle réalité, c'est la marche vers la victoire et le bonheur. Voyez-vous en train de vivre, de mener et de ressentir ce qu'est la vie d'un gagnant. Assurez-vous de vous imaginer avec le sourire aux lèvres, en santé, le cœur content et entouré de ceux que vous aimez.

Histoire de réfléchir...

Chiots à vendre !

Un gérant d'une boutique clouait une pancarte au-dessus de sa porte où l'on pouvait lire « Chiots à vendre ». Bientôt, un petit garçon fut attiré par l'annonce et demanda : « À quel prix vendez-vous ces chiots ? » « Autour de 30 $ à 50 $ ». Le petit garçon chercha dans sa poche et sortit de la monnaie... « J'ai 2,37 $, est-ce que je peux les regarder ? » Le propriétaire du magasin sourit, et siffla. Sa chienne, nommée Lady, courut hors du chenil, vers l'allée de son magasin, suivie par cinq petits chiots. Mais un des chiots restait loin derrière... Immédiatement, le petit garçon choisit le chiot boiteux resté en arrière. Il demanda : « De quoi souffre ce petit chien ? »

L'homme expliqua qu'à sa naissance, le vétérinaire lui avait annoncé que le chiot avait une malformation de la hanche qui le ferait boiter pour le restant de sa vie. Le petit garçon devint vraiment enthousiasmé et dit : « C'est le chiot que je veux acheter ! »

L'homme répondit : « Non, tu ne peux pas acheter ce petit chien, si tu le veux vraiment, je te le donne ! » Le petit garçon devint bouleversé. Il regarda l'homme droit dans les yeux et dit : « Je ne veux pas que vous me le donniez, il vaut tout autant que les autres chiens, et je vous paierai le plein prix. En fait, je vous donnerai 2,37 $ maintenant et 0,50 $ chaque mois jusqu'à ce que j'aie fini de le payer. »

L'homme s'y opposa. « Tu ne peux pas acheter ce chiot, vraiment ! Il ne sera jamais capable de courir, de sauter et de jouer. Aime d'autres chiots. » Alors, le petit garçon se pencha, puis il enroula la manche de son pantalon et montra une jambe malade, tordue, estropiée, supportée par une grande tige de métal. Il regarda l'homme et dit : « Je ne cours pas très bien et le petit chiot aura besoin de quelqu'un qui le comprend. »

À ce moment, l'homme mordit sa lèvre inférieure. Des larmes lui piquaient les yeux... Il sourit et dit : « Mon garçon, j'espère et prie pour que chacun de ces chiots ait un propriétaire tel que toi. »

Dans la vie, peu importe qui vous êtes... si quelqu'un vous apprécie pour ce que vous êtes, vous accepte et vous aime inconditionnellement. C'est un cadeau. Un vrai ami, c'est celui qui se rapproche quand le reste du monde s'éloigne...

Auteur inconnu

Pensez par vous-même

Autant plusieurs choisiront de prendre un tranquillisant plutôt que de trouver la source de la tension, autant trop de gens passent leur vie à laisser les opinions des autres les guider plutôt que de penser par eux-mêmes. Les tranquillisants et les bons conseils sont utiles quand il le faut, mais méfiez-vous des dépendances. Tout comme le médicament peut être bénéfique le temps que la personne se reprenne en main, les pensées des autres ne doivent vous influencer que si elles sont constructives.

Histoire de s'amuser...

Vive la prospérité !

Voyant passer un camion rempli de tourbe roulée, un nigaud fait le commentaire suivant : « Il est chanceux, lui, il a de l'argent, il a les moyens d'envoyer sa pelouse se faire tondre en ville. »

Histoire de réfléchir...

Oser demander

Un maître d'arts martiaux bien sage s'apprête à passer le flambeau de la direction de son école à son meilleur étudiant. Il prépare le test final en lui demandant de déplacer un énorme bloc de granit d'un endroit à un autre avant le coucher du soleil.

L'étudiant doit utiliser tous ses pouvoirs pour accomplir cet exploit. Il essaie et essaie encore, mais peut à peine remuer le bloc. Au moment où il va abandonner, le maître ajoute : « Utilise tous tes pouvoirs. As-tu pensé à te servir d'un levier ? » L'étudiant trouve une barre de fer et commence à bouger le rocher. Mais le temps passe et il se rend compte qu'il ne parviendra pas à son but avant le coucher du soleil. Désespéré, il s'assoit.

Le maître lui demande encore :

« As-tu utilisé tous tes pouvoirs ?

— Oui, je suis au bout de mes forces, mes pensées sont confuses, et mon esprit vide. Je n'ai plus de pouvoirs.

— Oh non, lui répond son maître, tu as plus de pouvoirs que cela ! »

L'étudiant regarde son maître, qui lui sourit, et l'interroge : « Où ? » Le visage du maître s'illumine et il pointe l'index vers sa poitrine.

« As-tu pensé à me demander mon aide ? Tu as ce pouvoir... Utilise tous tes pouvoirs.

— Peux-tu m'aider ? demande l'étudiant.

— Oui, répond le maître. »

Il prend un sifflet d'or dans sa tunique et siffle. Les autres étudiants, qui étaient cachés derrière la colline, arrivent pour l'aider. En peu de temps, ils déplacent le rocher à l'endroit indiqué.

Exemples de doux moments, de petites choses agréables de la vie qui peuvent faire beaucoup de bien. En profitez-vous ?

- Rire à en avoir mal aux mâchoires.
- Se balader en voiture sur une petite route de campagne avec arrêt…
- Écouter votre chanson préférée à la radio.
- Flâner au lit en écoutant la pluie tomber.
- Sentir des serviettes chaudes qui sortent de la sécheuse.
- Prendre un bon bain moussant.
- Être en amour.
- Rire de soi et rire sans raison.
- Téléphoner à son amoureux et parler très longtemps.
- Se faire dire qu'on est rayonnant.
- Se faire passer la main dans les cheveux.
- Boire un chocolat chaud.
- Se balancer comme les enfants.
- Tenir par la main quelqu'un qu'on aime.
- Regarder un lever de soleil.
- Sortir du lit chaque matin en remerciant la vie pour une autre belle journée.

Et vous en avez sûrement beaucoup d'autres à rajouter.

La poignée de main

Il vous est sûrement déjà arrivé de vous faire donner la main par une personne qui regardait ailleurs ou qui continuait de jaser avec une autre en la regardant, elle. Personnellement, je trouve cela tellement désagréable que je préférerais qu'on ne me tende pas la main du tout.

Voici comment je perçois la poignée de main. La plus belle chose, je pense, c'est de ne jamais donner la main à quelqu'un sans au moins savoir la couleur de ses yeux. Ensuite, dans votre poignée de main, mettez-y toute votre sincérité, visualisez que, par votre main, vous faites passer une énergie remplie de souhaits de joie, d'abondance, d'amour, de santé envers la personne. Vous ressentirez toute une différence dans l'échange. C'est bon à faire et à recevoir.

Réagir à des propos sarcastiques

Si on vous adresse des propos sarcastiques, méchants, de mauvais goût, etc., vous pouvez mettre des mots sur le comportement de la personne, par exemple : « Je ne vois pas pourquoi tu cries ou te fâches ainsi, cela ne m'aide pas à comprendre ce que tu attends de moi. » Vous la démasquez ainsi et l'aidez à se calmer. Si vous nourrissez sa colère, vous êtes tous les deux perdants.

Autres exemples de petites répliques rapides à des propos déso-bligeants. Si on vous dit : « C'est bien stupide ce que tu as dit », vous pouvez répondre :

- « Selon qui ? »

- « C'est ton avis. »

- « Merci de m'en informer. »

- « Tu te sens mieux maintenant ? »

- « Oui, et puis ? »

Ainsi, vous repoussez poliment l'emprise que l'autre essaie d'avoir sur vous.

Pensée

On attire la confiance des autres par la nôtre.

Chapitre 15

L'importance de l'attitude positive

Imaginez que vous attendez en file à un feu rouge. Le fait de vous stresser et de maugréer va-t-il faire changer le feu plus vite ? Bien sûr que non. Alors, pourquoi ne pas imaginer tous les gens dans leur voiture déguisés, ou encore écouter une musique agréable ou tout simplement vous dire que ce temps vous appartient pour penser à prendre quelques bonnes respirations, fredonner un air, etc. On peut même se donner ce que j'appellerais des ancrages détente. Vous vous dites intérieurement que, dorénavant, à un feu rouge, vous regarderez les gens passer et leur adresserez un sourire, observerez leur réaction… et la vôtre, resterez calme car le stress ne fait aucunement avancer les choses plus vite. Cette attitude peut faire toute une différence.

Histoire de réfléchir…

Il était une fois un charpentier qui voulait prendre sa retraite. Il alla donc voir son patron pour lui annoncer son intention. Son employeur, qui avait une entreprise dans le domaine de la construction de maisons, lui accorda son souhait mais avec une condition. Il demanda au charpentier de bâtir une dernière maison avant de quitter son emploi. Il accepta mais à contrecœur.

Il commença les travaux et, compte tenu qu'il était d'humeur maussade parce que le cœur n'y était plus, il utilisait du mauvais bois, des clous rouillés, etc. Le travail de finition laissait à désirer.

Une fois la maison terminée, il alla revoir son patron en lui disant : « Bon, j'ai fini ta fichue maison. » Aussitôt, le patron mit la main dans sa poche et dit au charpentier : « Voici les clefs de ta maison, je t'en fais cadeau en guise de reconnaissance pour tes nombreuses années de service ici. »

Il est dommage que le charpentier se soit lui-même joué ce tour à son insu. Il allait devoir vivre dans la maison qu'il avait construite sans amour ni intérêt.

Il en va de même pour nous tous. Nous construisons trop souvent nos vies de manière distraite, sans y introduire assez d'amour. Pour certaines choses importantes, nous ne donnons pas le meilleur de nous-mêmes, ensuite nous sommes choqués de nous rendre compte que nous avons à vivre dans la maison que nous avons construite.

Pensée

La personne qui réussit n'a pas une bonne attitude en raison de sa position, c'est plutôt son attitude qui lui vaut sa position.

Une attitude gagnante

Adopter une attitude négative devant la vie amène à s'identifier aux causes d'échec et empêche d'apercevoir les façons de réussir ; par conséquent, les difficultés sont plus nombreuses et le succès semble moins accessible. L'attitude mentale positive, elle, constitue une façon constructive de percevoir les choses, les événements, la vie. Si notre attitude et notre façon de penser sont axées sur le positif, le résultat de nos efforts sera positif lui aussi. L'attitude, c'est en quelque sorte la façon avec laquelle on interprète ce qui nous arrive. On a deux choix : soit on tempête, on grogne, on grossit le problème, soit on active sa démarche vers les solutions.

Quand tout va mal, pourquoi maugréer et empirer la situation par notre attitude négative ? Ça va déjà mal... (pelleter après une tempête de neige, réparer un dégât d'eau, etc.). Le fait de bougonner va-t-il régler la situation plus vite et mieux ? Il vous faudra pelleter de toute façon, alors aussi bien le faire avec le sourire, avec un baladeur jouant votre musique préférée et en vous disant que faire un peu d'exercice, c'est bon pour la santé !

L'attitude positive, c'est de chercher ce qui va bien en tout. Pour vous aider, voici quelques trucs utiles.

- Comportez-vous avec les autres comme vous voulez que les autres le fassent avec vous.
- Tous les matins, au réveil, voyez-vous comme la personne qui réussit le mieux au monde.
- Répétez-vous souvent cette phrase : « Le meilleur m'arrive en tout temps. »
- Arrêtez de blâmer les autres.
- Dites merci pour tout ce que vous avez (santé, joie, amis, travail, enfant, conjoint, voiture, vêtements, etc.), donc optez pour une attitude de reconnaissance.
- Adoptez une attitude sociale positive. On a tous besoin les uns des autres. Évitez d'attendre que ce soit toujours les autres qui vous aident et vous comprennent, vous pourriez attendre longtemps. C'est comme si vous disiez à un poêle à bois : « Donne-moi de la chaleur, je vais te donner du bois ensuite. »

Pensée

On veut avoir droit au pardon et on veut être aimé. Alors, on réalise que les autres aussi ont les mêmes droits.

Adopter une bonne posture

La posture est ce que j'appelle la physiologie. C'est la manière dont on se sert de son corps chaque instant. Vous en servez-vous avec énergie, vitalité et puissance comme si vous étiez déjà vraiment en forme ? Ou votre posture est-elle plutôt défaitiste (par exemple les épaules penchées, le dos courbé, etc.) ? La façon de nous servir de notre corps envoie des signaux, des messages à notre cerveau qui, à son tour, nous retourne les sensations correspondantes. Chaque posture est codée, en rapport avec un tel état, par notre cerveau. Si, quand vous avez beaucoup d'énergie, vous marchez, parlez avec entrain, vitalité, est-ce possible que si à un aute moment vous vous sentez moins en forme et que vous choisissez d'adopter cette attitude, ne serait-ce que quelques minutes, la forme puisse revenir ? Le cerveau se dit alors : « Oh ! la posture de la forme ! Alors, j'envoie des sensations qui feront sentir le corps en forme. »

La physiologie d'excellence, c'est une clé merveilleuse pour retrouver de l'énergie rapidement. Marchez, parlez, agissez, regardez, souriez comme si vous étiez en très grande forme, et le reste suivra. Bien sûr, si vous souffrez d'une douleur à un pied, au dos, etc., vous saurez user de discernement en évitant de sautiller de plus belle et en évitant de dépasser vos limites physiques. Tout est question de bon entendement. Évitez de faire cela si vous voulez rester de mauvaise humeur, car vous pourriez être déçu... surtout si vous y ajoutez rire et sourire en plus ! Quand on parle de conscience du corps, voici un petit truc super efficace pour rester centré sur soi, pour se ramener au moment présent. Quand vous marchez, prenez conscience du contact de vos pieds avec le sol, c'est merveilleux. Ça aide beaucoup à reprendre contact avec soi.

L'attitude envers soi

Lorsqu'on parle d'attitude, il peut être utile de réaliser d'abord quelle est notre relation avec nous-mêmes. Est-on capable de se regarder avec admiration devant un miroir ? Ou se lève-t-on le matin en se regardant et en se disant : « Oh, quel gâchis ! » Quelle estime de soi !

Alors, comment faire si je veux plus d'entrain et de dynamisme ? Je m'offre d'abord le cadeau de me détendre de plus en plus. Apprendre à rire plus, s'accorder plus de loisirs, penser et parler positivement, adopter une bonne posture nous aident beaucoup. Notre attitude face à la vie crée l'attitude de la vie envers nous.

Par exemple, imaginez-vous une personne qui se rend dans une soirée en espérant y rencontrer un futur amoureux. Imaginez-vous que cette personne part avec une attitude défaitiste, le dos courbé, le sourire sous le bras, comme on dit... Comment peut-elle allumer quelqu'un si elle est éteinte ? Si elle se dit en plus : « Bon, ce soir il faut que je rencontre quelqu'un », ses chances de succès sont-elles maximisées si elle adopte une attitude sombre ? Il faut d'abord s'attirer à soi. Il est important de cesser d'attendre que les autres et le monde entier changent d'attitude à notre égard. Faire les premiers pas : voilà une solution gagnante.

Histoire de réfléchir...

Pourquoi tant d'instruction quand le cœur n'y est pas ?

Un homme tomba dans un trou et se fit très mal.

Un cartésien se pencha et lui dit : « Vous n'êtes pas rationnel, vous auriez dû voir ce trou. »

Un spiritualiste le vit et dit : « Vous avez dû commettre quelque péché. »

Un scientifique calcula la profondeur du trou.

Un journaliste l'interviewa sur ses douleurs.

Un yogi lui dit : « Ce trou est seulement dans ta tête, comme ta douleur. »

Un médecin lui lança deux comprimés d'aspirine.

Une infirmière s'assit sur le bord et pleura avec lui.

Un thérapeute l'incita à trouver les raisons pour lesquelles ses parents l'avaient préparé à tomber dans le trou.

Une pratiquante de la pensée positive l'exhorta : « Quand on veut, on peut ! »

Un optimiste lui dit : « Vous avez de la chance, vous auriez pu vous casser une jambe. »

Un pessimiste ajouta : « Et ça risque d'empirer. »

Puis un enfant passa, et lui tendit la main...

Auteur inconnu

L'attitude envers les situations et les autres

Voici un petit exercice qui peut vous aider beaucoup. J'en ai déjà parlé un peu précédemment, mais je veux vous inviter à pousser plus loin. Ce texte est inspiré de la cassette audio *Attitude, Dynamique du pouvoir mental* utilisée par les animateurs du cours fondé au Québec par Alain Mercier, équipe dont j'ai un jour fait partie. C'est d'ailleurs M. Mercier qui m'a donné ma première chance dans ce merveilleux monde de l'enseignement du mieux-être et qui a fait de moi une personne super heureuse aujourd'hui.

Donc, voici le petit exercice en question. Pendant les sept prochains jours, traitez chaque personne avec qui vous entrerez en contact comme si elle était la plus importante sur cette terre. Comportez-vous envers les autres comme vous souhaitez que le monde et les autres se comportent envers vous. Par exemple, quand quelqu'un vous coupe la route avec sa voiture ou se conduit d'une façon qui démontre son manque de courtoisie, ne vous abaissez pas à son niveau. Ne le laissez pas vous rendre la vie désagréable parce qu'il est morose. En pratiquant cela longtemps, vous obtiendrez de bons résultats à long terme !

Adopter une mauvaise attitude la plupart du temps, c'est être malheureux et frustré trop souvent et c'est s'attirer des ennuis comme si on était un aimant. Des ennuis qui finissent par arriver, c'est normal, à cause de la mauvaise attitude qui renforce celle-ci, attirant d'autres ennuis, et ainsi de suite. Par contre, pour une personne qui a une bonne attitude, la même chose se vérifie en sens inverse. Elle s'attend toujours à ce qu'il y a de mieux, et c'est ce qui lui arrive la plupart du temps. L'attitude est le reflet de la personnalité. Ce qui se passe en nous se voit sur nous. Évitons d'agir comme le personnage qui réussit malencontreusement à frapper le seul arbre du désert et qui se dit : « Je ne suis pas sorti du bois. » Un homme m'a un jour raconté à sa façon, au lieu de me décrire sa fausse manœuvre, qu'il avait eu un petit accident de motoneige : « Je m'en allais dans le bois quand soudain un arbre a traversé le sentier. »

Les gens qui réussissent sont de toutes tailles, de toutes apparences, de toutes couleurs. Leur intelligence, leur origine, leur éducation varient énormément. Mais ils ont une chose en commun : ils attendent plus de bien que de mal de la vie.

Ils se voient en train de réussir plutôt que d'échouer. Et c'est ce qui se passe : ils réussissent. Quand vous désirez vraiment quelque chose, prenez la bonne attitude. Dites-vous que vous avez bien plus de raisons de l'obtenir que de ne pas l'obtenir. Faites tout pour atteindre ce que vous voulez. Amusez-vous à le visualiser, ayez du plaisir, travaillez-y joyeusement et régulièrement. Si vous voulez que les autres vous traitent avec admiration et respect, commencez par les traiter vous-même avec admiration et respect. L'homme, la femme ou l'enfant cherche à donner son amour, son amitié, son affection, son respect et son soutien à la personne qui sait répondre à ce besoin. Voilà donc une clef importante vers une plus grande prospérité, car vous attirez ainsi le bien.

Celui qui choisit la meilleure attitude s'élève tout naturellement jusqu'au sommet et peut atteindre plus facilement les promotions ou réalisations anticipées. Autrement, c'est comme si l'humain mourait intérieurement à petit feu et ironiquement, on peut alors penser que mourir est un « manque de savoir-vivre ».

Pour commencer votre journée chaque matin, prenez l'attitude de celui qui ne peut mieux réussir sur terre. Vous verrez avec quelle rapidité vous en prendrez l'habitude. Presque immédiatement, vous noterez un changement. Les choses irritantes qui vous causaient des ennuis et des frictions s'évanouiront alors de plus en plus. C'est notre attitude au début d'une tâche qui, plus que toute autre chose, en garantit le résultat. Notre attitude à l'égard d'autrui détermine l'attitude d'autrui à notre égard. Nous sommes interdépendants. Notre succès dans la vie est largement tributaire du caractère de nos relations avec les autres.

L'attitude n'est pas la conséquence de la réussite. C'est plutôt la réussite qui résulte d'une bonne attitude. Puisque le désir le plus profond de l'être humain est le respect de soi, tout homme a besoin de se sentir nécessaire, important, apprécié. Faites en sorte que votre attitude respire la confiance et la réussite ; sachez où vous allez et, rapidement, il vous arrivera des choses agréables. Prenez-en l'habitude, mettez cela en pratique dès maintenant, et vous finirez par adopter cette attitude positive le reste de votre vie.

Histoire de s'amuser...

Un jour, un homme fait la manchette dans les bulletins de nouvelles : il est ivre à la suite d'une déception professionnelle. Au volant de sa voiture, il entend à la radio : « Attention à tous les automobilistes circulant sur l'autoroute. Il y a présentement un véhicule qui circule en sens inverse vers le nord. Le conducteur est complètement ivre et déconnecté de lui-même. » L'homme lève les yeux et se dit : « Ah bon, ils se sont trompés car il y en a pas mal plus qu'un. »

Bref, en contact avec vous-même, vous écartez les chances de vous retrouver sur la route de gens aussi particuliers et vous vous protégez donc énormément. Votre intuition peut alors circuler en vous beaucoup plus librement et vous avertir d'une multitude de choses si vous apprenez à l'écouter.

Les pensées et l'attitude

Donc, la qualité de vos pensées et de votre attitude est déterminante pour dynamiser votre vie et lui donner l'orientation, l'harmonie et la sérénité désirées. Nous devons cesser de voir cet idéal comme inaccessible. On peut comparer notre avancement à une construction. Tant et aussi longtemps qu'on ajoute des planches, des murs et un toit, on ne voit pas la finition, mais le projet avance tout de même vers sa réalisation ultime.

Amusez-vous à rapprocher mentalement l'image de vos désirs, comme si votre écran mental était un grand écran de cinéma, et voyez-vous être l'acteur de ce film. Vous savez que le pouvoir de la pensée est la plus grande de toutes les facultés dont l'humain est doté ; alors, posez-vous la question : « Qu'est-ce que je veux qui se réalise dans ma vie ? »

Cultivez des pensées positives précises. Vous connaissez peut-être l'histoire du missionnaire aventurier qui est tombé dans la fosse aux lions et qui s'est dit : « Oh, mon Dieu, faites que ce lion ait une pensée chrétienne. » Le lion a aussitôt rétorqué : « Merveilleux, mon Dieu, bénissez ce délicieux repas. » Alors, même si c'est à la blague, être précis, c'est sérieux.

Rappelez-vous que l'espace d'une vie est le même, qu'on le passe en riant ou en pleurant. Que choisit-on pour aujourd'hui et demain ? Chaque matin, prenez l'attitude d'une personne qui réussit merveilleusement bien et ressentez-le. Au réveil, demandez-vous sans chercher de réponse consciente : « Qu'est-ce qui va m'arriver de merveilleux, de fantastique et d'extraordinaire aujourd'hui ? » Ainsi, vous stimulerez votre subconscient pour qu'il magnétise les meilleures choses.

Pensée

« Tout effort discipliné offre une récompense multiple. »

Jim Rhon

Chapitre 16

Les croyances et les excuses

Une des pires croyances véhiculées est bien celle en la pauvreté. Accepter la pauvreté équivaut à laisser la vie vous imposer des limites, et celles-ci ne sont pourtant qu'entre les deux oreilles.

À quoi sont associées vos croyances ?

Si vos croyances sont associées à de la souffrance, vous neutralisez vos désirs. Si, par exemple, quelqu'un croit qu'avoir un conjoint c'est d'être soumis à ses caprices et perdre sa liberté, se peut-il qu'il attire exactement ce genre de personne pour confirmer sa croyance ?

Sous un autre angle, combien faut-il de temps pour amasser un million de dollars ? Certains diront que c'est impossible, d'autres parleront d'une vie, d'autres encore répondront qu'un bon projet peut en quelques mois ou quelques années rendre une personne millionnaire. Vos croyances contrôlent notamment le temps que vous croyez que cela prend pour atteindre un résultat. Si quelqu'un est persuadé que, pour être efficace, il faut être très posé et sérieux à outrance, il se prive possiblement d'un grand plaisir, car plus on s'amuse, plus on réussit facilement. La façon de se programmer mentalement devient déterminante dans les délais de réalisation et la précision de ce qu'on veut obtenir.

Vos pensées, vos actions, votre présent et votre futur, vos choix et décisions, votre degré de réussite, la qualité de vos relations avec vous-même et avec les autres, votre santé physique, émotionnelle et mentale, votre sécurité, votre richesse, votre estime de soi, votre niveau de reconnaissance et plusieurs autres facettes de votre vie reflètent en grande partie vos propres croyances. Les croyances sont des décisions que vous avez prises à diverses étapes de votre vie par l'observation de votre environnement familial, social et culturel. La majorité d'entre elles ont été développées à un jeune âge et à un moment où vous aviez peu d'expérience de la vie.

Certaines sont profitables, d'autres pas. Plus une personne croit qu'elle peut perdre de l'argent, plus elle s'expose à en perdre. D'autant plus que l'inquiétude n'en donne pas plus elle non plus. Pour certains, cela semble moins douloureux de ne pas posséder, par exemple, un conjoint ou de l'argent, que de s'imaginer que c'est possible de perdre tout cela.

Plus on investit quelque chose d'une charge émotionnelle, plus on lui confère de la puissance. Prenons l'exemple d'un enfant critiqué parce qu'il a de la difficulté en mathématiques. Si cela perdure, il finira par détester réellement les mathématiques, non pas à cause d'une difficulté d'apprentissage, mais plutôt en raison de la charge émotionnelle négative qui y est associée.

Tout cela n'est peut-être pas facile à décortiquer. C'est pourquoi ce livre évoque plusieurs éléments en les montrant sous différents angles pour provoquer encore plus de déclics libérateurs.

Pensée

On ne peut faire pousser des fleurs avec des semences de chiendent.

Les excuses

Les chères excuses… Vous en avez sûrement entendu de toutes les sortes, vous aussi. Je vous en dresse une brève liste qui vous aidera à reconnaître les plus courantes.

- Si j'avais de l'instruction…
- Si j'avais un bon emploi…
- Si les temps étaient meilleurs…
- Si je possédais le talent que certains ont…
- Si je n'avais pas tant de soucis…
- Si personne ne me mettait de bâtons dans les roues…
- Si les autres m'aidaient…
- Si j'étais dans de bonnes conditions…
- Si j'avais du courage…
- Si j'étais plus heureux…
- Si j'avais le temps…
- Si je pouvais revivre ma vie…
- Si j'étais né dans une famille riche…
- Si j'avais confiance en moi…
- Si j'avais eu de meilleurs parents…
- Si je n'avais pas tout perdu en divorçant…
- Si je n'avais pas le passé que j'ai…
- Si je n'étais pas si gras ou si petit…
- Si on me donnait de la reconnaissance…
- Si les autres m'appréciaient…

Bref, si j'avais l'audace de me voir et de m'aimer comme je suis, je pourrais améliorer ce qui doit l'être.

Pensée

« La première et la plus grande victoire de l'homme est la conquête de son être. Se trouver conquis par son être est la chose la plus honteuse et la plus vile qui soit. »

Platon

Pourquoi ne pas créer vos propres nouvelles croyances ? En voici des exemples.

« Je rencontre juste le bon monde. »

« J'attire à moi des gens prospères, honnêtes et qui ont du plaisir à collaborer avec moi tout autant que j'en ai à le faire avec eux. »

« Il y a maintenant beaucoup de gens qui m'aident à réussir et à faire beaucoup d'argent. »

« Je mérite l'abondance, l'amour, la santé, la joie… »

Certaines personnes se disent parfois qu'elles ont tellement gagné d'argent ces derniers temps qu'il va bien leur arriver quelque chose pour leur en enlever. Ne les fréquentez pas. Pourquoi ne pas plutôt se dire : « Plus je gagne d'argent, plus il m'en reste. »

Vous pouvez également adopter une attitude rétroactive sur le passé, en ce sens que vous vous dites peut-être : « J'ai eu 20 petites pertes, mais ça ne fait rien : j'ai compris des choses et un seul gros gain peut renflouer tout cela, et il me restera un large surplus. »

Si vous vous sentez parfois bloqué, vous pouvez vous aider en écrivant des affirmations positives environ une dizaine de fois chacune, et ce, chaque jour. Vous pouvez tout autant écrire vos nouvelles croyances de cette façon. En agissant ainsi, vous multipliez votre force d'impact parce que vous impliquez le visuel, la parole (même si ce n'est que mentalement, encore mieux si vous le dites à haute voix en plus), et le ressenti parce que vous le vivez encore plus.

Voici quelques croyances courantes à changer :

« Je suis pauvre, mais honnête. »

« Pourvu que j'en aie assez pour joindre les deux bouts ou pour payer mes comptes. »

« Les emplois sont rares. »

« Mieux vaut être pauvre et en santé que riche et malade. »

« Je suis né pour un petit pain. »

« J'ai toujours plein de dettes. »

« Je peux bien essayer, mais ça ne marchera pas de toute façon. »

Quelles restrictions ! Choisissez plutôt de penser : « Je réussis merveilleusement bien tout ce que j'entreprends. »

Trouvez vos croyances, et vous avancerez à pas de géants. Faites-vous aider au besoin aussi. De bons thérapeutes sont là pour accélérer favorablement les choses, et leur aide peut s'avérer très salutaire.

Si vous croyez que l'argent amène des problèmes ou s'il est source de peur comme celle de se faire voler, ou encore si vous vous sentez coupable d'en avoir beaucoup pendant que d'autres meurent de faim, vous bloquez ainsi le canal de la fluidité de la richesse permanente. Croyez qu'il est naturel et spirituel d'avoir tout l'argent dont vous avez besoin, et vous créerez votre propre sécurité, tant intérieure qu'extérieure.

Au lieu de dire : « Un jour, ce sera ton tour… » dites plutôt : « Maintenant, c'est mon tour (ou, à la blague… Un soir, ce sera mon tour !). »

Les idées sont comme de petits enfants

On peut s'imaginer facilement le scénario suivant. Pensez que chaque idée ou pensée émise est prise par un enfant. Celui-ci fait quoi avec l'idée ? Imaginez qu'il part à courir et s'en va vers votre subconscient. Quand vous priez ou pensez, imaginez que plein de petits enfants partent vers votre source intérieure, qui est le siège de votre réussite. C'est un peu comme s'ils allaient chercher la réponse pour vous la rapporter. De là l'importance de savoir ce que vous voulez dans votre vie afin que les petits enfants sachent quoi vous rapporter. Si vous ne savez pas ce que c'est pour vous que d'être riche, il se pourrait que les petits enfants imaginaires vous rapportent n'importe quoi ou, pire encore, rien du tout.

Histoire de s'amuser...

À la blague… que faire si vous avez trop d'argent

Si vous avez trop d'argent et que vous avez peur de ne pas savoir quoi faire avec tout cela, engagez un courtier pour vous aider. Si vous doutez de votre courtier, engagez quelqu'un pour le surveiller. Si vous en avez encore trop, payez quelqu'un pour le dépenser à votre place !

Les croyances : un retard de croissance d'une partie cachée

Les croyances limitatives sont un peu comme un retard de croissance de certaines parties de nous. C'est comme si nous avions grandi, mais que les croyances, elles, étaient restées accrochées dans le temps.

Vous vous souvenez, en bas âge, quand on avait peur qu'il y ait un monstre sous notre lit ? Ce serait beau si on pensait encore comme cela une fois adulte ! C'est un peu cela qui se produit. Si quelqu'un a peur de foncer dans la vie, c'est peut-être qu'un professeur ou un parent l'a traité de « pas bon » lorsqu'il était enfant. Pour le petit enfant, l'adulte représente la science infuse : il est grand, alors il a raison. Alors l'enfant l'a cru, mais son estime de soi a écopé.

Cela peut frapper votre imaginaire dans des moments particulièrement émotifs. Je me souviens d'une histoire racontée en salle qui traduisait l'échec répétitif d'un homme. Chaque fois qu'il était sur le point de réussir, tout s'écroulait. En faisant le point sur lui, il a un jour découvert en thérapie que vers l'âge de quatre ans, il était tout fier d'apporter la tasse de café à son père en train de lire son journal à la table de cuisine. Mais quelle n'avait pas été sa surprise de perdre pied juste avant d'atteindre la table et de tout renverser sur le bel habit de son père ! Fâché, celui-ci avait alors levé le ton en disant : « Maudit bon à rien, tu ne feras jamais rien de bon dans la vie. » Voilà un exemple de la façon dont se forment les ancrages et les fausses croyances.

Les croyances sont donc des conclusions de l'enfance gelées dans le temps, et elles ont un impact sur nos possibilités présentes et futures si on les laisse faire. Une fois mises à nu, elles sont démasquées. On peut ainsi s'en libérer et gagner du temps sur le chemin de la réussite et du bonheur.

Histoire de s'amuser...

Un avocat se rend au restaurant pour y manger un steak. La serveuse lui demande :

« Et puis, comment trouvez-vous votre steak ?

— Il n'est pas coupable. »

Vous rencontrerez ce que vous croyez

Si vous croyez que tel peuple n'est pas accueillant, par exemple, c'est ce que vous remarquerez si vous y allez. Par contre, si vous croyez qu'il est chaleureux, c'est ce qui se passera. Nos croyances colorent nos vies. Si vous regardez la vie avec des lunettes roses, vous verrez la vie en rose. Si vous la regardez avec des lunettes grises, vous la verrez grisâtre. Cela ne veut aucunement dire que c'est la vraie réalité pour autant, c'est le reflet de la perception qui crée notre réalité en lien avec la loi d'attraction.

Histoire de réfléchir...

Une vieille légende hindoue raconte...

Il fut un temps où tous les hommes étaient des dieux. Hélas, ils abusèrent tellement de leur pouvoir divin que Brahma, le maître des dieux, décida de leur ôter leur divinité et de la cacher à un endroit où il leur serait impossible de la retrouver. Le grand problème fut donc de lui trouver une cachette sûre.

Les dieux mineurs, convoqués en conseil pour résoudre ce problème, proposèrent ceci :

« Enterrons la divinité de l'homme dans la terre.

Mais Brahma répondit :

— Non, cela ne suffit pas, car l'homme creusera et la retrouvera.

Alors, les dieux proposèrent :

— Dans ce cas, jetons-la dans le plus profond des océans.

— Non, car tôt ou tard l'homme explorera les profondeurs de tous les océans et je suis sûr qu'un jour il la trouvera et la remontera à la surface.

Alors, les dieux mineurs conclurent :

— Nous ne savons pas où la cacher, car il ne semble exister sur terre ou dans la mer aucun endroit que l'homme ne puisse atteindre un jour.

Enfin, Brahma hocha la tête et dit :

— Je sais ce que nous ferons de la divinité de l'homme. Nous la cacherons au plus profond de lui-même, car c'est là le seul endroit où il ne pensera jamais à la chercher. »

Depuis ce temps-là, conclut la légende, l'homme fait le tour de la terre, explore le monde, escalade des montagnes, plonge dans les océans et creuse en vain, à la recherche de quelque chose… qui ne se trouve qu'en lui.

Auteur inconnu

Les inquiétudes et les culpabilités

Voici un exemple en lien avec la peur de perdre. Si une personne se dit : « Si je perdais le peu d'argent que j'ai, ce serait terrible, alors imagine si j'en avais plus, je risquerais d'en perdre encore plus. »

Certains vont se sentir coupables de s'offrir des loisirs et des moments de répit pourtant bien mérités. Supposons qu'une personne ait très mal au dos. Elle arrête de travailler quelque temps. Est-ce possible qu'elle se crée ainsi une façon de prendre un temps d'arrêt sans se sentir coupable d'arrêter, peut-être par peur de ce que les autres vont dire ? Donc, en se sentant coupable de penser à elle dans le bien-être, elle se donne une raison d'arrêter, mais pas nécessairement favorable. Le fait de prendre du recul à cause du mal de dos lui donne bonne conscience aux yeux des autres. Quel manège subtile, inutile et, surtout, combien fréquent !

Pensée

Par peur de le perdre, certains tiennent un billet de 10 dollars tellement serré dans leur main que personne ne peut y mettre un billet de 100 dollars.

Les pensées et les croyances sont des aimants

Si une personne se dit : « Ça va trop bien, je suis mieux de faire attention, il y a sûrement quelque chose de croche qui va m'arriver », que
risque-t-il de se passer ? En adoptant cette attitude, peu importe dans
quel domaine de sa vie, c'est un peu comme si elle se promenait avec
un gros aimant.

L'être humain est électromagnétique, et ce magnétisme se crée à
partir des pensées et des croyances entretenues. Donc, la personne
risque fort bien de se retrouver avec des problèmes susceptibles
d'entraver son bonheur et là, quand les problèmes arrivent, elle se dit :
« Je le savais. J'ai donc de l'intuition. » Ce n'est pas de l'intuition, c'est
de la manifestation. Ce qui est entretenu dans notre tête crée notre
réalité et nos expériences.

Histoire de s'amuser...

Le sexe...

Un petit garçon rentre de son premier jour de maternelle avec une
grande question pour sa maman : « Maman, maman, c'est quoi le *sexe* ? »

La maman est un peu décontenancée d'avoir à expliquer cela à
son bambin.

Mais il faut vivre avec son temps, se dit-elle et, du coup, elle se
lance dans une explication hyper détaillée de tout ce qu'il faut savoir
sur le sujet, en passant par les fleurs et les abeilles, la génétique et le
darwinisme, le sadomasochisme, le tourniquet japonais et la brouette
bulgare, etc.

Lorsqu'elle a terminé, le petit garçon, qui a tout écouté bien sage-
ment, sort de sa poche un formulaire d'inscription qu'il avait rapporté
de l'école et dit : « Oui, d'accord, maman, mais comment est-ce que je
vais faire rentrer tout cela dans le petit carré ? »

Changer les croyances

Voici un petit truc pour instaurer de nouvelles croyances en vous. Il s'agit de s'imaginer qu'on le fait comme quand on était petit. Je m'explique. Supposons que quelqu'un se soit fait dire : « Tu ne feras jamais rien de bon. » Alors, deux conditions s'appliquent pour créer l'ancrage d'une croyance : l'émotion et la logique. L'enfant a ressenti une infériorité, mais il a aussi a été confronté à une logique ou à quelque chose de plausible, ce qui crée l'ancrage et la dévalorisation. Ainsi, pour installer une nouvelle croyance du genre : « J'ai maintenant de la facilité à attirer l'argent », il vous suffit d'y mettre le maximum de sensations positives en faisant comme si tout était déjà bien réel, de réaliser que c'est logiquement possible pour vous et d'entretenir le tout jusqu'à l'implantation profonde, c'est-à-dire au moins trois semaines, ce qui correspond à la période dont le subconscient a besoin pour créer une nouvelle habitude.

Pensée

« Une croyance n'est pas uniquement une idée que l'esprit possède, c'est une idée qui possède l'esprit. »

Elly Roselle

Chapitre 17

La puissance du moment présent

Le moment présent serait-il devenu le moment performant ? Plus on est en contact avec ce qui se passe au moment présent, plus il est facile d'avoir une vigilance maximale, notamment en ce qui concerne la gestion de la pensée. Plus vous êtes centré sur ce qui se passe en vous et autour de vous chaque moment, plus vous êtes en pleine possession de votre pouvoir personnel et de votre énergie.

Par exemple, supposons que vous soyez au volant de votre automobile et que vous pensiez à la fois où un collègue vous a injurié. Cette énergie vous aidera-t-elle à construire un présent et un futur plus lumineux ? Cette attitude vous permet-elle de profiter pleinement de la splendeur du coucher de soleil qui se dessine devant vous ?

Des exemples comme cela, on pourrait en donner des milliers. Le message à retenir est que, plus on est présent à ce qui est, plus on est disponible pour profiter des petits et des grands bonheurs qui se présentent. De plus, on est davantage immunisé contre les effets du passé, car même la dernière seconde est déjà chose du passé, alors à quoi bon s'en faire avec ce qui ne peut être changé ?

Notre rôle conscient doit être axé sur la pleine utilisation de la puissance du moment présent. Vous devez être attentif à ce que vous faites, que ce soit votre travail, la conversation entretenue, etc., mais gardez bien une chose en tête : ce que vous pensez ou dites à chaque instant est-il utile pour vous et les autres ? Ce que vous avancez comme propos, l'avez-vous vérifié ou, au contraire, n'est-ce que le fruit des qu'en-dira-t-on ? Pas toujours facile d'être conscient, mais soyez assuré que votre attitude positive ne peut que vous mener sur la voie du succès à tous les points de vue.

Pensée

Le pain d'hier est rassis, celui de demain n'est pas encore cuit, mangeons donc celui d'aujourd'hui.

Garder le corps et les pensées ensemble

Le corps et les pensées doivent se suivre. Parfois, on attend tel événement pour être heureux. Par exemple, « Quand j'aurai un nouvel emploi, je serai heureux », « Quand j'aurai un conjoint, je serai souriant et motivé », etc. Retenez bien qu'on attire toujours quelqu'un de même niveau que soi.

Commencez maintenant à devenir la personne que vous rêvez d'être en pensée, et vos résultats seront la récompense de vos actions. Les gens attendent le Messie, comme on dit, et sont trop souvent inconscients du fait que la clef de la réussite se trouve entre leurs mains. Donc, le meilleur moment pour agir est maintenant.

La pensée crée, le corps prend une attitude dynamique, et c'est ainsi que les échelons de la réussite peuvent être gravis. Quand vous vous apercevez que vous êtes éparpillé mentalement, pensez intérieurement : Ici et maintenant, et dites votre prénom. Plus on s'approprie le moment présent, plus le calme peut s'installer, par le fait même, car l'énergie n'est pas brûlée par l'anxiété d'une situation qui n'arrivera peut-être même pas.

Par exemple, qui n'est pas allé rencontrer une personne en pensant : « Si elle dit ceci, je dirai cela », et la rencontre se déroule souvent de façon totalement différente de ce qui avait été anticipé. C'est bien de planifier, mais vous comprenez que l'inquiétude n'est aucunement porteuse d'intuition et de créativité. Le moment présent est une forme merveilleuse de connexion avec soi. «Que se passe-t-il en moi en ce moment?» Soyez observateur, et ne portez pas de jugement.

Pensée

La nature humaine est ainsi faite. Nous sommes capables de laisser une pellicule dans un appareil photo pendant six mois, mais nous voulons qu'elle soit développée en une heure.

Sortir de l'emprise du mental

Plus vous sortez du mental pour aller dans votre moi profond, plus vous diminuez la charge émotionnelle négative. Cela ne veut aucunement dire de vous couper de vos émotions, mais au contraire, vous apprendrez à les apprivoiser tout en douceur en vous donnant le droit de les ressentir et de les comprendre, simplement comme faisant partie de vous pour l'instant.

Évitez d'analyser, observez seulement. Si vous êtes ici alors que votre mental se trouve dans le passé ou dans le futur, vous subissez un hiatus chargé d'émotions. Il est normal que, les premières fois où vous expérimentez la conscience du moment présent, le mental réagisse pour éviter de perdre sa place. Il est en quelque sorte la représentation de l'ego et cette partie n'aime pas se sentir menacée car elle domine depuis des années. Plus vous apprenez à reconnaître ce phénomène, plus vous prenez le vrai contrôle sur votre vie.

Une des plus belles gaffes que le mental fait faire, c'est le besoin d'avoir raison. Dommage qu'il n'y ait pas de vaccin contre les platitudes! La vraie sagesse intérieure inclut, entre autres, cette capacité d'éviter de s'identifier à la petite voix du mental qui interprète et juge. En maîtrisant cela, avoir raison ou tort ne créera, au fil du temps, aucun impact sur votre identité et votre estime personnelle.

Métaphore du 20 dollars

Supposons que vous soyez dans un groupe et que j'offre un billet de 20 dollars. Tout le monde est intéressé. Je prends ce même billet, je le chiffonne fermement et l'offre de nouveau. Les mains continuent de se lever. Je le chiffonne encore plus, je le jette par terre, je pile dessus et le garnis avec les poussières du plancher. Qui veut toujours ce billet de 20 dollars ? Tout le monde a le même intérêt, n'est-ce pas ? Alors, dans votre vie, vous avez peut-être été chiffonné et froissé, mais votre valeur fondamentale n'a jamais changé !

Inspiré d'un texte d'un auteur inconnu

Le mental joue avec le passé

Le mental imagine le futur comme étant meilleur ou pire et tend à identifier vos agissements en fonction du passé. Certes, notre expérience est absolument essentielle pour bien fonctionner, mais vous êtes conscient qu'il y a du triage à faire pour éviter d'être pris dans les filets du négatif.

Il ne faut qu'une seconde à la fois pour devenir riche ou de bonne humeur, par exemple. Chaque moment bien vécu garantit le succès en tout.

Soyez véritablement là où vous êtes, prenez conscience des formes, des couleurs, des odeurs, de la lumière ambiante, des sons ou du silence, de vos ressentis, etc. Si vous êtes dans la nature, vibrez aux bruits de la nature, aux parfums des végétaux. Lorsque vous êtes envahi par les problèmes, il n'y a plus grand place pour les solutions et les chemins de la créativité sont obstrués.

Afin de savoir si vous êtes dans la bonne voie, demandez-vous s'il y a de la joie, de l'aisance et de la légèreté dans ce que vous entreprenez. Ramenez votre esprit au moment présent. Accrochez-vous un sourire et allez de l'avant une minute à la fois, une seconde à la fois.

Évitez de vous juger, même si vous n'y parvenez pas toujours. L'important est d'optimiser progressivement la conscience vers l'atteinte de l'idéal désiré. Le moment présent est un grand maître dans l'art de lâcher prise. Il permet de dissoudre l'importance des difficultés, car il nous évite de trop penser.

Pensée

Tout ce à quoi on résiste persiste, tout ce qu'on embrasse s'efface.

Histoire de s'amuser...

Une femme voit passer un beau jeune homme bien musclé sur la plage. Son mari, voyant que son épouse regarde le jeune homme avec admiration, lui dit : « Ne te laisse pas influencer par ça ; tu sais, notre voisin a un garage double et il n'y a qu'une bicyclette dedans. »

Les attentes

Plusieurs passent leur vie à attendre d'aller mieux, à attendre une personne, un nouvel emploi, que les enfants grandissent, que les autres changent. Tout un défi, n'est-ce pas ? D'autres ne pensent qu'à leurs prochaines vacances. Vous rendez-vous compte que, si une personne passe son temps à espérer ses vacances qui ne durent, supposons, que 2 semaines, elle risque de passer 50 semaines à subir sa vie ? Tout un constat ! Il n'y a pas de meilleur moment pour être heureux que maintenant.

Quand on vit dans le moment présent, on n'attend jamais ; que ce soit dans une file d'attente à la banque ou ailleurs, rien ne vous empêche d'utiliser ce temps pour entretenir l'image de vos buts, pour vous amuser à imaginer les gens avec des allures loufoques, sans rire d'eux, mais question de rester positif et enjoué. On peut tout simplement profiter de ce temps pour bien respirer, se relaxer, observer ce qui est là, ressentir la vibration de la musique ambiante, souhaiter intérieurement du bien aux gens, faire des sourires… Bien sûr, c'est parfois difficile d'être centré quand une peine profonde vient nous accabler. Je pense que toute émotion mérite d'être exprimée pour être mieux vécue, et c'est bien ainsi. Devenir conscient signifie aussi rester ouvert à sa force et à sa vulnérabilité dans certains détours de la vie.

Si vous vous promenez en voiture par un bel après-midi et que, soudainement, vous apercevez au loin un nuage noir, allez-vous faire fonctionner vos essuie-glaces au cas où ? C'est la même chose en ce qui concerne nos réactions. Combien de fois le système d'alarme intérieur démarre-t-il sans raisons valables ?

Histoire de réfléchir...

Un cadeau insoupçonné

Un jour, durant mes premières années du secondaire, j'ai aperçu un gars de ma classe qui retournait à la maison après l'école. Il s'appelait Stéphane.

On aurait dit qu'il transportait tous ses livres et son matériel scolaire ! J'ai pensé : « Pourquoi quelqu'un apporterait-il tous ses livres un vendredi soir ? Il doit vraiment être un *nerd*. » De mon côté, j'avais tout un week-end de planifié : sorties et parties de football avec mes amis.

Comme je passais près de lui, un groupe de jeunes a commencé à se moquer de Stéphane. Ils le pinçaient, ils ont fait tomber ses livres et l'ont même poussé dans la boue.

Quand il est tombé, ses lunettes ont atterri quelques pieds plus loin, dans le gazon. Stéphane a levé la tête et j'ai vu combien il était triste et désorienté. J'ai vraiment ressenti un élan de pitié pour lui...

Alors, j'ai couru jusqu'à lui et j'ai ramassé ses lunettes. Lorsqu'il a levé la tête vers moi, j'ai vu quelques larmes dans ses yeux.

« Ces gars-là étaient vraiment des imbéciles », lui ai-je dit.

Il m'a regardé et m'a remercié. Il avait un énorme sourire dans lequel on pouvait voir toute la gratitude du monde ! En l'aidant à ramasser ses livres, je lui ai demandé où il habitait. J'ai été surpris de voir qu'il habitait tout près de chez moi. Il m'a alors expliqué qu'il allait auparavant dans une école privée.

Je ne pensais jamais un jour être copain avec un gars de ce genre.

Nous avons parlé tout au long du chemin. Il s'est révélé être un très bon gars. Je lui ai alors demandé s'il voulait venir jouer au football avec mes copains et moi le lendemain. Il s'est empressé d'accepter. Nous avons donc passé le week-end ensemble et plus le temps avançait, plus je me rendais compte que Stéphane était vraiment quelqu'un de bien.

D'ailleurs, mes amis aussi pensaient la même chose. Le lundi matin, j'ai encore aperçu Stéphane qui retournait à l'école avec sa pile de livres. Je l'ai rejoint encore une fois et lui ai dit : « Wow ! Tu finiras par avoir des muscles d'acier à trimballer tes livres comme ça ! » Il a bien ri et m'a passé la moitié de ses livres. Durant les années qui ont suivi, nous sommes devenus les meilleurs copains du monde. Stéphane était vraiment un élève très intelligent, il voulait faire sa médecine, tandis que moi, j'allais finalement à l'université grâce à une bourse de football ! Je l'agaçais tout le temps en lui disant qu'il n'était qu'un *nerd* !

Pour notre graduation, Stéphane devait préparer un discours. Il était devenu un jeune homme bien dans sa peau, qui plaisait aux filles. D'ailleurs, il faisait beaucoup plus de conquêtes que moi ! La journée de la graduation, je voyais bien qu'il était nerveux. Pour le rassurer, je lui ai donné une bonne tape dans le dos en lui disant :

« Ne t'inquiète pas, tu vas être génial ! » Il m'a encore regardé avec un de ses regards, celui plein de gratitude, et m'a remercié. Lorsqu'il est arrivé devant le micro, il s'est éclairci la gorge et a commencé son discours :

« Une graduation, c'est le moment idéal pour remercier tous ceux qui nous ont aidés durant toutes nos années du secondaire, nos parents, nos professeurs, nos entraîneurs, mais surtout nos amis. Je suis ici pour vous dire qu'être l'ami de quelqu'un, c'est le plus beau cadeau qu'on peut lui donner. Je vais vous raconter une histoire. »

J'étais vraiment très surpris lorsqu'il a commencé à raconter notre première rencontre.

Mais j'ai été encore plus estomaqué lorsqu'il a raconté que cette fameuse fin de semaine, il avait prévu se suicider. C'est pourquoi il avait apporté tous ses livres, pour que sa mère ne soit pas obligée de faire le ménage de son casier. Il m'a regardé et m'a fait un sourire. « Heureusement, j'ai été sauvé. Mon ami m'a empêché de commettre l'irréparable. »

J'ai entendu le silence provoqué par son discours dans la salle, le discours d'un jeune homme distingué, beau bonhomme, intelligent et populaire. Je me suis retourné et j'ai vu ses parents qui m'ont souri avec le même regard plein de gratitude que Stéphane avait eu à mon égard. Je n'avais jamais réalisé à quel point cette journée avait été bienfaitrice pour lui.

Ne sous-estimez jamais le pouvoir de vos actions. Avec un simple petit geste, on peut changer la vie d'une personne... pour le meilleur ou le pire. Nous avons tous un impact dans la vie de tous les gens que nous rencontrons. Les amis sont des anges qui nous remettent sur nos pieds quand nos ailes ne savent plus comment voler.

Auteur inconnu

Le phare dans la nuit

Vous marchez seul dans la nuit par un épais brouillard, mais vous avez une lampe de poche en main. Cette lumière vous trace alors un passage étroit, mais dégagé. La vie, c'est un peu comme ça. Le brouillard représente votre passé et la lampe de poche, la puissance de votre conscience éclairée.

Plusieurs souhaitent connaître la santé intérieure et extérieure, mais ont peine à maîtriser leur vie. Si les pensées d'inquiétude, de morosité, de nervosité, d'envie, de maladie, de pauvreté sont vos serviteurs, comment voulez-vous avoir autre chose ? Le moment présent et les pensées bien gérées demeurent des outils de premier ordre.

Peu importe l'activité que vous entreprenez, l'important est de rester présent dans cette action. Vous créez ainsi une barrière contre les préoccupations. Au besoin, plusieurs moyens thérapeutiques sont justifiés pour des problématiques trop enracinées, par exemple le décodage de certaines mémoires et la biologie totale. Je vous encourage à entreprendre des démarches pour vous faire aider si vous le jugez à propos. Vous ne ferez que gagner du temps. Parfois, un simple massage peut faire énormément de bien. Prenez soin de vous, c'est ce qui compte le plus.

Je pense, entre autres, aux conférences et aux formations portant sur le mieux-être par le rire (rigolothérapie) que j'offre. Elles font des merveilles pour redonner aux gens des façons de s'autoresponsabiliser dans le maintien de leur équilibre de vie. Ce que je fais n'a rien d'un amuseur public. Pour moi, le rire, c'est sérieux. Une multitude d'outils aident les gens à équilibrer leur vie dans l'approche que j'ai développée. Le rire, le plaisir et le sourire associés à des moyens de gérer le stress, l'optimisation de la confiance en soi, la pratique de différents exercices pour rire davantage sont des tremplins pour accéder plus rapidement à l'idéal souhaité. C'est pourquoi les nombreuses années de pratique que j'ai cumulées m'ont permis d'en arriver un jour à l'écriture d'un premier volume intitulé *Réveiller son médecin intérieur – Le mieux-être par le rire*, qui a, à ce jour, aidé des milliers de personnes à améliorer leur santé mentale et physique. Je fais également beaucoup de conférences en lien avec le contenu de ce volume, et c'est un complément absolument efficace pour prendre sa vie en main ou continuer ce qui va déjà bien. J'aime ce travail passionnant et amusant.

Pensée

Hier fait partie de l'histoire. Demain demeure un mystère. Aujourd'hui est un cadeau. C'est pour cela qu'on dit que c'est le présent !

La conscience du corps

Lorsque vous lavez la vaisselle, par exemple, prenez conscience du contact de l'eau sur vos mains ; quand vous êtes dans votre douche, ressentez les milliers de gouttelettes perler sur la surface de votre peau. Vous aurez ainsi beaucoup moins de temps pour divaguer dans votre mental, à moins que vous ne choisissiez ce moment pour méditer sur un objecif précis.

Pourquoi les résolutions ne tiennent-elles pas ? Parce qu'elles sont cérébrales, elles ne viennent pas des tripes, comme on dit. Osez vous attirer à vous-même, comme on attire un enfant avec les yeux brillants et un enthousiasme débordant. Réfutez les notions collectives qui veulent qu'à tel âge il arrive telle chose (par exemple, « Il est normal de porter des lunettes à tel âge »). Habitez votre corps avec amour et passion. Aimez-le comme il se doit et il fonctionnera beaucoup mieux.

La détente

Voici une merveilleuse détente pour vous aider à pratiquer la conscience corporelle.

Imaginez-vous devenir instantanément très détendu comme vous ne l'avez jamais été auparavant. Vous flottez sur un nuage tout en prenant quelques bonnes respirations. Vous pouvez même visualiser que votre respiration prend les couleurs de l'arc-en-ciel une après l'autre, le rouge, l'orange, le jaune, le vert, le bleu, le lilas et le violet, ou vous pouvez simplement imaginer les couleurs une après l'autre. Question de faire un lien avec les chakras, ces centres d'énergie ayant des rôles spécifiques, et même si ce sujet ne fait pas partie intégrante de ce volume, je vous invite tout de même à imaginer la couleur rouge à la base du tronc entre les jambes, l'orange sous le nombril, le jaune vis-à-vis de l'estomac, le vert au niveau du cœur, le bleu au niveau de la gorge, le lilas entre les sourcils et le violet sur le dessus de la tête.

Ressentez le mouvement de l'air dans votre ventre et visualisez que cet air se répand chaleureusement dans chaque cellule de votre corps.

Sentez-vous vraiment vivifié, en santé, enjoué, prospère.

Ressentez la vitalité dans chaque partie de votre corps (votre visage, vos mains, vos bras, votre dos, vos jambes, etc.).

Imaginez que vous ressentez et percevez le champ électromagnétique de votre corps qui irradie et revitalise toutes vos cellules, les faisant s'illuminer et vibrer à une très haute fréquence.

Ressentez seulement, comme si une vague de chaleur, de lumière et de plaisir chassait les petits nuages intérieurs, et voyez votre intérieur comme si le soleil y brillait intensément, apportant bien-être et rétablissement.

Sentez la sensation du contact de vos pieds avec le sol, ou de votre corps avec la surface où il repose. Imaginez l'espace entre vos yeux, ressentez l'air qui entre dans votre nez, dans vos poumons, les murmures des battements de votre cœur. Prenez un peu de temps à chacune des phrases ci-dessous afin de bien les ressentir.

Quelle est la position qu'occupe votre langue dans votre bouche ?

Quelle est la température ambiante ?

Ressentez-vous comme une poupée de chiffon.

Imaginez l'émotion positive de quelque chose qui vous donne du plaisir ou que vous aimez particulièrement, et ressentez cette plénitude.

Sentez votre corps de plus en plus relaxé et apaisé, tout autant que votre esprit.

Imaginez votre esprit parcourir la beauté d'une fleur magnifique, faites-le vagabonder dans la forêt, sur la plage, ou tout simplement savourez cette quiétude apaisante.

Reprenez contact avec votre environnement tout doucement, ici et maintenant.

Réalisez qu'en tout temps vous pouvez recréer cet état de paix profonde et le rendre automatique.

Cet exercice peut vous aider tant à visualiser vos buts qu'à faire le vide intérieur ou à stimuler positivement votre système immunitaire, car l'état de calme, tout comme le rire, provoque la sécrétion d'hormones régénératrices. De plus, il contribue à augmenter votre fréquence vibratoire, ce qui éloigne de vous le négatif. Il est important de vider et de nettoyer un contenant de sa boue pour pouvoir y déposer des fleurs. Donc, c'est en éliminant les fantômes de la souffrance intérieure qu'on peut instaurer le bien-être.

Pensée

Le bonheur, c'est la route et non pas une destination !

Savoir écouter

Quel beau défi que de savoir écouter ! Prenez-vous le temps d'écouter votre intérieur, vos enfants, vos collègues, votre conjoint, etc. ? Il est facile d'être fanfaron et de prendre toute la place en faisant valoir ses idées, mais accueillir celles des autres avec respect est une pratique qui mérite notre attention car trop souvent elle est escamotée sans que l'on s'en rende compte. Vous aimez que les autres vous écoutent, c'est certain. Mais vous arrive-t-il parfois d'échapper à cette attention bien importante ?

Voici quelques réflexions sur l'écoute.

- Laissez-vous votre interlocuteur finir de parler avant de prendre la parole ?
- Osez-vous faire répéter poliment la personne si vous n'avez pas bien compris ou, au contraire, changez-vous de sujet ?
- Regardez-vous la personne le temps qu'elle vous parle en la faisant sentir importante ?
- Arrivez-vous à percevoir l'aspect constructif des commentaires ou critiques qui vous sont adressés ?

Vous pouvez même demander aux gens qui vous côtoient s'ils se sentent écoutés en vous parlant ; ce peut être un peu ardu pour l'ego, mais fort utile.

La façon dont vous agissez envers vous-même est souvent la même que celle qui vous sert pour interagir avec les autres. Savez-vous être à l'écoute de vous-même ? Il ne s'agit pas seulement d'entendre des mots, mais également, et surtout, de percevoir le message ou les besoins que la personne exprime.

Dans la vente, entre autres, l'écoute est primordiale. À quoi servent les meilleures stratégies s'il n'y a aucune écoute active ? Apprendre à écouter efficacement en ayant de la considération pour la personne en avant de nous, en observant ses attitudes et ses comportements non verbaux facilite les relations. Voilà des outils de base pour toute communication bien dirigée, tant en famille qu'en affaires.

Le non-verbal est aussi très puissant. Je vous donne un exemple. Si quelqu'un vous dit : « Je vais aller de l'avant » mais qu'il recule en le disant, ou encore vous dit oui mais fait signe que non, vous avez ainsi de quoi décoder sa vraie perception des choses. Le message authentique est dans le geste bien plus que dans les mots.

En communication, l'influence se fait comme suit : 55 % passe par le non-verbal, 38 % par le tonal et 7 % seulement par les mots. Bref, développez vos aptitudes et améliorez vos attitudes, et ce sera tout un changement. La qualité de nos relations est proportionnelle à la qualité de notre communication, tant envers nous-même qu'envers les autres.

Histoire de s'amuser...

Banquier, définition n° 2

Homme secourable qui vous prête un parapluie quand il fait beau et vous le réclame dès qu'il commence à pleuvoir.

Le plaisir du moment présent

La conscience du moment présent est souhaitable dans tous les domaines de votre vie. Supposons que vous soyez en train de faire l'amour et que vous pensiez au ménage du garage qui n'est pas fait ou à ce que vous ferez au bureau demain. Que se passera-t-il ? Nul besoin de vous en dire plus !

Supposons également que vous soyez en train d'écouter un bon spectacle, mais que vous pensez que vous auriez dû aller voir telle personne malade à la place, en profiterez-vous pleinement ? Une chose à la fois. Comme je vous disais, cela n'exclut aucunement la planification de vos activités, c'est plutôt une façon consciente de vivre et de maximiser votre énergie, ainsi que vos résultats, et de savourer le plaisir immédiat.

Vous pouvez même faire une expérience un peu plus osée. Non, ce n'est pas ce que vous croyez ! Imaginez que vous pensez non seulement avec votre tête, mais également avec tout votre corps, toutes vos cellules. Quelle idée en apparence farfelue, mais pleine de bon sens ! Vous avez besoin d'une réponse ? Imaginez alors une belle lumière qui émane de votre cœur et qui irradie tout autour de votre corps et visualisez qu'à chaque respiration, cette lumière s'intensifie pour vous amener consciemment l'inspiration émanant de votre source profonde. Jouez de la sorte, vous êtes un trésor rempli de ressources, expérimentez vos propres moyens. Ceux-ci ne servent que d'inspiration, utilisez votre créativité.

Vous êtes un dynamo

Notre conscience est toujours alimentée par nos profondeurs et notre spiritualité. Je comparerais ce phénomène au service hydroélectrique et à l'usage qu'on en fait. Disons que vous utilisez votre grille-pain. Il ne consommera qu'une petite quantité d'énergie, mais cela ne veut pas dire que le service hydroélectrique, par exemple, ne peut en fournir davantage. Alors, que faisons-nous de notre générateur à succès ? En tire-t-on le minimum ou s'y abreuve-t-on intensément en sachant que la source d'abondance est illimitée ?

On dit que le bonheur, c'est comme du sucre à la crème : si vous en voulez, faites-vous-en !

Les pièges du passé

Les gens qui s'accrochent au passé ne peuvent vivre pleinement les nombreux petits bonheurs qui se présentent au quotidien, et ce n'est guère mieux si c'est au « positif passé ». Le passé nous sert de référence pour nos décisions, par exemple, mais il ne doit aucunement constituer notre ligne de vie. Le passé, c'est tout autant la dernière seconde que vous venez de vivre en lisant le dernier mot de cette ligne. Cet instant n'existe plus.

S'accrocher aux expériences passées nous prive des expériences positives présentes, ainsi que du plein apprentissage naissant de chacune des expériences actuelles. Plus on reste ancré dans le passé, plus on s'expose à vivre du ressentiment, de la frustration, de la colère, etc., envers les gens et les situations. Le piège du passé se joue parfois dans les moindres petites choses du quotidien. Supposons que vous ayez un jour reçu un cadeau dans un échange quelconque et que chaque fois que vous avez à épousseter cet objet, il vous fait penser à la personne qui avait pigé votre nom et pour qui vous avez plus ou moins d'estime.

Qu'est-ce qui vous oblige à garder cet objet ? Donnez-le à quelqu'un pour qui ce sera agréable au lieu de vous laisser inconsciemment influencer par le souvenir sombre qu'il provoque en vous. Agissez de la même manière avec les photos de personnes décédées. On les a aimées, certes, et on les aime encore, mais est-ce absolument nécessaire d'en tapisser la maison et d'amplifier la souffrance de leur disparition ? Je vous dis cela, car j'ai déjà vu une vieille dame qui avait toute une panoplie de photos de personnes décédées sur sa tête de lit ; elle vivait au passé aussi.

Je ne veux aucunement vous dire quoi faire ou ne pas faire, je tente seulement de vous aider à devenir vigilant envers les petites et grandes choses qui meublent notre quotidien et nous siphonnent souvent inutilement de grandes quantités d'énergie.

Je pense aussi aux événements négatifs qui se rapportent à une date quelconque et dont on se souvient chaque année. « Te souviens-tu, ça fait 38 ans aujourd'hui qu'un tel est décédé ? » ou « Ça fait un an aujourd'hui que j'ai eu un gros accrochage avec ma voiture », etc. Ou encore, certains diront chaque mois de février : « J'ai une méchante grippe qui dure trois semaines. » Que pensez-vous des innombrables cérémonies commémoratives qui relatent, année après année, des événements tragiques, par exemple certains attentats, des guerres ou autres ? N'est-ce pas ramener le passé tout autant que les émotions et les difficultés qui s'y rattachent ?

Des croyances fortes feront que d'autres se diront, par exemple : « Le mois de juillet est un très mauvais mois en affaires. » Que se passera-t-il à coup sûr ? Tirez-en vos propres conclusions. Un libraire me disait un jour que, dans ce milieu, cette croyance est assez répandue. Pour lui, c'était le contraire : juillet était un mois excellent. On pourrait imaginer que les autres commerces ferment peut-être durant ce temps et que les clients vont tous à la librairie !

Histoire de réfléchir...

Un jour, un vieux professeur de l'École nationale d'administration publique (ENAP) fut engagé pour donner une formation sur la planification efficace de son temps à un groupe d'une quinzaine de dirigeants d'importantes entreprises nord-américaines.

Ce cours constituait l'un des cinq ateliers de leur journée de formation. Le vieux prof n'avait donc qu'une heure pour livrer sa matière. Debout devant ce groupe d'élite (prêt à noter tout ce que l'expert allait enseigner), il les regarda un par un, lentement, puis leur dit : « Nous allons réaliser une expérience. »

De dessous la table qui le séparait de ses élèves, le vieux prof sortit un pot à conserve de quatre litres, qu'il posa directement en face de lui. Ensuite, il prit environ une douzaine de cailloux gros comme des balles de tennis et les plaça délicatement, un par un, dans le contenant. Lorsque celui-ci fut rempli jusqu'au bord et qu'il fut impossible d'y ajouter un caillou de plus, il leva lentement les yeux vers ses élèves et leur demanda :

« Est-ce que ce pot est plein ? »

Tous répondirent :

— Oui.

Il attendit quelques secondes et ajouta :

— Vraiment ?

Alors, il se pencha de nouveau et sortit de sous la table un récipient rempli de gravier. Avec minutie, il versa ce gravier sur les gros cailloux, puis brassa légèrement le pot.

Les morceaux de gravier s'infiltrèrent entre les cailloux... jusqu'au fond.

Le vieux prof leva à nouveau les yeux vers son auditoire et demanda :

— Est-ce que ce pot est plein ?

Cette fois, ses brillants élèves commençaient à comprendre son manège.

L'un d'eux répondit :

— Probablement pas !

— Bien ! répondit le vieux prof.

Il se pencha de nouveau et, cette fois, sortit de sous la table une chaudière de sable.

Avec attention, il versa le sable dans le pot.

Le sable alla remplir les espaces entre les gros cailloux et le gravier.

Encore une fois, il demanda :

— Est-ce que ce pot est plein ?

Cette fois, sans hésiter et en chœur, les brillants élèves répondirent :

— Non !

— Bien ! répondit le vieux prof.

Et comme s'y attendaient ses prestigieux élèves, il prit le pichet d'eau sur la table et remplit le pot jusqu'au bord.

Le vieux prof leva alors les yeux vers son groupe et demanda :

— Quelle grande vérité nous démontre cette expérience ?

Pas fou, le plus audacieux des élèves, songeant au sujet de ce cours, répondit :

— Cela démontre que même lorsqu'on croit que notre agenda est complètement rempli, si on le veut vraiment, on peut y ajouter plus de rendez-vous, plus de choses à faire.

— Non, répondit le vieux prof, ce n'est pas cela. La grande vérité que nous démontre cette expérience est la suivante : Si on ne met pas les gros cailloux en premier dans le pot, on ne pourra jamais les faire entrer tous, ensuite. »

Il y eut un profond silence, chacun prenant conscience de l'évidence de ces propos.

Le vieux prof leur dit alors : «Quels sont les gros cailloux dans votre vie ? Votre santé, votre famille, vos amis, réaliser vos rêves, faire ce que vous aimez, apprendre !

«Ce qu'il faut retenir, c'est l'importance de mettre ses gros cailloux en premier dans sa vie, sinon on risque de ne pas réussir... sa vie. Si on donne priorité aux peccadilles (le gravier, le sable), on remplira sa vie de peccadilles et on n'aura plus suffisamment de temps précieux à consacrer aux éléments importants de sa vie.

«Alors, n'oubliez pas de vous demander quels sont les gros cailloux dans votre vie. Ensuite, occupez-vous-en en premier. »

D'un geste amical de la main, le vieux professeur salua son auditoire et lentement, quitta la salle...

Auteur inconnu

Comment transformer un sentiment désagréable en une énergie d'action

Quand un événement désagréable se produit, nous avons deux choix : soit se sentir victime, soit accuser les autres, la situation ou la terre entière pour ce qui arrive. À ce sujet, voici une petite métaphore que je raconte souvent aux gens dans les salles où je prononce des conférences et ateliers.

« Un jour, un vieil homme s'était endormi dans sa berceuse par un bel après-midi. Son petit-fils était sous sa garde cette journée-là et, pour jouer un tour à son grand-père, il lui mit à son insu un morceau de fromage fort dans la moustache. À son réveil, le grand-père s'exclama en disant : « Mais ça sent bien mauvais ici », et il se leva, fit le tour de la pièce sans rien trouver. Il alla dans la pièce voisine en continuant de maugréer sur l'odeur nauséabonde qui le dégoûtait. Il fit ainsi le tour de la maison jusqu'au deuxième étage en continuant de clamer que cela sentait mauvais dans l'ensemble de la maison. Il sortit ensuite dehors et s'écria : « J'en ai assez, je comprends, c'est le monde entier qui sent mauvais. »

Morale de cette histoire : Combien de fois sommes-nous victimes de notre morceau de fromage, bref, de nos pensées et de nos attitudes ?

Chacun de nous a une multitude d'anecdotes personnels où il a été piégé par un manque de vigilance, provoquant ainsi une inconstance envers la plénitude du moment présent. Si, par exemple, quelqu'un vous sert une critique désobligeante, vous avez le choix de ressentir de l'amertume pendant des jours ou, au contraire, de faire en sorte de transformer cette énergie positivement. Supposons que vous ayez de la visite qui vient chez vous régulièrement et que cela vous importune à la longue. Soudain, vous avez une idée. Vous vous dites : « Je vais les faire travailler », et, là, vous leur demandez de laver votre plancher, vos vitres, etc. Que se passera-t-il ? Ces gens ne reviendront plus.

Quand vous faites face à un inconfort, le même principe s'applique. On prend donc l'exemple de la critique désobligeante. Si une lourdeur intérieure demeure, vous pouvez vous aider à ramener la paix intérieure en vous centrant premièrement sur le moment présent. Dites-vous que ce qui s'est passé n'est déjà plus l'objet de votre réalité, donc il est à présent futile de nourrir cette énergie de destruction. Ensuite, vous pouvez imaginer que vous transformez ce qui vous dérangeait en façonnant une image mentale que vous placez dans votre main et sur laquelle vous pouvez projeter une belle lumière de la couleur de votre choix ; visualisez que cette énergie se transforme en argent, en santé, en amour, etc. Depuis plusieurs années, je fais faire cet exercice de façon détaillée en salle et les gens obtiennent d'excellents résultats. Il relève de la programmation neurolinguistique, science que j'ai longtemps étudiée. Il est salutaire de faire bouger les choses pour obtenir des résultats favorables et sortir du passé. Les gens dépressifs ont souvent tendance à rester dans le passé.

Chapitre 18

Comment fixer ses buts et établir ses plans

Un but est une cible qu'on se promet d'atteindre, une direction qu'on donne à son esprit, une décision consciente en lien avec ce que l'on veut vraiment. Il est important d'éviter de concentrer l'attention sur ce qu'on ne veut pas, car c'est ce qui serait magnétisé puisque le subconscient fonctionne beaucoup par l'influence des images. La pensée est créatrice et ce qui est entretenu en pensée tend à se matérialiser, vous le savez.

Pensée

Les rêves ont plus besoin de confiance que de chance.

La règle des trois P

Voici une petite règle de base pour l'élaboration de vos buts. Il est important qu'ils soient formulés selon la règle des trois P : pain, pâte, patate… non, je blague. Les trois P sont à prendre au sérieux, en effet. Il s'agit de créer votre but selon trois conditions particulières. Donc, si vous voulez vous créer des affirmations positives pour visualiser vos buts, voici comment les construire :

- à la première personne du singulier, soit «je ou moi»;
- au temps présent, par exemple «je suis…»;
- en termes positifs: «Je suis maintenant de plus en plus calme.»

Si vous vous disiez: «Il ne faut pas que je perde d'argent comme avant», vous seriez à un mode impersonnel en utilisant le «il faut», ce qui vous exclurait de l'image de réalisation de votre but. En plus, vous utiliseriez une formule négative, ce qui vous éloignerait de l'image de la présence réelle du désir. Vous seriez aussi hors du temps présent en faisant un lien avec le passé. Donc, la bonne formule pourrait ressembler à celle-ci: «C'est maintenant de plus en plus facile pour moi de gagner beaucoup d'argent.» Le *moi* représente la première personne, le *maintenant* se réfère au présent, et c'est positif.

Vous pouvez fixer vos buts pour vous, pour votre famille, mais pas pour un individu en particulier. Si votre objectif est qu'un tel arrête de fumer, ou qu'un autre perde du poids, n'y comptez pas: la décision doit d'abord venir de la personne concernée, et vous pourrez ensuite l'aider si possible.

Il faut se fixer des buts positifs et non pas vouloir se débarrasser de quelque chose. J'ai déjà entendu l'histoire d'une dame qui souhaitait avoir une meilleure vision. Elle s'était formulé la phrase suivante: «Si je peux donc me débarrasser de mes lunettes», et elle les perdait très souvent. Très subtil, mais la puissance des mots et de la pensée est incommensurable.

Être confiant

Entretenez votre image et vos pensées dans la direction voulue et ayez confiance: votre subconscient fait ce qu'il faut pour réaliser vos buts. Comme la graine de carotte semée au printemps, il faut un peu de temps pour parfaire le produit fini; alors, soyez patient et confiant. Rien ne vous empêche de déterminer un délai de réalisation raisonnable, et c'est même souhaitable. Toutefois, ne vous demandez pas quand cela va arriver, ne laissez pas le doute s'emparer de vous, soyez alerte à ces fantômes de l'esprit. Donc, il vaut mieux encadrer l'esprit dans des délais raisonnables que de laisser les choses à tout venant. Cela ne veut pas dire contrôler, mais plutôt soutenir.

Pensée

La jeunesse

La jeunesse n'est pas une période de la vie, elle est un état d'esprit, un effet de la volonté, une qualité de l'imagination, une intensité émotive, une victoire du courage sur la timidité, du goût de l'aventure sur l'amour du confort.

On ne devient pas vieux pour avoir vécu un certain nombre d'années ; on devient vieux parce qu'on a déserté son idéal. Les années rident la peau ; renoncer à son idéal ride l'âme. Les préoccupations, les doutes, les craintes et les désespoirs sont les ennemis qui, lentement, nous font pencher vers la terre et devenir poussière avant la mort.

Jeune est celui qui s'étonne et s'émerveille. Il demande, comme l'enfant insatiable : « Et après ? » Il défie les événements et trouve la joie au jeu de la vie.

Vous êtes aussi jeune que votre foi. Aussi vieux que votre doute. Aussi jeune que votre confiance en vous-même. Aussi jeune que votre espoir. Aussi vieux que votre abattement.

Vous resterez jeune tant que vous resterez réceptif. Réceptif à ce qui est beau, bon et grand. Réceptif aux messages de la nature, de l'homme et de l'infini.

Si, un jour, votre cœur allait être mordu par le pessimisme et rongé par le cynisme, puisse Dieu avoir pitié de votre âme de vieillard.

Général MacArthur

L'exercice des 100 buts

Voici un exercice fabuleux pour vous aider à préciser ce que vous voulez. Sur une feuille de papier, dressez la liste de 100 choses que vous aimeriez avoir indépendamment du prix, par exemple une voiture neuve de telle marque, une croisière autour du monde, un cornet de crème glacée à la cantine du coin, plus de confiance en vous, une meilleure santé, etc. Quand vous aurez terminé cette liste, réduisez-la à dix éléments tout en prenant le temps de bien ressentir vos priorités actuellement.

Réduisez de nouveau à trois éléments, et vous pourrez alors choisir d'en faire vos trois priorités actuelles ou encore en conserver juste un qui sera votre but principal, auquel vous consacrerez les énergies nécessaires à sa réalisation. Des gens me demandent parfois pourquoi ne pas en écrire seulement 10. Ce serait une erreur, car ce jeu vise à susciter une impression grandiose de prospérité dans l'esprit et à ouvrir les canaux de l'abondance.

Voici quelques attitudes pouvant empêcher la réalisation des buts :

- Le manque de persévérance ;
- La notion ;
- Le manque de foi en la réalité du fait accompli, le doute ;
- Le manque de ressenti et de joie en pensant à votre but ;
- Certaines croyances astreignantes (trop beau pour être vrai, né pour un petit pain, etc.) ;
- Une mauvaise supervision des pensées et du langage entretenus. Si vous pensez à votre but mais que vous vous dites que vous avez toujours de la difficulté dans la vie, vous érigez un obstacle.

Pensée

C'est de l'entretien choisir de bien aller, mais ça vaut le coup, c'est indéniable. Quand on s'y entraîne, ça se fait presque automatiquement ensuite.

Pour bien évaluer les répercussions de votre but, posez-vous les questions suivantes :

- Ce but va-t-il améliorer ma vie sincèrement ?
- Mon but est-il animé par une vengeance quelconque ?
- Est-ce que je veux ce but pour moi ou pour prouver quelque chose à quelqu'un ?

- Mon but sera-t-il réellement bon pour moi et mon entourage (enfants, conjoint) ?
- Mon but est-il en accord avec mes valeurs ? (Par exemple, vous aimez la liberté, mais vous devez travailler la fin de semaine et accepter un horaire brisé.)
- Mon but est-il réaliste ? (Par exemple, vous voulez la célébrité, mais êtes-vous prêt à aller à la salle de bain accompagné d'un garde du corps ?)

Pour vous motiver, demandez-vous quels sont les avantages de réaliser ce but, et ce, en éprouvant du plaisir. Votre esprit recevra votre commande et vous fournira les moyens pour le faire, n'est-ce pas merveilleux ? Branchez-vous sur la fréquence du bonheur une fois pour toutes, c'est ce qu'il y a de plus légitime dans la vie.

Le vrai sens du succès

Quel est le vrai sens du succès ? Est-ce l'argent et les biens matériels seulement ? Pour moi, le succès consiste à donner un sens à sa vie et à faire en sorte d'obtenir ce qui nous tient à cœur sans rien enlever à personne. Le succès global, c'est d'avoir en même temps la santé mentale et physique, l'estime et l'amour de soi, un travail qui fait du bien à l'esprit, à l'âme et au corps, une aisance financière qui est pour soi équitable, des loisirs, de l'équilibre, du rire et du plaisir à profusion, et aussi la force de pouvoir traverser les difficultés de la vie avec un maximum de sérénité. C'est avoir l'amour et la présence dans le couple (à moins que la personne ne préfère le célibat avec aisance sincère), l'amour et la présence des enfants et de la famille. Pour moi, l'abondance totale ressemble à cela. Réussir, c'est devenir la personne qu'on a choisi d'être sans nuire à personne. C'est choisir d'être heureux et de prendre les moyens pour le devenir.

La visualisation

La visualisation, à la portée de chacun, est une des bases de la réussite. On l'a tous déjà pratiquée spontanément car tout ce que nous avons en est le fruit, que ce soit positif ou négatif : la santé ou la maladie, la richesse ou l'impécuniosité, l'amertume ou la joie de vivre, etc.

Imaginez que vous déposez une planche sur le sol et que vous marchez dessus. Assez facile, n'est-ce pas ? Mettez-la maintenant dans les airs entre deux poteaux de soutien. Que se passe-t-il ? On est porté à se voir tomber, et c'est fort possible que la chute survienne. Quelle est l'image plus ou moins consciente qui a dominé ? C'est cette commande de peur qui a été portée à l'esprit et a provoqué le résultat. Alors, pourquoi certains réussissent là où d'autres échouent ? Leur secret : ils voient et entretiennent mentalement leur réussite, ce qui ne peut faire autrement que de se réaliser.

Soyez précis dans vos plans. Si vous voulez un lopin de terre, décrivez-le de façon détaillée. Le désirez-vous sur le bord d'une rivière ou d'un ruisseau ? Voulez-vous qu'il soit très boisé ? Quels arbres voulez-vous y retrouver ? L'aimeriez-vous à la campagne ? sans voisins ? à quel prix ? Vous serez surpris de la précision de cette réalisation. C'est tout à fait formidable. Je l'ai pratiqué souvent pour des biens immobiliers et, chaque fois, ce fut la révélation. J'ai même obtenu plus que ce qui avait été visualisé.

Prenons un exemple. Vous avez une maison à vendre. Que faites-vous pour réaliser votre objectif, c'est-à-dire une vente rapide ?

- Visualisez d'abord l'inscription « Vendu » sur la pancarte ; s'il n'y a pas de pancarte, imaginez-en une.
- Ressentez le plaisir de déménager, eh oui ! le plaisir, voyez le camion à la porte, les gens en action, rendez votre image vivante.
- Voyez-vous chez le notaire en train de réaliser la transaction.
- Imaginez les acheteurs heureux de leur acquisition et soyez fier d'avoir contribué à leur bonheur.
- Voyez que vous remettez les clefs au nouveau propriétaire.
- Pensez même à une date réaliste pour encadrer cette réalisation dans le temps.

Pratiquez régulièrement cette visualisation. Petite mise en garde : comme toute autre visualisation, elle doit se faire avec la conviction que c'est en train de se réaliser. Si vous vous dites : « Je vais la refaire au cas, mais je n'y crois pas et je suis à peu près certain que ça ne marchera pas », c'est inutile.

Vous pouvez aussi vous fixer des buts, petits ou grands, à court, à moyen et à long termes. Voici quelques exemples :

- « Aujourd'hui, je décide de faire le ménage du garage. »
- « D'ici un mois, je me promets d'aller souper avec tel ami. »
- « D'ici six mois, je veux changer d'emploi (spécifiez les détails, l'horaire, les valeurs, les tâches, l'équipe). »
- « D'ici un an, je veux m'acheter une nouvelle voiture (spécifiez les détails, la marque, la couleur). »
- « D'ici trois ans, je veux aller en Europe (spécifiez les détails, le ou les pays, la période de l'année). »

Notre objectif conscient doit façonner nos images mentales pour qu'elles soient le plus fidèle possible à ce que nous voulons dans la réalité. On dit souvent que les moyens, eux, relèvent de notre source profonde, de notre intelligence supérieure. Notre subconscient reçoit la commande et nous fournit les idées pour agir. Mais rien ne nous empêche de stimuler ces images pour accentuer la ligne directrice de notre vision. Vous pouvez très bien dresser une liste pour vous aider à atteindre vos buts, par exemple :

- Dix moyens pour être plus heureux et passer plus de temps en famille
- Dix moyens pour vivre une meilleure sexualité
- Dix moyens pour m'aimer davantage
- Dix moyens pour posséder plus d'argent
- Dix moyens pour avoir une meilleure santé

Je tiens à faire une petite parenthèse. Il y a des gens qui rêvent de certaines choses, mais ne sont pas prêts à accepter les conséquences de leurs choix. Comme je vous le mentionnais précédemment, supposons qu'une personne souhaite guérir de tel problème de santé, mais qu'elle sait très bien que si elle guérit, elle devra retourner travailler et que son travail ne la motive vraiment pas. Que se passera-t-il ? Elle aura sans doute de la difficulté à retrouver la forme à cause de cet avantage caché. Ce que je vous dis là, je l'ai souvent vu et entendu lors de mes conférences.

Toute visualisation mérite de se faire avec des images qui simulent la réalité. Si on utilise la visualisation en vue d'avoir une voiture, on peut s'imaginer l'odeur du cuir, le son de la radio, le bruit du moteur, le confort à bord, la couleur, les détails intérieurs et extérieurs. On peut également se voir recevant les clefs, signant le contrat et, surtout, se ressentant heureux et fier de la conduire sur la route.

En agissant ainsi, l'argent deviendra le sous-produit de la préparation mentale. Ce qui n'existe pas comme possibilité dans notre conscience ne peut se matérialiser. Si cette préparation mentale s'avère un fardeau pour vous, vous perdez votre temps car l'émotion positive est aussi puissante que la visualisation : les deux doivent être combinées.

Les factures

Même si cela vous semble étrange, ayez de la gratitude pour les factures : elles correspondent à un service reçu. Habituez-vous à payer les comptes le plus vite possible afin d'éviter de retarder les courants d'abondance. Vous pouvez même bénir les gens qui vous ont rendu ces services.

Jouissez de votre argent

Chaque fois que vous touchez à de l'argent ou à une carte de crédit ou de débit, voyez-vous millionnaire si c'est ce que vous voulez, ou comme la personne riche que vous souhaitez devenir. Cela ne veut pas dire de dépasser votre limite de crédit, bien au contraire ; votre carte devient un simple véhicule pour stimuler la conscience de l'argent en mouvement.

Mettez du ressenti et de l'émotion chaque fois que vous manipulez de l'argent, comme si c'était une jouissance pour vous ; osez amplifier démesurément au lieu de dire, par exemple : « Maudit argent ! » Votre subconscient fera le reste pour provoquer la réalité à la lumière de vos actions les plus intenses. Chaque matin, vous pouvez penser que vous êtes à une journée plus près de votre idéal ; n'est-ce pas merveilleux ? Même si le montant dans vos poches est minime telle ou telle journée, ayez la même réaction, imaginez-en beaucoup et voyez-vous en jouir lors de toutes sortes de situations. De plus, vous aurez beaucoup de plaisir à faire ce jeu payant.

Histoire de réfléchir...

Voici une mise en situation présentée en entrevue.

Vous conduisez votre voiture dans une nuit de tempête terrible. La visibilité est presque nulle, les vents sont atroces. Vous passez devant un arrêt d'autobus, isolé, ou attendent trois personnes : une dame âgée en sérieux danger de mort ; un vieil ami qui vous avait déjà sauvé la vie ; la femme (ou l'homme) de vos rêves.

Question : Vous ne pouvez faire monter qu'un seul passager dans votre véhicule ; qui choisissez-vous ?

Pensez-y bien avant de continuer à lire. Ceci est un dilemme moral et éthique qui a été utilisé en entrevue de travail. Vous pourriez faire monter la vieille dame, car elle est en danger de mort et il serait logique d'essayer de la sauver en premier ; ou votre vieil ami puisqu'il vous a déjà a sauvé la vie, ce qui serait une bonne occasion de lui rendre un service à la hauteur. Cependant, vous ne rencontrerez peut-être plus jamais le partenaire idéal. Pensez-y bien.

La personne interviewée engagée parmi 200 candidats n'a pas hésité à donner sa réponse. Superbe réponse !

Cette personne a tout simplement répondu : « Je donnerais les clés de la voiture à mon vieil ami, et je le laisserais partir avec la vieille dame pour l'emmener à l'hôpital. Moi, je resterais là pour attendre le prochain autobus avec la femme de ma vie. »

Il faut savoir surpasser les obstacles apparents que nous donnent nos problèmes et apprendre à penser avec créativité ! Voilà !

Auteur inconnu

Quelques-uns de mes faits vécus

Une vente bien imprévue

Un jour, nous avons reçu une lettre adressée comme suit : Aux propriétaires du … (notre adresse). Le contenu se résumait ainsi. « Nous
sommes amoureux de votre domaine et nous sommes conscients qu'il
n'y a aucune pancarte à vendre. Nous espérons sincèrement ne vous
offenser en aucune façon, mais seriez-vous prêt à vendre ? » Et on y
trouvait les coordonnées de ces gens.

Nous avons pris 24 heures de réflexion et avons ouvert la discus-
sion. Comme vous en déduirez, dans une telle situation, on est loin de
donner ses affaires. On a fait un prix ferme et très satisfaisant, et la
vente s'est réalisée car elle le valait très bien. Cela n'a fait que des
heureux.

Mais si je vous improvisais futilement une telle histoire sans
preuve à l'appui, oseriez-vous la croire possible ? Pensez-vous que cela
pourrait vous arriver ? Eh bien ! nous l'avons vécu. Quand j'achète une
propriété, j'ai toujours une choses en tête : le jour où je voudrai la
revendre, ce pourra se faire très rapidement. J'en ai eu plusieurs, car
j'aime ce genre de transaction. La maison le plus longtemps à vendre
a demandé 45 jours et la plus rapide, 7 jours, soit même avant que
l'annonce paraisse dans le journal. La prospérité peut provenir de partout. Bien des gens en rêvent et n'y voient que les fruits de leur labeur
comme source. Sortez des sentiers battus. En achetant et en reven-
dant des propriétés, vous pouvez accumuler des bénéfices si les choix
sont bien faits, mais l'action est essentielle. Vous pouvez acheter des
chalets ou des maisons qui sont à liquider pour cause de transfert ou
de succession, ou qui nécessitent un peu de réparations, et les revendre avec profit. Pourquoi pas ?

Un emploi de rêve

Lorsque je me suis sentie prête à me lancer dans le domaine de la
conférence, j'avais programmé mentalement ce qui se passerait. Je
voulais rencontrer une personne qui m'ouvrirait la voie en vue de travailler éventuellement à mon compte. En guise de date repère, cette
occasion devait m'être présentée pour mon anniversaire suivant.

Un soir où je suivais un cours de développement personnel qui me plaisait au plus haut point, l'animateur est venu me rencontrer à la pause. La salle où nous étions était parée de miroirs sur toute sa longueur. Il m'amena devant un miroir et me dit : « Regarde-toi, Line.

Oui, je me vois, qu'est-ce qu'il y a ?

Il me dit alors des mots dont je me souviendrai toujours.

Ça fait un bon bout de temps qu'on te regarde aller et ta place n'est plus dans la salle, mais en avant. Accepterais-tu de donner cette formation en province dans différentes villes ?

Le cadeau ! Imaginez à quelle date tout cela s'est produit… La veille de mon anniversaire. Magique, la pensée, je vous le dis ! Mon premier emploi en diététique s'était sensiblement présenté de la même façon. Ce serait illusoire de vous dire que ma vie est parfaite, je suis un être humain comme tout le monde et il y a toujours des choses à améliorer, mais je cumule bien des expériences concluantes pour vous inciter à faire vos propres constatations.

Un terrain de rêve

Un jour, nous voulions acheter une terre à la campagne. Notre idéal en tête ? Une prairie pour y garder des animaux si éventuellement on le voulait, des conifères, des érables, un ruisseau et un sentier pour se promener. Cette image a été entretenue pendant quelques semaines ; par un beau dimanche, nous sommes partis à la campagne à quelques kilomètres de la ville. Nous avons vu une pancarte « À vendre » au bord du chemin. Nous nous sommes donc arrêtés. On a demandé au propriétaire si on pouvait aller marcher sur la terre. Il a répondu aussitôt : « Vous n'avez pas à aller marcher, il y a un chemin qui monte jusqu'en haut de la terre et vous pouvez y aller avec votre voiture. » Super… Tout en avançant, on pouvait y voir les prairies, bordées par un magnifique ruisseau qui longeait une forêt de conifères adjacente à une superbe érablière. En prime, une très belle cabane à sucre et un chalet dans la forêt. Un hasard, diront certains. Pas du tout. Demandez et vous recevrez, mes chers amis. Des exemples comme cela, je pourrais vous en raconter beaucoup, mais je crois que ceux-ci peuvent sincèrement vous donner encore plus le goût de créer les vôtres.

Histoire de s'amuser...

Mot d'enfant

Un petit garçon de cinq ans reçoit son assiette lors d'un repas dans un restaurant. Le cuisinier l'avait décorée avec des flocons de persil pour égayer le tout. Voyant ceci, le petit garçon la repoussa en disant à sa mère : « Maman, je ne mange pas ça, moi, de la poussière de tondeuse. »

Ne pas prendre la vie trop au sérieux

Visualiser ses désirs, c'est se pratiquer à entretenir le bonheur chaque jour. C'est également une façon agréable de persévérer jusqu'à la réussite, mais la force de ce jeu, c'est que la certitude de la réalisation devient le moteur principal. Rappelez-vous que c'est à faire comme si… que l'on devient comme ça. Ne pensez pas à vos buts, mais à partir d'eux. Tous les matins au réveil et tous les soirs avant de dormir, amusez-vous à écrire vos buts principaux et/ou à les lire à haute voix en les ressentant bien, avec le sourire en plus. Vous verrez comment ils se réaliseront comme par magie.

Pensée

Dans la vie, il y a un escalier qui mène au succès, mais la plupart des gens attendent l'ascenseur...

Auteur inconnu

Soyez précis

Si une personne désire quelque chose, par exemple un nouveau mobilier de salon, et qu'elle visualise les milliers de dollars nécessaires au lieu des meubles, il y a un risque négatif. Quand ceux-ci arriveront, une autre situation (une réparation d'automobile, des rénovations, etc.) pourrait faire en sorte que cette personne doive utiliser l'argent prévu à d'autres fins. Voilà pourquoi il faut voir l'objet du désir et non l'argent proprement dit dans un tel cas. Si vous visualisez le mobilier, imaginant le confort du mobilier, la couleur, etc., vous pourrez l'obtenir beaucoup plus assurément. Donc, savoir ce qu'on veut avec précision s'avère essentiel. Puisque la puissance de l'émotion positive est très forte, vous pouvez également vous faire une roue de fortune sur laquelle vous y apposez des images qui correspondent à vos désirs ; vous laissez ce montage à la vue et le regardez souvent avec des sensations vibrantes de joie, de plaisir et de satisfaction.

Bref retour sur l'autosuggestion

Pour vous aider à harmoniser les principaux domaines de votre vie, prenez quelques minutes par jour pour vous offrir de bonnes « vitamines mentales ». Vous trouverez, dans la rubrique suivante, des exemples d'affirmations qui vous aideront à améliorer votre vie. Répétez-vous-les chacune au moins trois fois par jour, au même moment, et non une fois le matin, l'autre le midi, etc. Par exemple, si vous choisissez de vous répéter ceci : « J'ai de plus en plus d'énergie », dites-le au moins trois fois consécutives. En vous les répétant, prenez le temps d'en ressentir l'effet comme si c'était déjà très actuel dans votre vie. Vous donnerez ainsi un signal à votre esprit, lui annonçant cc quc vous voulez vraiment, et vous lui demanderez par le fait même de faire ce qu'il faut pour l'atteinte de votre bien-être général.

Exemples d'affirmations positives

- Confiance : « J'ai maintenant une merveilleuse confiance en moi. »
- Vitalité : « Je suis de plus en plus calme et en forme. »
- Prospérité : « J'accepte maintenant de recevoir l'abondance de joie et d'argent dans ma vie (soyez précis sur le mot abondance car cela pourrait vouloir dire abondance de misère). »
- Santé : « Toutes les cellules de mon corps fonctionnent merveilleusement bien. »
- Amour : « Je m'aime comme je suis. »
- Positivisme : « C'est facile pour moi de penser positivement. »
- Énergie : « J'ai de plus en plus d'énergie et de plaisir. »

Donnez-vous la chance d'expérimenter ce truc facile et efficace pendant au moins 21 jours, vous serez avantageusement surpris des résultats.

Histoire de réfléchir...

La sagesse de l'outarde

Pourquoi les outardes adoptent-elles toujours une formation en V pendant leurs grands vols migratoires ?

Des savants ont découvert que les battements d'ailes des oiseaux « soulèvent » l'air, facilitant ainsi le vol des oiseaux qui les suivent. De plus, la formation en V permet aux outardes de voler 71 % plus loin qu'un oiseau volant seul.

Première conclusion : Les gens qui avancent ensemble dans la même direction atteignent l'objectif plus rapidement et plus facilement, car ils s'appuient les uns sur les autres.

Lorsqu'une outarde quitte la formation, elle ressent immédiatement la résistance de l'air, doit fournir un effort beaucoup plus grand et se fatigue plus vite.

Deuxième conclusion : Faisons équipe avec ceux qui visent le même objectif que nous. Quand l'outarde qui mène est fatiguée, elle rentre dans le rang et une autre prend sa place.

Troisième conclusion : Les résultats sont meilleurs lorsque chacun s'acquitte, à tour de rôle, des tâches les plus difficiles.

Les outardes cacardent pour encourager celles qui mènent.

Quatrième conclusion : Ceux qui mènent ont, eux aussi, besoin d'encouragement.

Enfin, lorsqu'une outarde malade ou blessée quitte la formation, deux autres la suivent pour l'aider et la protéger, jusqu'à ce qu'elle soit rétablie. Puis, elles reprennent l'air, seules ou avec une autre formation, pour rejoindre leur groupe.

Dernière conclusion : Imitons la sagesse de l'outarde et prenons soin des uns et des autres.

Auteur inconnu

En résumé, pour réaliser ses buts, il faut…

- s'en faire une image claire ;
- y mettre des mots qui font vibrer ;
- respecter les trois P : première personne, positif et présent ;
- s'imaginer les sons correspondants ;
- y ajouter un fort sentiment de satisfaction, y mettre de l'émotion positive ;
- maintenir ces associations à répétition pendant quelques minutes au moins, quelques fois par jour ;
- croire que c'est une réalité vivante et réelle ;
- affirmer que son esprit travaille déjà à faire arriver son désir sous sa forme réelle ;
- laisser son « contenant intérieur » ouvert, car le but sera atteint à la lumière de son assiduité.

La visualisation lors d'une vente

Voyez les clients heureux de faire affaires avec vous. Assurez-vous d'offrir un service intègre et dévoué. Si vous êtes heureux dans votre travail, les clients le ressentiront et auront le goût de vous aider à réussir ; ce sera un échange de services profitable pour les deux parties.

Vous pouvez vous imaginer chez le client ou le voir à votre commerce, en train de signer ou de régler la transaction, il est heureux, etc. Jouez avec vos images, voyez-le frapper à votre porte ou entrer à votre établissement, vous demander vos produits, etc. De façon caricaturale, les pensées sont comme un courant qui part et qui ramène ses semblables. Pensez aux enfants qui veulent une bicyclette. Ils y mettent l'intensité maximale et finissent souvent par l'obtenir. Une image est une réalité vivante porteuse de bonheur et de bien-être.

Une marche à la fois

Le succès se construit une marche à la fois. Si une personne gagne 25 000 $ par année mais qu'elle rêve de posséder une maison de 200 000 $, il y a contradiction pour l'instant. La priorité doit plutôt viser l'augmentation des revenus. Certains pourraient se dire : « Oui, mais je pourrais gagner une belle maison de 200 000 $ si elle est visualisée, c'est une voie d'abondance comme une autre. » Peut-être, mais la personne aura-t-elle les fonds pour l'entretenir financièrement (taxes, chauffage, etc.) ?

Si on n'a pas la conscience de l'abondance en tête, on peut difficilement la garder dans les mains. Voyez-vous à l'aise de manipuler de très gros chiffres régulièrement. Il est bien de vouloir être riche, mais êtes-vous porté à rire de vous en vous imaginant transiger des dizaines de milliers de dollars chaque semaine, ou au contraire, trouvez-vous cela normal et naturel ? Une résistance se crée-t-elle en vous à cette idée ? Voyez-le avec réalisme et sincérité. Si c'est le cas, commencez dès maintenant à créer cette aisance car elle ouvre la porte du succès. C'est un peu comme si vous souhaitiez recevoir beaucoup mais que le contenant n'était pas assez grand. Tant mieux si vous possédez déjà tout cela, que ça continue !

Des questions positives

Vous pouvez vous aider à élargir votre visualisation en vous posant les questions suivantes :

- « Comment puis-je atteindre le plus grand nombre de gens par mes services (publicité, véhicule lettré, médias, lieu stratégique, attitude) ? »
- « Comment puis-je influencer profondément leur vie (écriture d'un livre, radio, télévision, participation communautaire, sourire, dynamisme contagieux, bons produits, etc.) ? »
- Comment puis-je augmenter mes revenus sans travailler plus (modifier les façons de faire, vendre à partir de chez soi, etc.) ? »

Je pense à une dame qui demeure en face d'un cimetière dans la ville où j'habite. Durant l'été, elle a toujours une table devant sa demeure et elle vend des bouquets de fleurs pour décorer les épitaphes. C'est un des cimetières les plus colorés que j'aie vus. Elle rend service et se fait un léger revenu supplémentaire. Quand elle s'absente, elle entre sa petite table. Simple comme idée, mais il fallait y penser.

Je me souviens aussi d'une dame à revenu modeste qui avait assisté à une série de conférences que j'offrais il y a quelques années. Elle voulait augmenter son revenu de 25 dollars par semaine et ne savait trop comment. Je lui avais donné le conseil suivant : visualiser que cet argent lui parvenait par des voies parfaites et faire comme si elle le possédait déjà. La semaine suivante, elle est entrée en contact avec moi pour me dire que des collègues de travail l'avaient appelée pour faire du covoiturage et la paieraient pour l'essence et son dérangement. Sa demande était donc maintenant exaucée.

Je veux ici apporter une précision. On dit parfois de commander l'objet de nos désirs, par exemple une voiture, et ce, en fonction de nos moyens actuels. Dans ce cas-ci, elle devait commander l'argent car c'était de façon tangible ce qui était nécessaire, et les moyens ont suivi. Alors, comment pouvez-vous augmenter vos revenus sans travailler davantage ? En stimulant cette partie de votre esprit, vous aidez votre subconscient à en trouver. Spontanément, y a-t-il des idées qui vous viennent en tête ? Écrivez-les au fur et à mesure qu'elles surviennent.

Ces réflexions donnent de l'expansion à votre créativité et à vos résultats. Je vous invite aussi à choisir d'apprendre et d'avancer dans la douceur et la facilité. Si vous pensez que dans la vie, il faut travailler dur, je vous invite à changer cette croyance car elle pourrait vous piéger.

Bien des gens ont des passe-temps pour le plaisir, mais n'ont jamais pensé en tirer une source de revenu supplémentaire. Je pense, entre autres, à une personne qui posséderait un talent fantastique en couture. Pourquoi ne pas créer des costumes qu'elle pourrait louer ? Ou encore, si un homme aime travailler le bois et le fait déjà dans son garage, pourquoi ne fabriquerait-il pas des cabanes d'oiseaux, des figurines, etc., qu'il vendrait à partir de chez lui en publiant une petite annonce dans le journal du quartier ou sur Internet ?

Être flexible

Êtes-vous porté à faire les choses souvent de la même façon ? Par exemple, toujours mettre votre chemise avant vos pantalons, toujours enfiler la chaussure gauche avant la droite, toujours prendre le même trajet pour vous rendre au travail ? Je vous invite à faire les choses différemment afin de développer votre flexibilité face au changement. Gardez-vous votre belle vaisselle pour les invités seulement ? Si vous avez le goût de manger des spaghettis dans votre vaisselle garnie de bordures en or un lundi midi, osez-vous le faire ? Pourquoi pas ? Qui a dit que les stéréotypes devaient mener notre vie ? Vous avez envie de manger des fèves au lard en tête-à-tête avec vous-même un bon dimanche soir… et d'y ajouter des bougies. Pourquoi pas ? Ayez du plaisir à vivre ! Lorsque nous sommes engagés vers notre idéal, les cellules de notre corps captent la passion et irradient une énergie qui attire les occasions correspondantes et nous donne de l'énergie. C'est comme si vous envoyiez dans l'Univers des signaux invisibles et silencieux très puissants.

Oser voir grand

Si vous gagnez 35 000 $ par année actuellement, est-ce pensable de le multiplier par deux en un an ? Et l'année suivante, passer de 70 000 $ à 140 000 $? Pensez-vous pouvoir le réaliser ? Comment voulez-vous atteindre de tels sommets si vous n'y croyez pas ?

Si cela vous semble inaccessible, vous pourriez penser à augmenter vos rentrées d'argent de 25 %. Personne ne peut vous dire quoi décider, vous seul savez ce qui est bon pour vous. Peut-être que, pour l'instant, rien ne semble pouvoir anticiper un tel bond. En instaurant le désir, on place l'énergie pour faire survenir les événements, et la vie nous fait parfois des surprises. Avec les moyens du mental, on se sent parfois limité, mais avec les moyens de notre intelligence supérieure et de la source, tout est possible si on le veut vraiment.

Histoire de s'amuser...

La surdité

Un homme raconte : « Ma mère a eu 14 enfants parce qu'elle était sourde : en se couchant, mon père lui demandait souvent : Alors, on dort ou quoi ? Et ma mère répondait : Quoi ? »

Savoir pourquoi on veut plus d'argent

Imaginez qu'à partir de demain, on vous donne 1000 dollars d'argent de poche, et ce, tous les jours pendant un mois. Que ferez-vous chaque jour avec cet argent, en supposant que vous n'aviez plus aucune dette ? Chaque jour, vous devez dépenser 1000 dollars, sinon ce montant s'annule à minuit et un autre le remplace. Comment profiterez-vous de cet argent ? Toute une question, j'en conviens.

Dans notre vie, nous devons savoir pourquoi nous voulons telle ou telle chose afin que notre subconscient sache sur quoi travailler encore plus. Vous voulez plus d'argent. Pourquoi ? Pour faire quoi ? S'il n'y a à cela aucune raison, que risque-t-il de se passer ? La personne se promène sur le trottoir et, soudain, elle trouve une petite pièce de monnaie par terre. Son subconscient pourra se dire : « Voilà, mon travail est fait, elle a plus d'argent. » Alors, combien voulez-vous et pour faire quoi ?

Signez-vous un engagement de plaisir et de réussite. Engagez-vous à allumer le feu de votre dynamisme et de votre réussite. Faites-vous un contrat avec vous-même s'il le faut. En voici un exemple.

Aujourd'hui (jour / mois / année),

je m'engage à atteindre l'abondance dont je rêve (spécifiez votre désir) et à avoir beaucoup de plaisir dans ma vie. Je suis maintenant prêt à atteindre ma liberté financière et à connaître l'abondance de santé, d'amour, de joie et de succès en tout (famille, amis, argent, amour de moi, confiance en moi, etc.). Avec amour.

Signature :

La livraison de votre commande

La mise en marche de nos résultats se compare à ce qu'on vit quand on va au restaurant. Si vous vous assoyez dans l'établissement sans rien faire, vous resterez sur votre faim tant que vous n'aurez pas commandé. Pour atteindre ses objectifs, c'est la même chose. Il importe de commander ce que l'on veut. De plus, une fois que cela est fait, vous avez la certitude que votre commande vous sera livrée. Pourquoi, dans la réalisation des buts, les gens doutent-ils ?

Toujours en prenant l'exemple du restaurant, vous savez qu'il est essentiel de préciser ce qu'on veut pour que le cuisinier puisse préparer les bonnes choses. Mais supposons que la serveuse soit à votre table et que vous lui disiez : «Je vais prendre du poulet... non, j'ai changé d'idée, je vais prendre un steak. Ah, puis non... une pizza.» Que risque-t-il de se passer ? La serveuse reviendra quand votre décision sera prise. Si on ne sait pas ce que l'on veut et qu'on change d'idée, la vie ne peut rien nous livrer. Les buts se comparent à une plante qu'on doit arroser régulièrement, sinon on serait mieux de s'acheter une plante en plastique. Le désir se doit d'être nourri et bien développé, et le résultat sera des plus satisfaisants.

Histoire de s'amuser...

Un thérapeute dit à son patient : «Après une vingtaine de traitements, vous serez un autre homme.» Le patient lui demande alors : «Mais à qui allez-vous envoyer la facture ? À moi ou à l'autre homme ?»

Quelle est votre motivation pour devenir prospère ?

Je vous propose un jeu. Imaginons que je vous invite à venir me rencontrer à 80 km de votre résidence et que, à destination, je vous remets un chèque 5 000 $. Par contre, il y a trois difficultés. La première : venir à pied. Est-ce que vous viendrez ? Je demande souvent ces questions en salle et plusieurs hésitent. La deuxième : il fera −25° Celsius. Est-ce que ça vous inspire autant ? Et la troisième : il fera une grosse tempête de neige avec des accumulations au-delà de 40 cm. Est-ce que vous viendriez chercher le chèque ? Pas certain…

Maintenant, je reprends le même exemple avec les mêmes conditions. Cette fois-ci, le montant proposé est de un million de dollars. Est-ce que vous viendriez malgré les difficultés en cours de route ? Fort probablement.

Donc, quelles sont vos motivations profondes pour atteindre vos buts ? Toute une question ! À la base, une des meilleures motivations est sans contredit d'adopter une bonne attitude. Si quelqu'un marche la tête basse, tout croche, c'est loin d'être prometteur. Ne vaut-il pas mieux qu'il se relève le moral en tous sens pour devenir un vrai vainqueur ? Alors, voilà pourquoi tout le contenu de ce livre est interrelié. À mon avis, nous ne pouvons parler de prospérité sans parler d'équilibre de vie. Quand on apprend à se sentir vivre dans le plaisir et non dans la souffrance, toute la perspective peut changer. Bien des gens disent avoir peur de mourir, mais je pense aussi qu'ils ont peur de vivre… à fond. Vous ne possédez pas la richesse, vous êtes votre richesse.

Histoire de s'amuser...

Un couple avait 2 garçons, un de 8 ans et l'autre de 10 ans, de vrais espiègles. Il n'y avait rien à leur épreuve. Ils avaient fait à peu près tous les mauvais coups incroyables qui avaient eu lieu dans leur petit village. Chaque fois que quelque chose se passait, les résidents savaient qui étaient les responsables. La mère les avait punis, grondés, avaient discuté avec eux, mais c'était peine perdue. Le père, après avoir fait la même chose, dit à sa femme : « Qu'est-ce que tu dirais si on demandait au curé de discipliner nos deux espiègles ? » Ils demandèrent donc au curé de discuter avec leurs enfants, mais il devait leur parler un à la fois.

Donc, le plus jeune se présenta au presbytère le matin. Le curé le fit asseoir et immédiatement lança au jeune :

« Où est Dieu ?

Aucune réponse, le curé continua :

— Tu connais le bon Dieu ! Où est-il ?

Toujours le silence. Le curé, exaspéré par le silence du jeune, lança cette fois-ci de sa grosse voix autoritaire :

— Pour la dernière fois, je te demande où est Dieu.

Le jeune se leva, prit ses jambes à son cou et, sans s'arrêter, se sauva directement chez lui. En arrivant, il prit son frère par le bras, le tira jusque dans le placard, ferma la porte et, à bout de souffle, lui dit : « On est dans de beaux draps, ils ont perdu le bon Dieu et ils nous blâment pour ça ! »

Chapitre 19

Les principes dynamiques de la prospérité

La loi de cause à effet

Un des principes les plus connus est bien la loi du retour. Une expression au Québec dit que, quand on crache en l'air, ça nous retombe dessus, ce qui veut dire que, si on souhaite ou fait du mal à autrui, c'est fort probable qu'on se retrouve dans une situation semblable tôt ou tard ; heureusement que c'est la même chose sur le plan positif : quand on fait du bien, ça revient.

Voici une petite histoire arrivée à mon fils. Il est reconnu pour être très serviable et généreux, et il aime rendre service. Un jour, il avait notamment aidé un homme qui s'était pris avec un VTT (véhicule tout-terrain), et ça lui avait fait bien plaisir, comme d'habitude. Mais il lui arrivait parfois de constater que la générosité des gens n'était pas toujours aussi spontanée autour de lui. Un jour, il est parti en scooter par un beau soir de printemps pour un trajet prévu d'environ 1 h 45 minutes. Après une heure, le voilà qu'il m'appelle tout penaud. Il avait dû s'arrêter à une maison de campagne, car la neige venait de le surprendre sur la route. La conduite de ce petit engin devenait impossible. Il se demandait quoi faire. À sa grande surprise, les gens chez qui il s'était « échoué » lui avaient gentiment offert de le rendre à destination en mettant le scooter dans la boîte de leur camion. Il me dit alors : « Tu sais, souvent j'ai aidé des gens avec plaisir et on ne sait jamais à quel moment on en a besoin ; et là, une bonne personne était sur mon chemin et j'ai eu un beau retour. » C'est très souvent au moment où on s'y attend le moins que la vie nous retourne ses cadeaux.

Être bon pour soi, cela rapporte

Si vous êtes bon pour les autres, vous attirerez les bonnes personnes autour de vous, et vice versa. Tout ce que vous faites aux autres, c'est un peu comme si vous le faisiez à vous-même, car cette énergie doit passer par vous avant d'être dirigée vers l'autre. Par exemple, si vous souhaitez du bien à vos collègues, vous vous nourrissez en premier de cette force, tandis que si vous leur souhaitez d'échouer même si leurs comportements sont répréhensibles, vous vous attirez l'échec. Subtil, mais combien vrai ! Si vous faites du mal, il vous reviendra tôt ou tard comme un boomerang ; si vous faites du bien, ce sera la même chose. Le bien ou le mal ne reviendront pas nécessairement de la même personne. Cela peut tout aussi bien être une maladie que la personne s'attirera par son attitude.

Voilà le libre arbitre de l'être humain.

Histoire de s'amuser...

Deux commerçants, un restaurateur et un entrepreneur de pompes funèbres, aimaient bien se faire la relance, question de faire réagir les gens. Par un beau matin, on pouvait lire sur le terrain du restaurateur une grosse pancarte sur laquelle était écrit : « Mieux vaut être ici qu'être en face. » Quelques jours plus tard, l'entrepreneur de pompes funèbres sortit lui aussi une grosse pancarte qu'il plaça sur la devanture de son établissement et sur laquelle les gens pouvaient lire : « Tous nos clients viennent d'en face ! »

Pensée

« À l'origine de toute action, il y a une pensée. »

Ralph Emerson

Le principe de l'accroissement

En étant heureux de voir quelqu'un vivre prospère, vous vous aidez ainsi à développer votre propre prospérité. Prenez l'habitude de souhaiter aux autres la même chose que vous vous souhaitez, c'est-à-dire l'abondance, le rire, la santé, l'amour, des loisirs ressourçants, etc. C'est intimement lié à la loi du retour. Voyez les personnes que vous rencontrez heureuses, imaginez qu'elles ont de la facilité à réaliser leurs désirs, que tous les domaines de leur vie vont bien. Ces personnes seront inconsciemment portées à vous aider dans la réalisation de vos objectifs et, même si vous ne les croisez que quelques secondes, vous leur aurez fait du bien et à vous aussi. Voyez la personne vous souhaiter du bien également, ne serait-ce qu'en imagination. Vous activez alors un processus d'échange dynamique et magnétisez la vie positivement. Si quelqu'un se souhaite santé, amour, richesse, bonheur mais souhaite de la misère et du malheur aux autres, il se produit une situation conflictuelle sur le plan du subconscient, ce qui nuira à son avancement.

Que ce soit la caissière à l'épicerie, la personne âgée à qui vous tenez le bras, bref, en toute occasion, pratiquez cette attitude. Nul besoin de dire ces choses à haute voix, vous les émettez intérieurement, comme si vous illuminiez la personne.

Vous pouvez rapidement vous poser aussi ces quelques questions :

- « Si j'étais un enfant, est-ce que j'aimerais avoir un parent comme moi ? »
- « Est-ce que j'aimerais être marié à une personne comme moi ? »
- « Est-ce que j'aimerais avoir un patron comme moi ? »
- « Est-ce que j'aimerais avoir un ami comme moi ? »

L'argent, c'est comme les amis : pour les garder, il faut s'en occuper ; sans cela, ils vont faire le bonheur de quelqu'un d'autre.

S'assurer de garder un mouvement d'aller-retour

Comme je l'ai déjà mentionné, bien des gens donnent sans limites mais éprouvent de la difficulté à recevoir. Si on veut recevoir, il faut savoir prendre. Plus on donne sans s'assurer de capter le retour de ce mouvement, plus on se mine. On n'a qu'à penser à la sexualité. Si une personne ne fait que donner et n'a pas appris à prendre son plaisir, pensez-vous qu'elle est sincèrement comblée ? Il n'y a rien de mal à se faire plaisir en tout. On vit dans une société qui véhicule des croyances et des préjugés, et il arrive souvent que le plaisir soit comparé à de la nonchalance.

Ouvrez le récipient intérieur de l'abondance et soyez toujours prêt à revoir de l'argent, de belles surprises, des émotions joyeuses, des sentiments amoureux et, surtout, la vie. Mettez du soleil dans votre vie. Je vous invite même à faire un petit exercice personnel. Quand vous riez ou tout simplement quand vous regardez quelqu'un, imaginez-vous que vous riez aussi par les yeux, vous ressentirez une énergie vitale assez particulière et ce sera très communicatif pour l'autre personne. Essayez de rester de mauvaise humeur en chantant, en sifflant ou en riant. La bonne humeur active le mouvement d'aller-retour.

Rayonner autour de soi

Vous n'avez plus à convaincre les autres avec des mots quand votre champ de conscience spirituelle dégage le succès. La sensation de richesse qui émane de vous en pensant ainsi pourra vous attirer des personnes à succès que vous n'auriez jamais pensé pouvoir rencontrer. Les gens sont attirés par l'atmosphère d'accroissement que vous dégagez. Faites l'effort de vous donner des directives personnelles stimulantes. Évitez de parler des temps difficiles. Pour être constamment prospère, ayez l'audace d'être différent.

Donnez et vous recevrez : voilà le principe de la multiplication. Chaque fois que vous donnez quelque chose (argent, temps, sourire…), imaginez-vous aussitôt recevant 10 fois cette somme ou cette sensation, et voyez-vous en train de l'investir ou de la déposer, ou encore, imaginez-vous en train de vous choyer abondamment.

Vous donnez 10 dollars à quelqu'un ou vous payez une facture ; imaginez alors qu'il vous en revient 100. Vous allez à l'épicerie, il vous en coûte 126 $, imaginez qu'il vous revient 1260 $. Dites que vous investissez dans votre santé (alimentation, produits naturels, etc.), dans votre confort (électricité, chauffage, mobilier, etc.) au lieu de voir le tout comme une dépense.

Chaque fois que vous manipulez de l'argent, imaginez que ce montant vous revient multiplié par 10. Si vous êtes plus osé, imaginez qu'il vous arrive multiplié par 100. Dites merci pour ce cadeau qui vient. Vous activez ainsi la dynamique énergétique de l'argent.

L'application de ce principe aide à faire sauter les barrières astreignantes et stimule l'ouverture des canaux d'abondance. Évitez de demander quand ou comment cela reviendra, faites seulement confiance. Cela peut revenir sous forme de don, de loterie, de cadeau, de service, d'échange commercial, de travail payant, de rabais, etc. Ne cherchez pas la gloire avec les dons qui sont faits. La transaction se passe entre votre cœur et votre objectif, tout simplement.

Pensée

Mieux vaut choisir de faire les choses plutôt que de les juger.

Vous faire du bien

Vous pouvez, par exemple, consacrer 10 % de votre temps à votre amélioration personnelle : la pensée positive, le calme, l'harmonie, donner de votre temps, l'amour de vous-même, votre santé, etc. Ce pourcentage équivaut à 2,4 heures par jour ; ce peut être une heure de lecture positive, une demi-heure de relaxation ou de méditation, une demi-heure de marche, l'écoute d'une musique douce, de nombreuses minutes de rire, etc.

Ne vous donnez jamais à reculons ou à contrecœur car ce geste serait source d'insatisfaction et contraire à l'abondance. Prendre soin de vous passe aussi par le fait d'éviter de surprotéger les autres ; montrez-leur plutôt à pêcher, comme le veut l'expression. Si vous faites les choses à la place d'autrui, vous le nourrissez aujourd'hui.

Mais si vous lui montrez à bien pêcher, vous changez sa vie et la vôtre. Vous donnez la liberté à chacun.

Se payer d'abord

Ce n'est pas l'argent que nous gagnons qui est important, mais celui que nous gardons. Si vous possédez 15 000 $ dans votre compte et qu'il vous en coûte 5 000 $ par mois pour vivre, vous êtes riche de trois mois seulement. Visez à cesser d'être l'esclave de l'argent et faites-le travailler pour vous. Je ne cherche pas ici à vous donner des conseils sur les lois de la finance, il y a des spécialistes pour cela, je veux plutôt vous aider à générer ce qu'il faut pour aller de l'avant avec aisance selon ce que cela représente pour vous.

Avez-vous déjà pensé à mettre de côté 10 % de ce que vous gagnez chaque semaine ? C'est ce que j'appelle se payer soi-même. Vous utilisez votre argent pour l'épicerie, la voiture, le logement, etc., mais il est tout aussi important d'accumuler un « coussin » de sécurité (si vous souhaitez prendre une jeune retraite…) et de plaisir. Bien des gens se disent qu'ils ne peuvent pas avoir de l'argent de côté car ils ont des dettes.

Ne serait-ce pas un moyen inversé de vous donner le goût de l'économie agréable et d'instaurer enfin un sentiment de multiplication que de commencer à investir en vous, ne serait-ce qu'en gardant 5 % par semaine ? Quelle belle source de motivation, il me semble ! Ainsi, la personne améliore en plus sa situation psychologique. Plus le montant s'accumule, plus les conseils de spécialistes sont importants, et la motivation continue de s'accroître. Comme on dit souvent, c'est avec de l'argent qu'on fait de l'argent. Cette personne pourrait commencer à lire des choses sur la finance ou sur l'économie afin d'en connaître davantage sur le langage des affaires, les placements, etc. La multiplication est un état d'esprit.

La gratitude

Il est très important d'avoir de la gratitude pour tout ce que vous possédez déjà. Si vous voulez changer de lieu de résidence, commencez par apprécier et remercier chacune des pièces, la cuisine, le salon, la salle de bain, ainsi que l'électricité, l'éclairage, etc. Je vous suggère aussi d'apprécier les gens autour de vous pour ce qu'ils sont, car chaque personne nous enseigne quelque chose à sa façon. Plus on se plaint de ce que l'on n'a pas, plus on perd, car la critique et le dénigrement ne font que dériver sur la fréquence de la perte.

Bien des gens rêvent d'être prospères, mais ont de la difficulté à recevoir. Si un ami vous invite chez lui pour partager un repas, acceptez-le de bonne grâce et avec joie car c'est un canal d'abondance qui est ouvert. Quelqu'un vous fait un sourire ? Faites-lui partager le vôtre également. Vous recevez un cadeau ? Acceptez-le avec plaisir au lieu de dire que ce n'était pas nécessaire, et si ce cadeau ne vous est réellement pas utile, offrez-le à quelqu'un d'autre, ce qui fait circuler l'énergie.

Pour recevoir la prospérité, c'est un peu comme si l'Univers avait besoin de votre permission. Plus vous êtes attentif à ce que vous recevez déjà et à ce que vous possédez, plus vous ouvrez la voie pour recevoir et multiplier votre prospérité en tous points.

Le désir

Le désir est le point de départ de toute réalisation vers une plus grande prospérité. C'est l'image précise de ce qui peut devenir réalité. Il transforme les rêves en réalité. Plus vous demanderez à la vie, plus elle pourra vous en donner. Voici une petite métaphore à ce sujet. Un jour, une vieille dame décède et arrive au bureau de saint Pierre. Elle lui demande aussitôt à qui sont destinés tous ces beaux cadeaux qu'elle voit. Il lui répond : « Ils étaient pour vous, mais vous ne les avez jamais demandés. » Alors, fixez exactement ce que vous voulez obtenir. Il est insuffisant d'affirmer tout simplement que vous voulez beaucoup d'argent. Il faut en préciser la quantité et le désirer intensément. Ne faites aucun compromis dans vos désirs. Imaginez ce que vous voulez vraiment, et non ce que vous pensez pouvoir obtenir. Gardez en mémoire que vous attirez l'expérience à laquelle vous accordez le plus d'attention et évitez de limiter vos revenus en demandant juste assez pour joindre les deux bouts.

Accomplissez ce qui vous fait sentir bien et prospère. Si les arts et spectacles vous font sentir prospère, allez-y, jouez, chantez et riez, faites de votre vie le plus beau film qui soit et, surtout, ne vous comparez jamais avec qui ce soit, y compris vos concurrents si vous êtes en affaires, car chacun est unique et a quelque chose d'unique à offrir, ainsi que des désirs différents.

Se fixer une date de réalisation

Précisez à votre subconscient vers quelle date vous voulez voir votre but se réaliser. À quel moment environ comptez-vous être en possession de cet argent ? Plusieurs personnes hésitent à fixer des dates, prétextant qu'on doit laisser l'Univers accomplir son œuvre. Il n'y a rien de correct ou d'incorrect, tout est une question de croyance.

Toutefois, voici mon point de vue. Le subconscient a, selon moi, besoin d'un certain encadrement pour bien diriger ses actions. Si on désire plus d'argent, il faut préciser au subconscient quand on souhaite l'obtenir. S'il ne le sait pas, se pourrait-il que les délais soient très longs ou que le désir ne se réalise tout simplement pas ? En ce qui concerne l'établissement d'une date, j'ai un concept personnel très simple et que je trouve bien, et qui me sert bien.

Histoire de s'amuser...

Un curé est victime d'un accident de voiture et doit se faire amputer les deux jambes. Compatissant, le médecin lui dit : « C'est bien triste, mon cher monsieur, mais vous ne pourrez plus dire la messe. » Optimiste, le prêtre lui répond : « Vous faites erreur, je suis encore bon pour les messes basses. »

Préciser son plan d'action

Pensez maintenant au plan que vous allez mettre en œuvre pour transformer votre désir en réalité, et commencez immédiatement à le concrétiser. Continuez à vous voir comme une personne prospère. Imaginez que vous avez déjà atteint votre idéal financier et affectif, et que vous êtes en parfaite santé.

Si vous visez à améliorer une situation financière, prenez plaisir à écrire avec précision la somme que vous voulez obtenir, le délai prévu, ce que vous avez l'intention d'offrir en contrepartie, les étapes pour y arriver, par exemple suivre des cours de perfectionnement, augmenter la confiance en soi, etc.

Je prends mon exemple en tant qu'auteure. Lorsque j'ai voulu écrire mon premier livre *Réveiller son médecin intérieur – Le mieux-être par le rire*, j'ai eu bien sûr certaines étapes à franchir pour que mon plan d'action soit efficace. J'ai d'abord déterminé les sujets qui me tenaient le plus à cœur et que je voulais inclure dans cet ouvrage. J'ai pensé au style que je voulais donner; au nombre approximatif de pages; à la clientèle que je voulais joindre avec mon message. J'ai réfléchi également à la façon dont je pouvais mettre à contribution mon amour du métier, mon affection pour les gens et ma passion d'écrire en communiquant un message profond et rafraîchissant.

J'ai surtout entrepris des démarches d'information auprès de différents éditeurs. Mes objectifs de partenariat visaient à collaborer avec une équipe véhiculant des valeurs humaines et dynamiques et manifestant une crédibilité professionnelle reconnue. Merci à Quebecor, c'est une équipe de cœur et j'adore travailler avec eux.

De là, on peut extrapoler et voir ce qu'une telle réalisation peut mettre en place. Par exemple, des déplacements éventuels en Europe pour la production de conférences à la suite de la bonne marche du livre, la traduction en d'autres langues, davantage de conférences, etc. Je m'étais également fixé une date pour la sortie de mon livre afin de satisfaire les besoins de mon marché. Ensuite, je suis passée à l'écriture proprement dite et, de là, les processus de publication se sont enchaînés. Tout cela m'a évidemment amenée à suivre une démarche semblable pour l'écriture du présent ouvrage, car ma passion continue de prendre de l'expansion.

Alors, il n'en tient qu'à vous de préciser vos étapes sur le chemin merveilleux de la réussite personnelle. On prend communément l'expression « réussite personnelle », mais je trouve que l'expression « satisfaction personnelle » est encore plus vibrante et complète.

Histoire de s'amuser...

Un ivrogne se présente pour la sixième fois au guichet du cinéma. La préposée lui demande :

« Mais, monsieur, que se passe-t-il, ça fait six fois que vous venez acheter un billet ?

— C'est pas de ma faute, il y a quelqu'un à l'entrée qui déchire toujours mon billet. »

Personnaliser le tout

Dans votre plan, visez à planifier vos réalisations sur la base de l'utilisation de vos talents uniques. Si vous aviez déjà tout l'argent que vous désirez, que feriez-vous sans même être rémunéré ? Allez dans cette direction et vous maximiserez vos chances de succès. L'argent n'est que le sous-produit de la passion et de l'amour de ce qui est fait. Si quelqu'un travaille juste pour l'argent, il rame à contre-courant. Il vit dans la résistance et éloigne l'abondance. La joie de vivre est un aimant puissant pour attirer les gens et les bonnes occasions.

Si vous suivez ces conseils, vous récolterez du travail trop dur, des sacrifices, de la dépréciation, etc. La réussite n'est aucunement le fruit du hasard ou de la chance. Elle résulte du rêve bien entretenu, du désir, de la volonté et de l'action.

Je vous invite maintenant à inscrire sur papier les réponses qui ressortiront des questions suivantes, au fur et à mesure qu'elles vous viendront à l'esprit.

- Combien d'argent voulez-vous gagner durant la prochaine année ?
- Que feriez-vous si vous possédiez tout à coup beaucoup d'argent (quel que soit le montant) ?
- En quoi consiste, pour vous, la réussite ?

Trouvez le plus de raisons positives possible qui font que c'est important pour vous de posséder beaucoup d'argent.

- Qu'est-ce qui vous rend heureux maintenant ? Et plus tard, cela pourrait ressembler à quoi ?

Dressez une liste de tout ce à quoi vous pouvez dire merci (santé, amour, famille, nature, voiture ; détaillez suffisamment).

J'ai appris, lors de mes formations en PNL (programmation neurolinguistique), que la planification de notre vie est très importante. On y expliquait, entre autres, comment décortiquer notre vision dans le plaisir et le rêve concret afin de s'élancer vers les plus hauts sommets. Voici un exercice que nous avons pu expérimenter.

Prenez un papier et un crayon et écrivez ce qui vous vient en tête. Si une fée vous offrait de transformer instantanément votre vie d'un coup de baguette magique...

- Quel genre de personne seriez-vous ?
- Que feriez-vous ?
- Où seriez-vous ?
- Quelles seraient vos pensées ?
- Quelle serait votre posture ?
- Que choisiriez-vous d'accomplir ?
- Avec qui seriez-vous ?
- Que pouvez-vous faire pour être satisfait...

maintenant ?

d'ici un an ?

d'ici trois ans ?

d'ici dix ans ?

- Quel revenu voulez-vous atteindre, et quand ?
- Que comptez-vous faire pour y arriver (talents uniques, pensées positives, actions, formation, etc.) ?
- Quel genre d'habitation voulez-vous ?

- Quel type de vacances voulez-vous ?
- Comment pouvez-vous réussir en étant utile à la société ?

Demandez-vous de quoi vous pouvez vous débarrasser pour mieux réussir (peur, doute, lassitude...). La plupart des gens peuvent vous expliquer en un rien de temps pourquoi ils n'ont pas réussi ; voici une attitude dont on doit se défaire. Dites-vous : « J'accepte maintenant la prospérité dans ma vie » ; et non : « Je veux un emploi pour payer mes dettes. »

Voici un résumé des choix et des actions à poser :

- Trier ses pensées car elles sont des formes d'énergie vivante qui vous propulsent vers la direction que vous leur donnez.
- Accepter d'être bien face à l'argent et au plaisir.
- Choisir la santé dans la mesure du possible.
- Limiter le plus possible les jugements sur soi et les autres.
- Remarquer ses croyances.
- Se réjouir du bien des autres.
- Se fixer des objectifs financiers (investir tel montant par mois), des objectifs professionnels (le partenariat), des objectifs personnels (famille, amis, loisirs), des objectifs spirituels (paix intérieure, temps pour soi, relaxation, passion, nature, etc.).

Dressez une liste de ces quatre objectifs et écrivez ce que vous voulez pour chacun d'ici un mois, trois mois, six mois, un an. Soyez très spécifique. Les écrire et les lire fréquemment à voix haute impriment encore plus la commande dans votre esprit.

Pour atteindre l'abondance, il faut choisir l'abondance. Quelqu'un doit faire les choses et il n'y a que vous qui puissiez le faire pour vous. Les autres peuvent aider, mais à la base c'est sur soi-même qu'il faut compter. Si vous souhaitez sincèrement atteindre le succès, vous devez créer ce qui attirera les occasions intéressantes.

Histoire de s'amuser...

Un médecin demande à son patient :

« Monsieur, comment va votre vie sexuelle ?

— Je suis croyant mais pas pratiquant. »

Chapitre 20
Plaisir et équilibre de vie

Oser rire et être enfant

C'est dans la nature du petit enfant de s'exprimer sans retenue, d'être authentique, spontané, de jouer et d'être rieur. Ainsi, il peut développer son potentiel et se préparer à fonctionner en société à travers les contacts établis avec ses amis, ses parents, etc. L'un des grands pièges qui guette l'adulte est celui où il se retrouve, à son insu, victime de son inconscient non dirigé, et le voilà donc rationnel, bien éduqué. Mais son potentiel *inté / rieur* s'est-il retrouvé remisé dans le coffre des souvenirs à côté des poupées, de tous les jouets et des rêves ? De créatif, est-il devenu productif ? De rieur, est-il devenu sérieux ? De rêveur, est-il devenu réaliste ?

J'en conviens que, dans la vie, le travail est plutôt un incontournable, du moins durant un certain temps. Mais pourquoi est-il devenu une source d'angoisse au lieu de plaisir ? Si on prenait chaque personne et qu'on la plaçait dans le bon poste ou dans le bon profil professionnel, l'équilibre naturel se créerait peut-être, comme dans la nature. Il y aurait assez d'infirmières, assez de secrétaires, de mécaniciens, de professeurs, etc.

Mais combien de gens ont été influencés par les autres ou par leurs doutes ? À cela s'ajoute la croyance populaire qui dit : « Tu es adulte, ce n'est plus le temps de jouer, tu n'es plus un enfant. » Petite mise en situation. Si vous voyiez quelqu'un cacher de beaux trésors dans un endroit si éloigné qu'il en oublierait l'existence, que diriez-vous ? Alors voilà, cette personne s'appelle l'adulte essoufflé d'aujourd'hui. Vous avez probablement déjà entendu quelqu'un vous parler d'un certain projet qu'il a abandonné en prétextant : « Ce n'était qu'un rêve d'enfant ! » Dommage de perdre sa vie à la gagner. À mon avis, il n'est jamais trop tard pour vivre une enfance heureuse.

Histoire de s'amuser...

Mot d'enfant

Ma sœur Katia avait acheté un petit sac à main à sa petite fille de trois ans. Un jour, une vendeuse remarqua la petite toute charmante avec son petit sac. Elle dit alors à Laurie, ma nièce : « Que tu as un mignon petit sac ! » La petite était tout heureuse. La vendeuse lui demanda ensuite : « Qu'est-ce que tu as là-dedans ? » Et, avec sa voix d'enfant, Laurie répondit : « Mes deux suces. » N'est-ce pas mignon ?

Rien ne sert de forcer pour avoir du plaisir

Le plaisir est un état naturel qui ne demande qu'à retrouver notre permission pour éclore de nouveau. Il peut être utile, j'en conviens, de remettre notre plaisir en forme en nous donnant quelques bonnes poussées dans le dos au début, mais dites-vous bien que c'est une question de choix. Se faire la vie plus douce, c'est possible.

Vous avez sûrement déjà entendu des expressions du genre : « On s'est tellement amusé hier, il faut bien en payer le prix aujourd'hui », « On s'offrira du bon temps quand on l'aura mérité », « Quand je serai en vacances, je vais m'amuser et me reposer. »

Pourquoi remettre le plaisir à plus tard ? Comme si jouer et avoir du plaisir étaient devenus synonymes de perte de temps et d'incompétence.

Si on est du genre à penser : « Il ne faut pas rêver en couleurs », « C'est bien trop beau pour être vrai », « Il faut endurer son sort », ce n'est pas surprenant que plusieurs aient une vie monotone. Il est important d'oser affronter ses peurs et, surtout, celle de se tromper. Celui qui ne fait rien ne risque aucunement de se tromper, mais sa vie est un mensonge. Si l'action implique le risque de perdre, elle implique également celui de gagner.

Quelle serait votre journée de rêve ? Prenez quelques instants pour l'écrire sur un bout de papier et voir ce qui peut être fait pour y arriver. Y a-t-il de quoi de plus long que d'accomplir un travail qui ne revêt aucune passion et d'attendre la retraite pour être libéré ? Quelle agonie du bonheur ! Ce parcours est une prison que la personne s'impose, souvent inconsciemment. Bien des gens ne vivent que deux jours sur sept… Si on peut donc être rendu à vendredi…Que fait-on du moment présent bien vécu ? Il n'y a pas de meilleur moment pour être heureux que maintenant. Choisissez-vous actuellement de jouer votre vie ou, au contraire, de la subir ?

Histoire de réfléchir…

Un vieil homme vivait seul dans une maisonnette au bord de l'eau. Isolé de tout moyen de communication, il ne savait pas qu'une inondation était prévue. En bons samaritains, deux hommes allèrent l'avertir. Il leur répondit : « Laissez-moi ici, Dieu me protège. » La pluie se mit à tomber de plus en plus intensément ; l'eau atteignit rapidement plus de 30 cm au-delà du plancher de sa modeste demeure. Soudain, un homme en chaloupe vint pour le secourir. Le vieil homme lui dit : « Non, je reste ici, Dieu me protège. » Une heure plus tard, l'eau atteignait la toiture de la petite maison ; le grand-père était assis sur le pignon. Tout à coup, un hélicoptère arriva pour le sauver. Fidèle à lui-même, il resta sur place. L'eau monta tellement que le vieil homme périt noyé. Arrivé au ciel, il engueula Dieu en lui disant : « Tu m'avais dit que tu me protégerais. » Dieu l'aida à reprendre ses esprits et lui donna une bonne leçon. Il lui dit alors : « Je t'ai aidé. Je t'ai envoyé deux hommes et tu t'es moqué d'eux. Je t'ai envoyé une chaloupe et tu a eu la même attitude. Je t'ai envoyé un hélicoptère pour que tu comprennes enfin et tu n'en as pas profité. »

Oser faire les choses différemment, jouer

J'ai entendu, un jour, l'histoire d'un éboueur qui mettait de la joie dans les yeux de bien des gens. En effet, il lui arrivait de recueillir tous les toutous jetés aux ordures et de les accrocher après son camion. N'est-ce pas un élan de créativité modèle ?

Faire les choses différemment, c'est parfois oser se lancer des avions de papier ou dessiner le visage d'un collègue qui a le sens de l'humour déjà bien développé et le faire circuler comme un avion de papier. Je me souviens d'un congrès auquel j'assistais. Nous avions passé plusieurs heures en conférences et, le soir venu, les animateurs nous avaient distribué certains exercices.

À la fin de l'atelier, un petit coquin a eu l'idée de prendre une de ces feuilles et d'en fabriquer un avion de papier. Rapidement, les 185 personnes qui assistaient à ce congrès se lancèrent des avions à qui mieux mieux. Ce fut le fou rire pendant plus de 15 minutes. Ce qui fut encore plus drôle, je dirais, c'est que le maître d'hôtel avait dû passer à la salle à cette heure ; il devait absolument parler au conférencier parce qu'il avait un message pour lui. En ouvrant discrètement la porte de la salle de conférence, quelle ne fut pas sa surprise de voir des avions de papier lui passer autour de la tête ! Sa timidité s'est vite estompée, vous vous en douterez ! Auriez-vous embarqué dans le jeu ? J'espère que oui, car ce fut un tremplin pour les autres activités et un souvenir inoubliable.

L'improvisation du moment est absolument succulente parfois. Je me souviens d'une conférence que je donnais et où il y avait une courte période de relaxation prévue à la fin. Je tamise les lumières, les gens s'installent confortablement, je commence la relaxation au son d'une douce musique et, au bout de quelques minutes, je m'aperçois que certaines personnes se retiennent pour ne pas rire. Je n'y porte pas trop attention.

Plus les secondes passent, plus le nombre d'épaules qui sautillent augmente. Je me rends alors compte qu'un homme au fond de la salle s'est endormi et qu'il ronfle gaiement. Je dois penser vite : le contrôle de la détente est en chute libre. C'est alors que, mine de rien, je continue innocemment en prenant bien soin que les gens ne voient pas venir le coup, et je dis : « Et dans cc merveilleux moment de relaxation profonde, vous vous surprenez maintenant à rire vraiment de bon cœur. » Ce fut le fou rire généralisé pendant quelques minutes, mais le plus drôle, c'est que l'homme ne s'est pas réveillé durant tout ce temps.

Plus on compose avec ce que les événements nous offrent comme possibilités, plus on s'amuse ; il s'agit juste d'oser ! Le jeu, le rire et le plaisir sont des actions spontanées qui font appel à l'être et à la fantaisie. Le savoir-être est la base du savoir-vivre.

Souvent, les gens qui nous entourent envient notre bonheur alors que nous, qui le vivons, oublions de le savourer pleinement. Puisque la gratitude est un puissant générateur de bonheur, car elle crée la multiplication du bien qui déferle sur nous, alors pourquoi ne pas s'élancer dès maintenant vers les 1000 merveilles qui ne demandent qu'à nous réjouir l'esprit, l'âme et le corps ? Le désir de posséder plus, d'être ailleurs ou de faire autre chose obscurcit trop souvent le soleil déjà présent. Votre bonheur mérite vos plus beaux mercis.

Même si vous sentez que le bonheur doit continuer de grandir, c'est correct. Appréciez le peu qui est là et voyez le soleil le refleurir à la lumière de l'intensité que vous mettrez à vous aimer toujours mieux. Véhiculez des valeurs gratifiantes envers vous-même et les autres. Que celles-ci, tout autant que vos paroles, vos gestes et vos pensées, soient porteuses de justice et d'authenticité, mais surtout d'amour pour vous, les autres, la vie en général. L'abondance, c'est un état d'esprit qui se nourrit au quotidien.

Faire de votre vie un parcours de plaisir

Suivez des cours de plaisir. Choisissez la décoration intérieure, le baladi, le golf, les langues, la musique, peu importe, ajoutez du plaisir dans votre vie. Ayez au moins une passion comme loisir, que ce soit le jardinage, la peinture, la danse, mais une activité qui vous fait décrocher, et vous créerez encore plus d'équilibre dans votre vie. Il suffit de libérer l'esprit pour qu'il puisse mieux penser.

Cessez d'attendre… de terminer vos études, de voir votre salaire augmenter, de vous marier, d'avoir des enfants, que vos enfants partent de la maison ou, simplement, le vendredi soir, le dimanche matin, le printemps, l'été, l'automne ou l'hiver, pour décider qu'il n'y a pas de meilleur moment que maintenant pour être heureux.

Histoire de s'amuser...

Ce n'est pas toujours idéal de se fier aux autres

Il était une fois une femme qui avait une passion folle pour les fèves au lard. Elle en mangeait très souvent ; malheureusement, cela lui causait toujours une réaction très gênante. Un jour, elle rencontra un homme et en tomba amoureuse. Il devint évident qu'ils se marie- raient et elle se dit : « C'est un homme tellement gentil et si bien élevé qu'il ne pourrait la supporter bien longtemps. » Alors, elle fit le sacri- fice ultime et abandonna les fèves au lard.

Quelques mois plus tard, sa voiture tomba en panne au retour du travail. Puisqu'elle vivait à la campagne, elle appela son mari pour l'aviser qu'elle serait en retard à la maison et qu'elle rentrerait à pied.

Sur le chemin du retour, elle passa devant un petit restaurant : l'odeur des fèves au lard était si forte qu'elle ne put résister. Puisqu'elle avait encore des kilomètres à marcher, elle crut que les effets désagréa- bles seraient dissipés le temps qu'elle arrive à la maison.

Elle entra et avant qu'elle s'en rende compte, elle avait englouti trois larges portions de fèves au lard. Sur la route du retour, son arrière-train en avait long à dire, mais à l'arrivée, elle était certaine de pouvoir se contrôler. Son époux était tellement heureux de la revoir qu'il s'exclama ainsi : « Chérie, j'ai une surprise pour toi. »

Il lui mit un bandeau sur les yeux et l'amena s'asseoir à la salle à manger mais, juste au moment de retirer le bandeau, le téléphone sonna. Il lui fit alors promettre de ne pas toucher au bandeau jusqu'à son retour. Cependant, l'effet des fèves au lard l'affectait toujours et la pression devenait de plus en plus insupportable, si bien qu'elle sai- sit l'occasion : elle balança son poids sur une jambe et laissa sortir quelques gaz.

Le son émis était aussi fort qu'une trompette et l'odeur faisait un peu penser à un camion de fumier fraîchement étendu dans un champ par une belle journée humide de printemps. Elle prit alors une serviette, s'en fit un éventail et chassa vigoureusement l'air. Ensuite, elle se balança sur l'autre jambe et en laissa sortir trois autres qui lui rappelèrent l'odeur d'une étable non ventilée en hiver.

Tout en conservant une oreille sur la conversation téléphonique de son mari, elle continua ainsi pendant 10 minutes. Quand elle comprit que la conversation tirait à sa fin, elle s'empressa de chasser l'air et replaça la serviette sur ses genoux en souriant de satisfaction.

Elle avait un air innocent au moment du retour de son mari qui s'excusait d'avoir pris autant de temps. Il lui demanda si elle avait triché pendant son absence. Elle lui assura qu'elle avait tenu sa promesse de ne pas regarder. À ce moment, il lui retira le bandeau et, surprise! douze invités se trouvaient à la table pour lui souhaiter « Bonne fête ».

Conclusion

Les sujets de ces pages auraient pu être à développement quasi illimité tellement ils me passionnent et que je prends un immense plaisir à vous les communiquer. Je vous ai transmis ce qui me semble le plus pertinent afin de vous offrir un large éventail vous permettant ainsi de maximiser votre qualité de vie.

J'espère vous avoir aidé à contempler vos innombrables possibilités et vous avoir donné le goût de fixer vos buts avec enthousiasme et détermination. Je souhaite aussi que ce volume apporte du soleil dans votre vie et dans votre cœur.

Je vous encourage à lire ce livre plus d'une fois afin de très bien en assimiler le contenu et la puissance qu'il dégage. Partagez ce message de vie avec vos parents et amis, car plus il y aura de gens heureux autour de vous et dans le monde, plus l'harmonie intérieure et extérieure régnera un peu partout.

Vous venez de faire un des plus beaux investissements de votre vie, et je vous en félicite profondément. C'est avec intensité et une profonde chaleur humaine que j'ai laissé mon cœur, mes expériences et mes inspirations vous parler. Que la sensibilité de ces mots ait pu créer en vous un élan d'espoir intense digne de ce que vous méritez de mieux! Soyez heureux et fier d'être éveillé à ces possibilités. Vous êtes votre richesse; laissez-la se déployer de mille et une façons.

Plaisir de vivre, amour, argent, confiance, santé et vitalité sont les vœux de bonheur les plus sincères que je porte à votre cœur.

Bonne route, cher ami!

Bibliographie

DOMINGUEZ, Joe et Vicki ROBIN. *Votre vie ou votre argent*, Montréal, Les Éditions Logiques, 1997.

Guide ressources, vol. 16, n° 7, mars 2001.

HANSEN, Mark Victor et Robert G. ALLEN. *Le millionnaire minute*, Varennes, Éditions AdA inc., 2003.

HILL, Napoléon. *Réfléchissez et devenez riche*, Montréal, Éditions du jour, 1972.

MARTEL, Jacques. *Le grand dictionnaire des malaises et maladies*, Sainte-Foy (Québec), Éditions ATMA internationales, 1998.

MERCIER, Alain, formateur en PNL avec qui j'ai étudié, thérapeute. amercier@sympatico.ca (utilisation de notes de cours et cassette *Attitude*)

MURPHY, Joseph. *La puissance de votre subconscient,* Montréal, Éditions Le jour, 1973.

MURPHY, Joseph. *Votre droit absolu à la richesse,* Brossard, Les éditions Un monde différent ltée, 1981.

SCHWARTZ, David J. *La magie de voir grand*, Montréal, Éditions Sélect, 1976.

THIBODEAU, Richard. *Votre vie, reflet de vos croyances*, Montréal, Éditions Quebecor, 1996.

Tolle, Eckhart. *Le pouvoir du moment présent*, Outremont, Ariane Éditions inc., 2000.

Vivre, vol. 2, n° 6, juin/juillet 2003.

Wolfe, Marguerite. *Pour être heureux, de quoi ai-je besoin ?*, Boucherville, Éditions de Mortagne, 1989.

Zelinski, Ernie. *L'art de ne pas travailler*, Paris, Stanké, 1998.

Cassette *Attitude* fournie avec le cours DPM (Dynamique du pouvoir mental).

Rainville, Claudia, Cassette n° 3, *Comment attirer l'abondance*. Les conférences de Claudia Rainville.

Institut de métaphysique appliquée du Québec inc. Cours en science métaphysique, 1993, Paul-Yvon Verrier.

www.club-positif.com

www.humourqc.com